● 保健と健康の心理学 標準テキスト

一般社団法人 日本健康心理学会 企画
島井哲志 監修

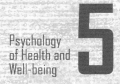

産業保健心理学

島津明人 編著
Shimazu Akihito

ナカニシヤ出版

発刊によせて

一般社団法人日本健康心理学会理事長
竹中晃二

　一般社団法人日本健康心理学会では，第 1 回の年次大会を 1988 年に開始し，時代の進行とともに発展を遂げながら，2017 年には学会創設 30 年を迎えることとなりました。本会は，健康心理学に関する研究を推進し，その成果の普及に貢献すること，および会員相互の知識の交流と理解を深めることを目的として活動しています。今回の記念出版では，本会の目的を達成するために，また学会創設 30 周年に向けて全 15 巻を順次出版していきます。

　健康心理学は，さまざまな学問をもとに，その学際性を発揮して発展してきた学問ではありますが，近年，心理学の手法を用いた「健康」への研究および介入を行う学問として日増しに存在感を増しています。その背景には，国際的な高齢化があり，人々が病気にならない，またたとえ病気を患っているとしても，人生を充実して生きていくために必要なこころの有り様が求められていること，また現在のライフスタイルの乱れによって生活習慣病罹患者の数が増大し，その行動変容を促す必要性があります。さらには，ストレス社会，メンタルヘルスを脅かす現在社会の中で，こころの安寧をいかに保っていくかも重要な課題となっています。健康心理学は，これらのニーズに答えるべく，研究に求められる基本となる方法論を重要視しながら，時代に合わせてその方法を変えて発展を遂げてきました。全 15 巻はまさに，健康心理学の基本を重視しながら，時代にあった新しい研究方法や介入方法を示そうとしています。

　健康心理学は，健康というテーマで，単に議論することから実学として人々の心身の健康に貢献することが任務と捉えています。たとえば，すでに糖尿病や脳卒中の患者のように健康を害している人々がそれ以上悪化しないように生活の管理能力を高めること（疾病管理），また罹患の危険度が高い人々の行動変容を行わせること（疾病予防），さらに現在は健康，また半健康である人々に対してさらなる健康増進や将来の予防のために行える術を身につけさせること（ヘルスプロモーション）など，こころとからだの予防に向けて活動していくことが求められているのです。

　最後に，全巻の監修に労を執っていただいた記念出版委員会委員長の島井哲志氏に感謝します。読者のみなさんは，どうぞ，本書をお読みいただき，健康心理学を学ぶうえで必要な知識や技術を習得いただければ幸いです。

監修のことば

　日本で初めて大学での授業を前提とした健康心理学の教科書が出版されたのは1997年でした。しかし，いまでは，いろいろな特徴をもった健康心理学の教科書が数多く出版されています。このことは，この20年の間に，数多くの大学で健康心理学の授業が開講され，健康心理学を学ぶ学生さんが多くなってきたことに対応しています。

　これは，健康心理学の必要性が認められてきただけではなく，心理学という領域全体が，健康心理学がめざしてきた，より応用的な方向に，着実に発展してきたことと結びついています。心理学のさまざまな領域で多彩な応用研究が行われ，健康心理学は，社会心理学，認知心理学，感情心理学，生理心理学，そして，隣接する臨床心理学などのさまざまな心理学分野の研究とともに発展してきました。

　見方を変えれば，人々の幸福と健康との実現をめざして，心理学という学問全体がこの期間に大きく飛躍してきたということができるでしょう。いよいよスタートする，心理職の国家資格も，社会の変化とともに発展してきた心理学の専門家が，社会貢献することができるということへの国民の期待に支えられているといえます。

　つまり，社会に心理学の専門家が必要な理由は，ストレスや悩みをもつ人たちが多くなったことに対処するために専門職が求められるようになったからではなく，すべての人たちが幸福で健康に生活するために，心理学がこれまでよりも貢献できるようになってきたからなのです。

　この意味で，わたしたちは，20年前とは全く違う地点にいます。大学では，単に，新しい興味深い領域として健康心理学に触れるということだけではなく，この領域で専門家として活躍し，社会の期待に応える人材を育て，送り出す必要があるのです。

　このシリーズでは，大学で教科書として用いることを念頭に，やや幅の広い表現ですが，「保健と健康の心理学」のさまざまな専門的内容について，まさに現在，実践と研究とで活躍している先生方に編集・執筆していただいています。いま，このシリーズの各巻の内容を授業としている大学はあまりないでしょう。しかし，専門家を養成するために，このシリーズの教科書を用いてしっかりと教えるべき内容があることは確かです。

　そして，健康と保健の心理学を学ぶ課程で養成された専門家を社会は待ち望んでいます。それほど遠くない将来に，そういう方向性をもつ大学が現れてくるだろうと考えています。このシリーズは，その基礎となるものです。

島井哲志

はじめに

　社会経済状況の様々な変化に伴い，働く人々の健康と幸福を支えるための新しい学問的基盤が必要となってきました。このような背景から生まれたのが産業保健心理学（Occupational Health Psychology）です。産業保健心理学は，労働生活の質を高め，労働者の安全・健康・幸福（well-being）の保持・増進のために心理学の知見を適用する心理学の応用領域です。産業保健心理学の大きな特徴は，その対象が健康心理学，臨床心理学，産業・組織心理学といった心理学のみならず，公衆衛生学，精神医学，キャリアカウンセリング，経済学，経営学など様々な領域にまたがる学際性にあります。また，理論的研究だけでなく実践活動の両方を重視していることも，大きな特徴と言えるでしょう。

　Occupational Health Psychology の訳語を考える際，「Occupational health + Psychology」として訳すか，「Occupational + Health psychology」として訳すか，筆者はかなり迷いました。前者は産業保健の領域に心理学の知見を適用することを，後者は産業領域に健康心理学の知見を適用することを意味することになります。Occupational Health Psychology の定義や対象範囲を熟慮し，最終的に「産業保健心理学」という訳語を充てました。これにより，健康心理学だけでなく心理学の様々な領域が，働く人々の健康と幸福に貢献するといった意味を込めることができました。

　本書は，産業保健心理学の基礎と最新のトピックを体系的に紹介した日本で初めての書籍です。これから産業保健心理学を学ぼうとする学生の方や研究者が，産業保健心理学の理論とその応用領域を学ぶ教科書として使用することができます。また，産業保健心理学の近接領域の研究者が，産業保健心理学の概要を知るために活用いただくことも可能です。さらに，企業の産業保健スタッフ，人事労務担当者，労働組合の関係者，経営者など実践に従事する方にとっても，学問的・理論的基盤としてお読みいただけます。本書は，海外で出版されてきた産業保健心理学の教科書にはない，最新のトピックを取り上げている点も大きな特徴です。日本語で世界の最新動向を知ることができるお得な書籍

となっています。

　本書は，日本健康心理学会の発足 30 周年記念事業として企画された「保健と健康の心理学 標準テキスト」シリーズ中の 1 巻として刊行されるものです。日本で最初の産業保健心理学の書籍を，本シリーズの企画としてご提案いただきました島井哲志先生（日本健康心理学会・記念出版実行委員会委員長）に感謝申し上げます。また，ご自身の研究・実践内容をこの新しい書籍のためにまとめていただきました 16 名の執筆者のみなさまに，改めて御礼申し上げます。最後になりましたが，本書の企画から辛抱強くお付き合いいただき，多領域にまたがる執筆者の原稿を丁寧に確認いただきましたナカニシヤ出版の山本あかね様に深く御礼申し上げます。

2017 年 7 月 30 日

著者を代表して　島津明人

目　　次

発刊によせて　　*i*

監修のことば　　*ii*

はじめに　　*iii*

I　産業保健心理学の基礎

第1章　産業保健心理学概論 ——————————————— 2
　1.　産業保健心理学とは　　2
　2.　産業保健心理学の国際・国内動向　　4
　3.　本書の構成　　6

第2章　職業性ストレスと健康影響 ——————————— 13
　1.　はじめに　　13
　2.　職業性ストレスはどれくらいの人々が感じているのか　　14
　3.　職業性ストレスの理論モデルの開発　　17
　4.　職業性ストレスの健康影響　　21
　5.　職業性ストレスの健康影響を説明するメカニズム：免疫系　　24
　6.　ま と め　　28

第3章　職業性ストレスの測定と評価 ——————————— 31
　1.　はじめに　　31
　2.　職業性ストレスの測定法に求められる特性　　32
　3.　職業性ストレスモデルの変遷　　33
　4.　代表的職業性ストレス調査票の測定と評価方法　　41
　5.　ま と め　　46

第4章 職場のメンタルヘルス対策のシステム：内部 EAP と外部 EAP ———————————— 49

1. はじめに　49
2. EAP とは：内部 EAP から外部 EAP へ　49
3. EAP のコア・テクノロジー　52
4. EAP のサービス　53
5. まとめ　64

第5章 職場のメンタルヘルス対策の実際：1 次予防，2 次予防，3 次予防 ———————————— 66

1. はじめに　66
2. 1 次予防　66
3. 2 次予防　75
4. 3 次予防　77
5. おわりに　84

第6章 職場のメンタルヘルス対策のステークホルダーと多職種連携 ———— 89

1. はじめに　89
2. 職場のメンタルヘルス活動の推移と多職種連携　89
3. 職場のメンタルヘルス活動における多職種連携　91
4. 職場のメンタルヘルス支援における多職種連携の際の留意点：主に事業場内スタッフと事業場外資源との連携を中心に　98
5. 職場のメンタルヘルス支援における多職種連携の際の今後の課題　99

第7章 職場のメンタルヘルスと法 ———————————— 103

1. はじめに　103
2. 事　例　103
3. 解説：産業精神保健法学の実践　106
4. 産業精神保健法学のあらまし　114
5. おわりに　120

第8章　組織的ストレス要因と組織行動 ———————————— 121
　1．組織的ストレス要因　　121
　2．長時間労働　　122
　3．組織公平性　　128
　4．対人逸脱行動　　131

第9章　労働者のキャリアとメンタルヘルス ———————————— 143
　1．キャリアとは　　143
　2．メンタルヘルス不調の予防としてのキャリア支援　　154

II　産業保健心理学のトピック

第10章　職場外の要因とメンタルヘルス ———————————— 162
　1．睡眠，休養と健康　　162
　2．ワーク・ライフ・バランス　　174

第11章　職場の諸問題への対応 ———————————— 185
　1．職場のいじめ　　185
　2．職場の自殺予防対策　　195

第12章　働き方の多様化と健康支援 ———————————— 203
　1．海外勤務者の健康支援　　203
　2．対人援助職の健康　　213

第13章　職場のメンタルヘルスのアウトリーチ ———————————— 221
　1．中小規模事業所におけるメンタルヘルス対策　　221
　2．経営とメンタルヘルス　　229

第14章　ワーク・エンゲイジメント ———————————— 238
　1．はじめに　　238
　2．ワーク・エンゲイジメントの概念　　238
　3．ワーク・エンゲイジメントの規定要因　　240
　4．ワーク・エンゲイジメントとアウトカムとの関連　　241

viii 目 次

5. 仕事の要求度 – 資源モデルとワーク・エンゲイジメント 242
6. ワーク・エンゲイジメントの測定 243
7. ワーク・エンゲイジメントに注目した個人と組織の活性化 244
8. おわりに 245

索 引 249

I

産業保健心理学の基礎

第 1 章
産業保健心理学概論

島津明人

1. 産業保健心理学とは

　産業保健心理学とは，労働生活の質を高め，労働者の安全・健康・幸福（well-being）の保持・増進のために心理学の知見を適用する心理学の応用領域である（Centers for Disease Control and Prevention, 2010）。産業保健心理学が扱う「対象」は多岐にわたっており，労働者個人だけでなく，労働者が所属する組織や労働者を取り巻く職場環境も，研究や実践の対象とする。また，取り上げる「内容」も，ストレス，疾病，ケアなどのネガティブなアウトカムだけでなく，生産性，動機づけ，キャリアなどのポジティブなアウトカムも含まれる（図1-1）。つまり，産業保健心理学は，健康心理学，臨床心理学，産業・組織心理学などの心理学の諸領域だけでなく，心理学以外の公衆衛生学，精神医学，経済学，経営学，キャリアカウンセリングなどと関連しながら，幅広い

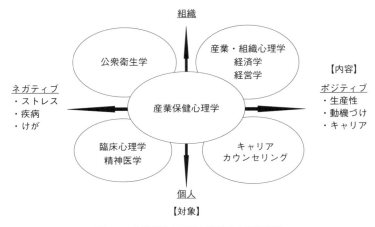

図 1-1　産業保健心理学と関連する学問領域

対象（個人 – 組織・環境）と内容（ネガティブ – ポジティブ）を扱う学際的な領域と位置づけられるだろう。

　表 1-1 は，産業保健心理学における 2 つの雑誌（*Journal of Occupational Health Psychology*（*JOHP*），*Work & Stress* に掲載されている論文に，主要なキーワードが何件含まれているかを示したものである。この表を見ると，ポジティブな内容（喜び，幸福，満足感，フロー，ワーク・エンゲイジメント）が含まれる件数（*JOHP* 907 件，*Work & Stress* 1,073 件）は，ネガティブな内容（怒り，不安，抑うつ，苦痛，バーンアウト）が含まれる件数（*JOHP* 1,793 件，*Work & Stress* 2,207 件）の約半分であることが分かる。

　心理学の領域では，2000 年前後から，人間が持つ強みやパフォーマンスなどポジティブな要因にも注目する動きが出始めている（Seligman & Csikszentmihalyi, 2000）。産業保健心理学の領域でも，ワーク・エンゲイジメント（第 14 章）のように，ポジティブ心理学を背景とした概念が整理され，研究が盛んになり始めている（Schaufeli & Bakker, 2004; 島津, 2014; Wood et al., 2016）。働く人々の幸せ（well-being）を総合的に考える場合，今後，ネガティ

表 1-1　産業保健心理学の主要雑誌に掲載された論文でヒットした用語数の内訳
（2017 年 7 月 25 日現在）

ネガティブな用語	論文数			ポジティブな用語	論文数		
	Journal of Occupational Health Psychology	*Work & Stress*	合計		*Journal of Occupational Health Psychology*	*Work & Stress*	合計
怒り（Anger）	169	180	349	喜び（Joy）	21	30	51
不安（Anxiety）	435	583	1,018	幸福（Happiness）	105	91	196
抑うつ（Depression）	409	504	913	満足感（Satisfaction）	584	757	1,341
苦痛（Distress）	394	456	850	フロー（Flow）	69	93	162
バーンアウト（Burnout）	386	484	870	ワーク・エンゲイジメント（Work Engagement）	128	102	230
合計	1,793	2,207	4,000	合計	907	1,073	1,980

注：Google Scholar にて検索オプションの "出典を指定" に各雑誌名を入れ，各キーワードを検索したヒット件数。

4 第 1 章　産業保健心理学概論

ブな要因だけでなくポジティブな要因にも注目した研究の増加が望まれる。

2.　産業保健心理学の国際・国内動向

　ここで，産業保健心理学の国際および国内動向を概観しよう。

　産業保健心理学には限定されないものの，産業保健心理学を中心とした活動は，国際産業保健学会（International Commission on Occupational Health）を基盤に展開されている。1996 年に ICOH 内に仕事の心理社会的要因に関する科学委員会（Work Organisation and Psychosocial Factors ［ICOH-WOPS］ scientific committee：http://www.icohweb.org/site/scientific-committee-detail.asp?sc=33）が設立され，3 ～ 4 年に 1 回学術総会を開催している。最初の学術総会が 1998 年にコペンハーゲン（デンマーク）で開催され，以降，2005 年に岡山，2008 年にケベック（カナダ），2010 年にアムステルダム（オランダ），2014 年にアデレード（オーストラリア），2017 年にメキシコシティ（メキシコ）で学術総会が開催されている。

　米国では，1990 年に米国心理学会（American Psychological Association）と米国国立職業安全衛生研究所（National Institute for Occupational Safety and Health: NIOSH）とが共同し，第 1 回「Work, Stress and Health Conference」をワシントン DC で開催した（http://www.apa.org/wsh/past/index.aspx）。会議は，その後，ほぼ 2 年に 1 回の頻度で開催されている。2005 年には，米国産業保健心理学会（Society for Occupational Health Psychology: SOHP）が設立され，2008 年以降は，「Work, Stress and Health Conference」を APA，NIOSH を含む 3 者で共催している。最新回の会議は，2017 年にミネアポリスで開催された。なお，学術研究の成果発表の場として，1996 年に雑誌 *Journal of Occupational Health Psychology* が創刊され，現在では年 4 号が発行されている（http://www.apa.org/pubs/journals/ocp/）。

　欧州では，1999 年に第 1 回産業保健心理学に関する欧州ワークショップ（European Workshop on Occupational Health Psychology）がスウェーデンのルンドで開催され，同時に欧州産業保健心理学会（European Academy of Occupational Health Psychology: EA-OHP）が設立された（http://www.eaohp.

図 1-2　第 3 回仕事の心理社会的要因に関する専門家ワークショップ in 東京（参加者の集合写真）

org/）。その後，学術総会を毎年開催している。最新回の会議は，2016 年にアテネで開催された。学術研究の成果発表の場としては，学会設立よりも早く雑誌 *Work & Stress* が 1987 年に創刊され，現在では年 4 号が発行されている（http://www.tandfonline.com/toc/twst20/current）。

　アジア太平洋地域では，2010 年に第 1 回仕事の心理社会的要因に関する専門家ワークショップ（Expert Workshop on Psychosocial Factors at Work）がオーストラリアのダーウィンにて開催され，2011 年にジョホールバル（マレーシア），2012 年に東京で開催された（図 1-2）。東京でのワークショップを機にアジア太平洋心理社会的要因に関する学会が設立され（http://www.apapfaw.org/），以降，アユタヤ（タイ：2013 年），アデレード（オーストラリア：2014 年），ソウル（2015 年），上海（2016 年）と年次大会が開催されている。学会員の出身国は，日本のほか，インドネシア，オーストラリア，韓国，タイ，中国，ニュージーランド，マレーシア，フランス，ドイツなど多岐にわたっている。同学会では，アジア太平洋地域にまたがる主要な課題を 2 冊のハンドブックにまとめている（Dollard et al., 2014; Shimazu et al., 2016）。

　日本では，日本心理学会を基盤に活動が行われている。2002 年の年次大会にて職場のメンタルヘルスに関するシンポジウムが企画されたのを機に，年次大会を利用したシンポジウムないしワークショップが継続的に開催されている（表 1-2）。2012 年には日本心理学会の研究会制度を利用した日本心理学会産業保健心理学研究会が発足し，年次大会でのシンポジウムのほか著名な外国人研究者の来日に合わせた講演やシンポジウムを企画している。

6   第1章　産業保健心理学概論

表 1-2　日本心理学会年次大会におけるシンポジウム，ワークショップのテーマ

年	テーマ
2002	多様なアプローチの紹介
2003	労働者のストレスマネジメントの観点から
2004	職場環境のマネジメントの観点から
2005	職業性ストレスの研究と実践：産業保健心理学の可能性
2006	個人・組織の活性化とワーク・エンゲイジメント
2007	労働力の多様化とメンタルヘルス
2008	個人向けストレス対策の提供手段に注目して
2009	組織と個人の活性化に向けて
2010	第一次予防の普及に向けて
2011	ポジティブアプローチによる新しい展開
2012	職場組織に対するポジティブアプローチ
2013	健康いきいき職場づくりの理論と実際
2014	日本企業のグローバル経営における諸問題
2015	ストレスチェックの法制化とメンタルヘルス対策の新たな動向
2017	メンタルヘルス対策の新たな動向

注：2016 年は国際心理学会（横浜）開催のため，日本心理学会は開催されなかった。

3. 本書の構成

　本書では，働く人々の健康と幸福の維持・向上につながる理論や知見，実践内容について，心理学を基盤としながらも学際的な視点で提供することを目的としている。本書の内容は，大きく 2 部に分けられる。

　第 1 部は，産業保健心理学に関する主要な考え方，理論モデル，実践の枠組みを提示している。いわば，産業保健心理学の幹に当たる部分であり，概論（第 1 章），職業性ストレスと健康影響（第 2 章），職業性ストレスの測定と評価（第 3 章），職場のメンタルヘルス対策のシステム（第 4 章），職場のメンタルヘルス対策の実際（第 5 章），職場のメンタルヘルス対策のステークホルダーと多職種連携（第 6 章），職場のメンタルヘルスと法（第 7 章），組織的ストレス要因と組織行動（第 8 章），労働者のキャリアとメンタルヘルス（第 9 章）の 9 章から構成されている。

　第 2 部は，産業保健心理学の最新のトピックを提示している。産業保健心理

学の枝に当たる部分であり，職場外の要因とメンタルヘルス（第10章），職場の諸問題への対応（第11章），働き方の多様化と健康支援（第12章），職場のメンタルヘルスのアウトリーチ（第13章），ワーク・エンゲイジメント（第14章）の5章から構成されている。10 〜 13章は，それぞれ関連する2つのトピックから構成されている。

(1) 第1部　産業保健心理学の基礎

　第2章では，職業性ストレスと健康影響を取り上げている。私たちは，働き続ける限り，様々な仕事上のストレス（職業性ストレス）を避けることはできない。本章では，職業性ストレスが健康に与える影響について，過去30年間にわたる国内外の研究成果を分かりやすく説明する。代表的な職業性ストレスの理論モデル，職業性ストレスの健康影響，職業性ストレスの健康影響を説明するメカニズムを解説する。

　第3章では，職業性ストレスの測定と評価を取り上げる。職業性ストレスに関連する要素は，ストレスの要因（ストレッサー），ストレス反応，健康影響，修飾要因に区別される。このうち，ストレス反応や健康影響，修飾要因は，精神医学や臨床心理学などの測定ツールを応用することが多い。他方，職業に関するストレッサーの測定と評価は，精神医学や臨床心理学では扱われておらず，産業保健心理学が扱う独自の領域と言えるだろう。本章では，職業性ストレスの測定法に求められる特性を解説したうえで，職業性ストレスモデルの変遷，代表的な職業性ストレス調査票の測定と評価方法を紹介する。これから職業性ストレス研究を始めてみたいと考えている方には有益なガイドとなるだろう。

　第4章では，職場のメンタルヘルス対策のシステムとして，EAP（Employee Assistance Program）を取り上げる。EAPは，家庭問題，メンタルヘルス，アルコール，ストレス，ワーク・ライフ・バランスなど従業員が抱える様々な問題に対して，解決を支援するプログラムである。EAPでは個人的問題の適切なアセスメントとプライバシーの守られた短期解決志向のカウンセリングサービスを通じて，仕事の生産性に影響するあらゆる問題の早期発見と早期解決をサポートする。本章では，EAPが内部EAPとして始まり，外部EAPとして企業に浸透してきた経緯，EAPのコア・テクノロジー，EAPの様々なサービ

ス内容を具体的に解説する。

第5章では，職場のメンタルヘルス対策の実際について，1次予防，2次予防，3次予防に分けて解説する。1次予防では，主な方策である管理監督者向け教育，セルフケア教育，職場環境改善のほか，2015年12月から施行されたストレスチェック制度についても言及する。2次予防では，メンタルヘルス不調の早期発見，早期対応が行われる。ここでは，スクリーニングテストや構造化面接の概要，ストレスチェック後などに実施される面接時のポイント，早期受診の勧奨方法などを解説する。3次予防では，厚生労働省が発表している職場復帰支援の手引きに準拠して，職場復帰支援の実際について，職場復帰支援プランの作成，主治医などとの連携，休職中や復職時のケア，リワークプログラムの概要を解説する。

第6章では，職場のメンタルヘルス対策のステークホルダーと多職種連携について取り上げる。労働者のメンタルヘルスを支援するには，本人を中心としながら，上司（管理監督者），人事労務担当者，事業所内産業保健スタッフ，事業所外の専門機関などが相互に連携することが重要である。本章では，メンタルヘルスの1次予防，2次予防，3次予防のそれぞれについて，連携のあり方，留意点，今後の課題を紹介する。

第7章は，職場のメンタルヘルスと法に注目する。ここでは，メンタルヘルス不調者の発生を防止するとともに，発生した不調者への適正な対応を通じて問題解決を図る新しい実践的学問領域である産業精神保健法学について，事例とともに総論を紹介する。産業精神法学は，最終的に，現場的，社会的課題の解決を目的としているため，学際，国際，理論，現場のすべてを重視する。その開発を図るための情報交換と専門家間の交流，人材育成のプラットフォームとして，産業保健法学研究会が設立されている。

第8章では，組織的ストレス要因のうち，長時間労働，組織公平性，対人逸脱行動に注目し，これらが労働者の態度や行動に及ぼす影響を解説する。長時間労働に関しては，日本人労働者の労働時間の推移と現状を報告したうえで，安全衛生と就労態度との関連について説明する。組織公平性についてはその多面的概念を概説し，組織逸脱行動と呼ばれる組織にとって好ましくない行動との関連について説明する。対人逸脱行動については，職場の暴力，侮辱的管理，

および職場不作法という3タイプに分類し，それらが被害者の勤労態度や職務行動へ及ぼす否定的な影響について説明する。

第9章では，労働者のキャリアとメンタルヘルスとの関連を取り上げる。メンタルヘルスの予防をより有効に行うには，キャリア支援の視点を持つことが重要である。本章では，主要なキャリア理論として，個人 – 環境適合アプローチ，ライフスパン・ライフスペースアプローチ，組織内キャリア発達アプローチ，トランジションアプローチ，キャリア構築理論を紹介する。そのうえで，キャリアの問題が労働者のメンタルヘルスとどのように関連しあっているかに言及したうえで，メンタルヘルス不調の予防としてキャリア支援がどのように行われているのか，1次予防および3次予防としてのキャリアカウンセリングの実際を紹介する。

(2) 第2部　産業保健心理学のトピックス

第10章では，職場外の要因とメンタルヘルスとの関連に注目する。近年の労働者を取り巻く社会経済状況の変化を受け，職場のメンタルヘルス活動においても，視野の拡大が必要になっている。従来のメンタルヘルス対策では職場内の要因（就業状況，職場環境，働き方）に注目した活動が主に行われてきたが，これらだけでは一枚のコインの片面を見ているに過ぎない。労働生活の質をより高めるには，職場外（休養，睡眠，家庭生活，余暇，ワーク・ライフ・バランス）の要因も視野に入れる必要がある。

第1節では，労働者の睡眠，休養と健康との関連を取り上げる。すべての労働者は健康で安全に働きたい，労働生活を充実させたいという希望を持っている。こうした希望を実現する職場外要因の筆頭が休養であり，より直接的には睡眠である。疲労が充分に回復できるような働き方，休養・睡眠のとり方を明らかにするのは産業保健心理学の重要な課題である。

第2節では，ワーク・ライフ・バランスを取り上げる。産業保健心理学におけるワーク・ライフ・バランスの考え方，ワーク・ライフ・バランスとメンタルヘルスとの関連を解説するほか，余暇（長期休暇，週末の休息効果，リカバリー経験）とメンタルヘルスとの関連についても言及する。

第11章では，職場の諸問題への対応に注目する。第1節では，職場のいじ

めを取り上げる。全国の労働局に寄せられる職場のいじめに関する相談件数は年々増加しており，またいじめが原因だとして精神障害に関する労働災害が認定される件数も近年増えている。職場のいじめは，被害者に対して精神的被害や身体的被害をもたらすだけでなく，周りでいじめを目撃した人，そして企業や組織に対してもダメージをもたらす。いじめの対策には，あらゆる人が身近な問題として取り組む必要がある。

第2節では，職場の自殺予防対策を取り上げる。自殺予防の第一歩は，自殺の危険を適切に評価することから始まる。本節では，自殺の危険因子として，自殺未遂歴，精神障害，周囲からのサポートの不足，性別，年齢，喪失体験，他者の死の影響，事故傾性の8つを取り上げて解説するほか，職場における自殺予防体制の構築にも言及する。

第12章では，近年の働き方の多様化に関連して，海外勤務と対人援助業務に注目する。第1節では，海外勤務者の健康支援を取り上げる。企業にとって社員を海外へ派遣することは日常事項となっている。その際，海外勤務者のメンタルヘルス対策としては，とかく国内対策の延長線上で対応されがちである。しかし両者ではその病態や取り巻く環境が大きく異なるため，別立てでの理解と対応が必要である。本節では，海外勤務者のメンタルヘルス支援に心理職が関わる際に，理解すべき事項を紹介する。

第2節では，対人援助職の職務の特徴と健康問題との関係を，仕事の要求度－資源モデルに準拠して紹介する。対人援助職の職務は，職務遂行に求められる感情を意識的に作り出し，管理することが要求される感情労働に特徴がある。感情労働に従事する対人援助職者は，援助の受け手から様々なフィードバックが提供され，ネガティブなフィードバックはバーンアウトに，ポジティブなフィードバックはワーク・エンゲイジメントにつながる。しかし，対人援助職が提供されるフィードバックは「即時的」であるため，その経験を他者と共有しにくい。本章では，情報共有の質を測定・改善するために開発されたRelational Coordination という概念を紹介する。

第13章と第14章では，産業保健心理学が関わる新しい課題に注目する。

第13章では，職場のメンタルヘルス対策をどのように届けるかというアウトリーチに関する内容であり，第1節では，中小規模事業所におけるメンタル

ヘルス対策を取り上げる。我が国を含め各国では，中小規模事業所，特に小規模零細企業ではメンタルヘルス対策をはじめとする産業保健活動は十分ではない。本節では，中小規模事業所におけるメンタルヘルス活動に言及したうえで，これらのメンタルヘルス活動を支援するための体制，啓発ツール，実践事例を紹介する。

　第2節では，経営とメンタルヘルスとの関連に注目する。職場のメンタルヘルス対策を事業所全体に浸透させるには，経営層の理解と協力が不可欠である。その学問的基盤である経済学からメンタルヘルスアプローチしたのが本節である。経済学がメンタルヘルスの問題を実証的に扱う場合，同一個人や企業を追跡調査したデータを用いて，時間を通じて変わらない個人の異質性（ストレス耐性や考え方・性格，家庭環境など）や企業の異質性（業種や規模，技術力や潜在成長力など）を統計的に除去することにより，メンタルヘルスに影響を与える共通要因の存在や大きさを把握してきた。本節では，従業員のメンタルヘルスが企業経営に及ぼす影響と，従業員のメンタルヘルス悪化を予防する働き方について経済学の視点から解説する。

　最終章である第14章では，産業保健心理学の最近のトピックであるポジティブ・メンタルヘルスについて，特にワーク・エンゲイジメントを取り上げながら解説する。心理学の領域では，2000年前後から，人間の有する強みやパフォーマンスなどポジティブな要因にも注目する動きが出始めた。このような動きの中で新しく提唱された概念の1つが，ワーク・エンゲイジメントである。本章では，ワーク・エンゲイジメントに関して，その概念，測定方法を紹介したうえで，従業員個人と組織の活性化の方法について紹介する。

　冒頭で述べたように，産業保健心理学は，働く人々の健康と幸福の維持・向上を目的とした心理学の応用領域である。本書を通じて，労働者やその周囲の人々を対象とした研究と実践が発展するだけでなく，両者の交流がこれまで以上に活発になれば幸いである。

引用文献

Centers for Disease Control and Prevention (2010). Occupational Health Psychology (OHP). Retrieved from https://www.cdc.gov/niosh/topics/ohp/default.html#what (2017 年 7 月 30 日)

Dollard, M. F., Shimazu, A., Bin Nordin, R., Brough, P., & Tuckey, M. (Eds.) (2014). *Psychosocial factors at work in the Asia Pacific.* New York: Springer.

Schaufeli, W. B., & Bakker, A. B. (2004). Job demands, job resources and their relationship with burnout and engagement: A multi-sample study. *Journal of Organizational Behavior, 25,* 293–315.

Seligman, M. E. P., & Csikszentmihalyi, M. (2000). Positive psychology: An introduction. *American Psychologist, 55,* 5-14.

島津明人 (2014). ワーク・エンゲイジメント―ポジティブ・メンタルヘルスで活力ある毎日を― 労働調査会

Shimazu, A., Bin Nordin, R., Dollard, M. F., & Oakman, J. (Eds.). (2016). *Psychosocial factors at work in the Asia Pacific: From theory to practice.* Switzerland: Springer.

Wood, J., Kim, W., & Khan, G. F. (2016). Work engagement in organizations: A social network analysis of the domain. *Scientometrics, 317,* 317–336.

第2章
職業性ストレスと健康影響

中田光紀

1. はじめに

　ストレスはよく万病のもとと言われる。しかし、我々は日々の生活のストレスから逃れることは不可能であるし、逆にストレスがあるから生活の中で様々な工夫を凝らし、新しい発見ができ、進歩・発展がある。問題は、どのようなストレスに、どれくらいの長さで、どの程度の強さで曝露するのか、また我々がそのストレスをどのように認知し、処理し、解釈するかである（ストレス認知モデル（図2-1））（Lazarus & Folkman, 1984）。結論から言うと、個人にとって適度なストレスは健康を増進させ、逆に過剰あるいは過少なストレスは健康を阻害する。

　もう1つ、我々のほとんどはつねに何らかの「組織」に所属する。個人がいくら健康でも、組織が不健康状態に陥れば、そこで働く健康な個人もいずれは健康を害し、ひいては組織自体も破たんすることになる。組織で働く個人と組織自体の健全性、この両者が満たされて初めて人々が健康で生き生きと働けるのである。産業保健心理学では、個人と組織の両者の健康を重視する点に特徴がある。

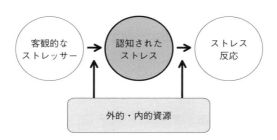

図 2-1　ストレス認知モデル（Lazarus & Folkman, 1984）

本章では，我々が働き続ける限り避けて通ることのできない様々な仕事上のストレス（職業性ストレス）が健康に与える影響について，過去30年にわたる国内外の研究成果に触れ，上記のことを踏まえて解説する。

2. 職業性ストレスはどれくらいの人々が感じているのか

我々は日々の仕事のストレスをどれくらい感じているのであろうか。同僚や身近な友人などの話に耳を傾けると，「ストレスが溜まった」「疲労で身体が動かない」「ストレスでよく眠れない」などの声を聞くことがある。夜遅くに電車に乗ると，疲れたサラリーマンが電車内で熟睡する姿や，酒を飲んで駅の周辺に座り込む酩酊状態の人を見かけることもある。このような人は仕事がきつくストレスが溜まっているのだろうなとつい同情してしまう。一方，ストレスなどは全く意に介さず，元気はつらつとばりばり仕事をこなし続けられる人もいる。

では，一体どれくらいの日本人が強いストレス状態の中で働いているのであろうか。職業性ストレスが社会問題になり，対応を模索するために国内でも様々な調査が行われるようになってから久しいが，その代表的な調査が，厚

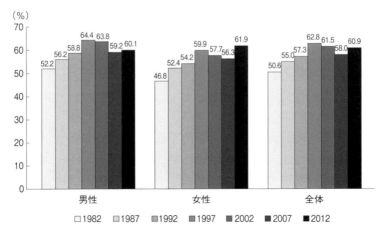

図 2-2　仕事や職業生活に関する強い不安，悩み，ストレスの有無
（厚生労働省「労働者健康状況調査」より）

生労働省が 5 年ごとに行っている「労働者健康状況調査」である（厚生労働省, 2012）。厚生労働省によると, この調査の目的は「労働者の健康状況, 健康管理の推進状況等を把握し, 労働者の健康確保対策, 自主的な健康管理の推進等労働衛生行政運営の推進に資すること」とあり, この調査の中には職業性ストレスについて尋ねる質問が含まれている。具体的には,「あなたは現在の自分の仕事や職業生活に関することで強い不安, 悩み, ストレスとなっていると感じる事柄がありますか」という質問に対して「はい・いいえ」で回答させるものである。1982 年から 2012 年までの計 7 回の調査機会において, この項目に「はい」と答えた者の割合を男女別にまとめたものが図 2-2 である。この結果を見ると, 男女ともに半数以上が「はい」と答えており（1982 年の女性以外）, 年々増加傾向にあることが分かる。2012 年に行われた調査でも「はい」と答えた者の割合は 6 割を超え, その主な原因となっている内容は「職場の人

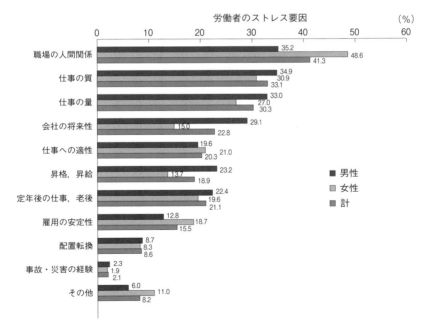

図 2-3　仕事や職業生活に関する強い不安, 悩み, ストレスの内容
（平成 24 年度厚生労働省「労働者健康状況調査」より）

間関係」によるストレスで，次いで「仕事の質」「仕事の量」「会社の将来性」の順であった。この傾向は 1982 年の調査開始以来一貫しており，日本では人間関係によるストレスが多くの職場で蔓延していることがうかがえる（図 2-3）。

　さて，日本人労働者が置かれている状況は理解できたが，他の先進諸国はどうであろうか。例えば，米国で行われた 3 つの調査では 29-40％の労働者が仕事上のストレスを強く感じていると報告しており，ストレスが高い人は低い人に比べて健康保険料が 50％程度高額になるとしている（NIOSH, 1999）。2014/2015 年に英国で行われた調査によると，10 万人当たり 1,380 人が仕事上の強いストレス，抑うつ，不安を訴えていると報告しており，仕事のストレスが原因の割合に注目すると，体調不良では全体の 35％，労働損失日数では 43％を占めるとされている（National Health and Safety Executive, 2015）。これら別々の国で行われた調査は，方法や定義，ストレスに対する考え方，文化的背景等が異なるので必ずしも日本と同じ結果ではないが，職場のストレスは先進諸国において依然として大きな社会問題となっている。現在では，先進諸国だけではなく，グローバル化によって発展途上国にも影響が出ていると考えられる。

　それでは，働く人の職業性ストレスはどのようにとらえればよいのであろうか。職業性ストレスは多種多様であり，仕事上のあらゆる要素がストレッサーになり得る。その一部を図 2-4 に示す。ご覧のように職場では，勤務体制，対人関係，仕事の安定性・将来性，マネージメントスタイル，社会状況の変化や判断，仕事のデザイン，職場の物理的環境因子などのすべての要素が複雑に絡みあって個人に影響を与える。この中には，比較的解決しやすい課題もあれば，難しいものもある。例えば，物理的環境は，職場の作業環境改善に会社が十分な投資を行えば解決しやすい課題かもしれないが，仕事のデザインや対人関係など，反応に個人差が予想されるものとなれば解決は難しいかもしれない。職業性ストレス研究では多くの場合，この個人差が発生し得る心理社会的因子を焦点としてきた。では，職業性の心理社会的ストレスはどのようにして測定できるのであろうか。次に，これまでに主に欧米を中心に発展してきたモデルを紹介する。

3. 職業性ストレスの理論モデルの開発

社会状況の変化や判断
・技術革新
・失業
・障がいを有する労働者の雇用

勤務体制
・フルタイム 対 パートタイム
・オフィス 対 オフィス外での仕事
・日勤 対 交代勤務
・不規則勤務
・週末勤務

仕事のデザイン
・課題の複雑さ
・仕事のペース
・要求される技術のレベル
・要求される努力のレベル
・裁量の度合い
・休憩時間
・作業ラインのシステム

対人関係
・同僚 対 上司
・同僚 対 同僚
・社会的支援
・部署 対 部署

職場の物理的環境因子
・騒音
・空調
・人間工学的環境
・照明・照度
・室温・湿度
・作業空間
・有害物質の存在

仕事の安定性・将来性
・雇用の保障
・仕事の安定性
・昇進の可能性
・将来性

マネージメントスタイル
・参加型アプローチ
・階層的アプローチ
・チームワーク 対 個人ワーク

図 2-4　職場で発生し得る様々なストレス要因

3. 職業性ストレスの理論モデルの開発

　仕事の取り組み方や内容が同じでも，ある人にとっては苦痛でストレスになるが，また別のある人にとってはストレスとはならない場合がある。例えば，忙しく仕事をすることを嫌う人がいる一方で，忙しいことを好む人もいる。また，自分から率先して仕事を行う人もいれば，人から指示を受けて仕事をすることを好む人もいる。ただ，多くの人にとって共通のストレスとなり得る条件も存在する。欧米では 20 世紀後半から，仕事上のストレスを把握する職業性ストレスモデルが様々開発されている。主な職業性ストレスモデルは，人 – 環境適合モデル，個人 – 組織適合モデル，因果関係モデル，仕事の要求度 – コントロールモデル，努力 – 報酬不均衡モデル，米国国立労働安全衛生研究所（National Institute for Occupational Safety and Health; NIOSH）の職業性ストレスモデル，組織的公正性など多数あるが，これらのうち最も利用頻度が高い，仕事の要求度 – コントロールモデル，努力 – 報酬不均衡モデルならびに

18 第2章 職業性ストレスと健康影響

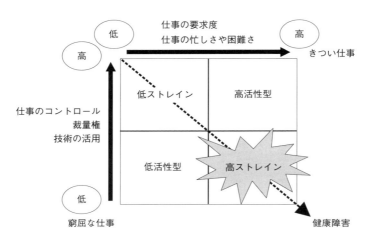

図 2-5 仕事の要求度 - コントロールモデル（Karasek, 1979）

NIOSH職業性ストレスモデルの3つを紹介する。

「仕事の要求度 - コントロールモデル」は，米国のカラセック（Karasek, 1979）が提唱したモデルであり，仕事上の2つの要因から構成されている。まず1つは仕事の要求度，すなわち仕事の量的負荷，仕事上の突発的な出来事，職場の対人的な問題から構成され，特に仕事の量的負荷（多忙さや時間的切迫感）がその中心的な要素を占める（図2-5）。仕事の要求度が高い状態が持続すれば「きつい」仕事と言える。もう1つの要因である仕事のコントロール（仕事上の裁量権や自由度）は，意思決定の権限，スキルの自律性の2つの要素から構成される。仕事のコントロールが低い状態をより平易な言葉で表すと「窮屈」な仕事と言える。このモデルでは，仕事の要求度が高く，コントロールが低い状態を「高ストレイン（仕事の要求度得点をコントロール得点で除した値）」と呼び，最も精神的緊張度が高く，疾病のリスクが高くなるとされている。逆に，仕事の要求度が高くても，コントロールが高い状態では，生産性，職場での満足感も高まり，メンタルヘルス増進にも寄与するという点は注目に値する（Karasek & Theorell, 1990）。

その後，仕事の要求度 - コントロールモデルにもう1つの要因である職場の社会的支援を加え，仕事の要求度 - コントロール - 社会的支援モデルとした

3. 職業性ストレスの理論モデルの開発　19

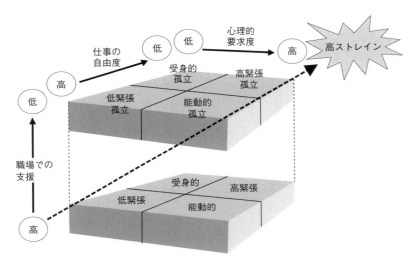

図 2-6　仕事の要求度 - コントロール - 社会的支援モデル（Johnson & Hall, 1988）

(Johnson & Hall, 1988)（図 2-6）。職場の社会的支援は，上司あるいは同僚による情緒的，道具的支援を意味する。情緒的支援は，共感，励まし，話しやすさなどを指し，道具的支援は，上司や同僚による仕事上の具体的なアドバイス，直接的な手助けなどを指す。職場で社会的支援が得られない状態で働き続けることは，「孤独」あるいは「孤立」状態で働いていると言える。このモデルでは，仕事の要求度が高く，コントロールが低く，かつサポートが少ない場合に最もストレスや健康障害が発生しやすくなるとしている。言い換えると，「きつくて」「きゅうくつ」で「こどく」な職場（3K 職場）では健康を害しやすいということである。

「努力 - 報酬不均衡モデル」は，社会学者のシーグリスト（Siegrist, 1996）によって提唱されたモデルである（図 2-7）。このモデルでは，仕事の遂行のために行われる「努力」の程度に対して，その結果として得られる「報酬」が不足した場合に，より大きなストレス反応が発生するという。この「報酬」には経済的な報酬（金銭）に加え，心理的報酬（尊重）ならびにキャリア（仕事の安定性や昇進）も含まれる。一方，「努力」は「外在的努力」と「内在的努力」に分けられ，外在的努力は仕事の要求度，責任，義務などへの対処を意味し，内

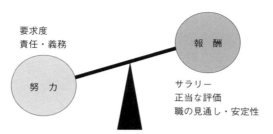

図 2-7 努力 - 報酬不均衡モデル（Siegrist, 1996）

在的努力は自分自身の期待や要求水準を満たすことへの対処を意味する。内在的努力はその努力が失敗した場合に，自分の努力不足によるという認知上の歪みから，仕事に過度に傾注する個人の態度や行動パターンであるオーバーコミットメントが引き起こされ，そのためにさらに職業性ストレスが昂進し，健康リスクが高まると考えられている。

最後に，「NIOSH 職業性ストレスモデル」（Henningsen et al., 1992）であるが，このモデルでは，職業性ストレッサー（仕事のコントロール，労働負荷，仕事の将来性など）が仕事外要因（家庭内要求），個人要因（年齢，性別，婚姻状態など），緩衝要因（上司，同僚，家族・友人からの社会的支援など）によって調整・緩衝され，心理的・身体的・行動的急性ストレス反応が引き起こされ，この急性ストレス反応が持続し慢性化した場合に心疾患などの身体疾患ならびにうつ病などの精神疾患の発症，職場のけが，欠勤および離職につながると考えられている（図 2-8）。

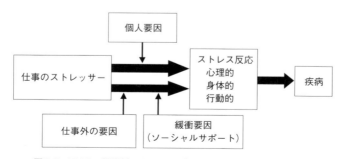

図 2-8　NIOSH 職業性ストレスモデル（Hurrell & McLaney, 1988）

以上，職業性ストレスの理論モデルについて概略を説明した。次はこれらの職業性ストレスの理論モデルに基づき，その健康影響について述べる。

4. 職業性ストレスの健康影響

職業性ストレスの健康影響に関する研究は1980年代後半から多数展開されるようになった。2000年以降は，仕事の要求度－コントロールモデル，努力－報酬不均衡モデルやNIOSHの職業性ストレスモデルなどに基づき，職業性要因を評価し，虚血性心疾患，うつ病，がんなどの疾病の有無・発症の関係についてコホート研究によるエビデンスが報告されるようになり，因果関係が推定可能となった。また，より最近になって，組織の公正性やワーク・ライフ・バランスなどの健康影響にも注目が集まるようになり，さらにワーク・エンゲイジメントや働きがいといった仕事のポジティブな側面が健康の維持・増進に寄与することも明らかにされている。ここでは，職業性ストレスがどのように健康に影響するか，産業保健心理学において特に重要な精神健康への影響について述べる。

(1) 職業性ストレスと睡眠問題

職業性ストレスの睡眠影響は，より深刻なうつ病や不安障害などの前兆として注目されている。睡眠問題の中でも，最も訴えが多いと言われる不眠症は，労働者の5人に1人存在する（Nakata et al., 2004）。また，2014年の労働者健康状況調査（厚生労働省，2014）によると，6時間未満しか睡眠時間を確保していない労働者は半数弱（46.5%）に上っており，働く人々において慢性の睡眠不足が蔓延している。2009年に経済協力開発機構（OECD）が実施した国別の睡眠時間調査でも，日本人の平均睡眠時間は1日平均6時間50分で，調査18か国中，韓国に次いで2番目に短い。

このように，睡眠に問題を抱える労働者の増加は，短期的には職場の事故やけが，欠勤や遅刻の増加，長期的にはうつ病，睡眠障害などのメンタルヘルス問題ならびに糖尿病，高血圧，心疾患などの生活習慣病の増加をもたらす。そこで，ここでは特に職業性ストレスと不眠の関連に焦点を当てることにする。

22　第 2 章　職業性ストレスと健康影響

　職業性ストレスと不眠の関連については，我が国では 1990 年代後半より報告が見られるようになった。例えば，タチバナら（Tachibana et al., 1996）は，271 名の工場労働者を対象とした調査で，「仕事にのめり込みすぎ」の労働者の不眠リスクはそれ以外の労働者と比べると 2.8 倍増加することを報告した。同じく，日勤工場労働者 1,161 名を対象とした研究では，NIOSH 職業性ストレス調査票のうちの 18 項目と不眠を構成する 3 要素（入眠困難，中途覚醒，早朝覚醒）の関連を詳細に解析した。その結果，入眠困難，中途覚醒，早朝覚醒の有症率はそれぞれ 11.3％，14.2％，1.9％で，不眠症の有症率は 23.6％であること，また，仕事上の役割葛藤が高い者，認知的要求が高い者，職務満足感が低い者では入眠困難が増加し，離職しても再就職できない可能性があると感じる者は 1.5 〜 2.0 倍不眠が増えることを見出した（Nakata et al., 2004）。さらに，オオタら（Ota et al., 2009）は 1,022 名の労働者を対象に，仕事のストレス（努力 - 報酬不均衡モデルと仕事の要求度 - コントロール - 社会的支援モデル）と不眠に関する 2 年間のコホート前向き調査を行い，調査開始時点で不眠でない者で，オーバーコミットメントと仕事のストレインが高い者は，追跡期間中に不眠症になるリスクが 1.7 倍程度高まることを報告した。逆に，すでに不眠を有する者で，努力に伴わない報酬しか受け取っていないと感じた者は 2.4 倍程度不眠が持続すると報告した。

　これらの結果から，仕事のストレスによる睡眠への影響は，仕事の裁量権，仕事の量的負荷，努力と報酬の不均衡が不眠と強く関連することが判明した。睡眠の質を高めるためには，職業性ストレスを十分考慮して対策を考える必要がある。

　職場要因のうち，もう 1 点特に留意しておくべき点がある。それは職場の人間関係である。前出の労働者健康状況調査においても，ストレスの内容で常時 1 位を占めるのが「職場の人間関係」の問題であった。職場の人間関係と不眠の関係については，我が国からも知見が集積されている。例えば，女性工場労働者 334 名を対象にした調査では，独身女性では上司や同僚の支援がないと睡眠の質が低下し，既婚女性では家族の支援がないと睡眠の質が低下することを報告した（中田ら，2001）。同様の傾向は男性交替勤務者（Nakata et al., 2001），男性日勤者（Nakata et al., 2004）でも確認されており，職場の社会的サポート

は不眠を予防するうえで極めて重要な要素であることが示された。また，オオタら（2009）の前向き調査においても，すでに不眠症の労働者では，同僚や上司から心理的なサポートが低いことで2.0倍不眠が持続することを報告している。以上から，上司や同僚あるいは家族からの支援を得ることは，性別を問わず睡眠の質を高めるものと考えられる。

　さらに，職場の心理的な対人葛藤に注目した研究では，男性日勤者において対人葛藤が強いと不眠のリスクが2倍程度高くなり，その影響は低い職務満足感やうつ症状に匹敵するほどの影響があることが認められた。特に身近で働く人々との間で葛藤が強いと不眠が持続しやすくなる可能性が示された。

　以上から，日本人においては職業性ストレスの中でも特に対人関係が悪ければそれを修復することに重点を置く必要があると言える。

(2) 職業性ストレスとうつ病

　職業性ストレスとメンタルヘルスの関連について，最も研究が進展したのがうつ病との関連である。これまでにこの両者の関係については体系的論文レビュー（Systematic review）あるいはメタ分析（Meta-analysis）が複数報告されている。最新のレビューは2015年にテオレルら（Theorell et al., 2015）が発表したメタ分析の結果である。この報告では，1990年から2013年までの間に彼らが設定した基準を満たした文献59本を体系的に整理し，主に前向き研究とよくデザインされた患者対照研究から結論を導いている。この研究によれば，仕事のコントロールが高いと0.73倍うつ病のリスクが低下し，仕事のストレインが高いと1.74倍うつ病リスクが高まり，職場でいじめや仲間外れにされると2.82倍うつ病リスクが高まることが明らかとなった。さらに，高い努力・報酬不均衡は1.78倍うつ病リスクを高めるとした。ただし，本研究を解釈するうえで注意を要するのは，この結果はヨーロッパならびに英語圏の研究しか含まれていないことである。すなわち，日本などのアジアの国々は解析対象から外されている。今後，このような体系的論文レビューを行ううえでは，論文の数が十分に解析に耐え得るものであれば，地域別に解析することが必要と考えられる。

　この論文より以前に報告された2008年のネッターストローム（Netterstrøm et al., 2008）のコホート研究のみを対象としたメタ分析では，アジア圏の研究も

含まれている。この研究では，高い仕事の要求度は将来のうつ病の発症を 2.0 倍増加させ，逆に高い社会的支援は 0.6 倍うつ病を減少させると結論づけている。

また，同年にボンド（Bonde, 2008）も同様のテーマでメタ分析を行っており，その報告によれば，高い仕事の要求度は 1.31 倍，低い仕事のコントロールは 1.20 倍，低い社会的支援は 1.44 倍うつ病の発症を増加させると報告している。その他，この研究では高い努力・報酬不均衡や組織の公平性が欠如している職場，いじめがある職場では 1.4 倍から 2.3 倍うつ病の発症リスクが増加することを認めている。

これらのメタ分析の結果は，特に過剰な仕事の要求度，低い仕事のコントロール，高い努力・報酬不均衡，職場のいじめならびに社会的支援の少なさがうつ病の発症に寄与する可能性を示している。職場の生産性への影響を考慮すると，睡眠問題と並んで優先的に取り組むべき課題と言えるのではないだろうか。

5. 職業性ストレスの健康影響を説明するメカニズム：免疫系

では最後に，職業性ストレスの健康影響のメカニズムを説明し得る免疫学的影響について概説する。

職業性ストレスの健康影響に関する知見が集積されるにつれ，その生理的メカニズムを解明する研究に関心が集まるようになった。ストレスはホメオスタシスの三角形と呼ばれる「脳・神経系」「内分泌系」「免疫系」のバランスを崩し，睡眠障害，頭痛，イライラなどの初期症状を誘発し，最終的にうつ病や心血管系障害などの精神的・身体的不調を引き起こす（図 2-9）。中でも，ストレスは生体防御の最前線に位置する免疫系のバランスを崩し，多種多様な抗原を識別し排除する能力を低下させ，結果的にストレス関連疾患に罹患しやすくする。

職業性ストレスも同様のメカニズムで，免疫系のバランスを崩すことが知られている。これまでの研究から，職業性ストレスは細胞性免疫を抑制し，液性免疫を活性化すること，また最近では，炎症関連物質の増加にも寄与するという報告がなされるようになり（Nakata, 2012），次第にその作用機序が明らかになりつつある（図 2-10）。

職業性ストレスの免疫影響については，仕事の要求度 – コントロール – 社会

的支援モデル，努力 - 報酬不均衡モデル，ならびに NIOSH の職業性ストレスモデルに基づいた研究を紹介する。なお，免疫指標の種類をまとめたものを表

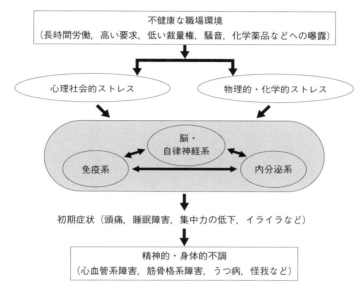

図 2-9　職業性ストレスが生体に及ぼす影響の模式図

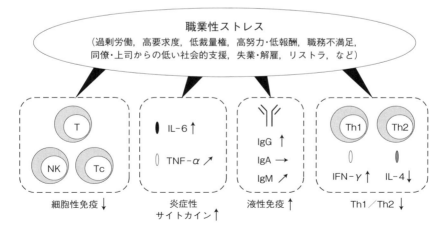

図 2-10　職業性ストレスの免疫影響の模式図

表 2-1　免疫指標の種類

数・量的マーカー
　1. リンパ球サブセット（NK，T，B，CD4＋細胞数）
　2. 非顕性ウイルスの再活性化（EBV 等の抗体価）
　3. 各種炎症マーカー（IL-6，TNF-α，CRP）

機能的マーカー
　1. NK 細胞活性
　2. リンパ球幼若化反応

バランスを測定するマーカー
　1. Th1/Th2（IFN-γ/IL-4）比
　2. CD4+/CD8+ 比

2-1 に示す。

　仕事の要求度 – コントロールモデルを基盤として開発された調査票（Job Content Questionnaire）によって，仕事の要求度得点とコントロール得点，ならびに仕事のストレインと細胞性・液性免疫指標との関連が報告されている。これらの報告をまとめたシステマティック・レビューによれば（Nakata, 2012），様々な職業集団において，仕事のストレインは血清 IgG 値の上昇など液性免疫系の働きを活性化する一方，ヘルパー（CD4+）T 細胞やナチュラル・キラー（NK）細胞などの細胞性免疫系の働きを抑制させることが判明した。このことは，職位・年齢とも関連し，職位が低い若年者では，仕事の要求度や仕事のストレインが高いことが細胞性免疫系の抑制（NK 細胞数や CD4+T 細胞数の低下）と液性免疫系の活性化（血清 IgG 値の増加）と関連し（Nakata et al., 2000），一方，管理職の多い中高年者では，仕事のコントロールの低さが細胞性免疫系の抑制と関連すると考えられた（Nakata et al., 2002）。その他，イスラエルで行われた労働者約 1,100 名を対象とした 1 年半のコホート研究では，仕事の要求度と仕事のコントロールは白血球数と C 反応タンパク（CRP）値の増加を予測しないことが報告され（Shirom et al., 2008），仕事のストレインによる冠動脈性心疾患の増加は炎症関連物質以外を媒介する作用機序で説明される可能性が考えられた。しかし，その他の複数の研究者はこれらの炎症関連物質と仕事の要求度 – コントロールモデルとの関連を見出していることから（Schnorpfeil et al., 2003），今後のさらなる知見の集積が望まれる。

5. 職業性ストレスの健康影響を説明するメカニズム：免疫系 27

　次に，努力・報酬不均衡調査票を用いた職業性ストレスと免疫系の関連は，最近になり報告が見られるようになり，高努力／低報酬状態が持続すると NK 細胞機能の低下や炎症関連物質の増加，免疫系にも不均衡状態を引き起こす可能性が報告されている。例えば，高努力／低報酬は，免疫系の老化の指標と考えられている CD8+CD27-CD28-T 細胞数の増加を引き起こすこと（Bosch et al., 2009），また，粘膜免疫能の低下を示す唾液中の IgA 値の低下（Wright, 2011），CRP 値の上昇（Almadi et al., 2012）と関連することが示されている。日本人男性ホワイトカラー従業員を対象とした研究では（Nakata et al., 2011），高努力／低報酬は NK 細胞数の低下と関連し，報酬は NK 細胞活性と NK 細胞数の両者の上昇と関連した。この研究では，報酬の 3 つの要素の中でも，尊重と仕事の安定・昇進が NK 細胞活性と NK 細胞数を増加させるうえで重要な役割を果たしていることも明らかとなった。

　最後に，NIOSH 職業性ストレス調査票を用いた職業性ストレスと免疫系の関連について述べる。女性看護師 40 名の唾液免疫グロブリン A（s-IgA）を 1 週間ごとに 8 か月間連続で採取し，同時に職業性ストレス調査を行った研究によれば，仕事のストレスレベルが客観的（労働時間，忙しさ）かつ主観的（ストレス調査票で高得点）にも高い群は，客観的・主観的にストレスが低い群に比べ，その値が測定期間中一貫して高い（Henningsen et al., 1992）。この研究を追試した韓国人研究者らによると（Lee et al., 2010），客観的にストレスが高い看護師のグループは客観的にストレスが低いグループに比べ，総白血球数ならびに炎症性サイトカインの一種である腫瘍壊死因子（Tumor Necrosis Factor）-α の値が低く，逆に s-IgA 値は高いことを報告した。

　NIOSH の職業性ストレス調査票の中でも特に職務満足感尺度（4 項目）に注目し，NK 細胞との関連を見出した研究がある（Nakata, Takahashi, Irie, & Swanson, 2010）。その研究では，日本人ホワイトカラー従業員 306 名（男性 165 名，女性 141 名）を対象に，職務満足感と NK 細胞活性ならびに NK 細胞数の関連を検討した。その結果，男女ともに仕事への満足感が高いほど NK 細胞活性が高く，NK 細胞数も多いことを見出した。また，「全体として，自分の仕事にどのくらい満足していますか？」という単一項目の問いに対しても，満足感が高ければ高いほど NK 細胞活性が高値を示し，NK 細胞数も同様

に高い傾向を示した（Nakata et al., 2013）。なお，職務満足感が低い者ほど風邪の罹患回数が多いことも報告されている（Nakata, Takahashi, Irie, Ray, & Swanson, 2010）。

　以上から，職業性ストレスへの過度の曝露は，血液内の炎症関連物質の増加やNK細胞の機能低下を通して，心疾患，脳卒中，ある種のがんなどと関連する可能性が示唆された。

6. まとめ

　我が国では職業性ストレスを抱える労働者が数多く存在し，そのストレスは精神健康上の強いリスク因子となることが示された。また，職業性ストレスは免疫系にも負の影響を与え，生活習慣病の発症や進展と関連する可能性が示唆された。職業性ストレスは単に個人の問題だけではなく，組織も一体となり解決すべき課題であると考えられる。

引用文献

Almadi, T., Cathers, I., Hamdan Mansour, A. M., & Chow, C. M. (2012). The association between work stress and inflammatory biomarkers in Jordanian male workers. *Psychophysiology, 49,* 172–177.

Bonde, J. P. (2008). Psychosocial factors at work and risk of depression: A systematic review of the epidemiological evidence. *Occupational and Environmental Medicine, 65,* 438–445.

Bosch, J. A., Fischer, J. E., & Fischer, J. C. (2009). Psychologically adverse work conditions are associated with CD8+ T cell differentiation indicative of immunesenescence. *Brain, Behavior, and Immunity, 23,* 527–534.

Henningsen, G. M., Hurrell, J. J. Jr., Baker, F., Douglas, C., MacKenzie, B. A., Robertson, S. K., & Phipps, F. C. (1992). Measurement of salivary immunoglobulin A as an immunologic biomarker of job stress. *Scandinavian Journal of Work, Environment & Health, 18* Suppl 2, 133–136.

Hurrell, J. J., & McLaney, M. A. (1988). Exposure to job stress: A new psychometric instrument. *Scandinavian Journal of Work, Environment, and Health, 14* (supplement 1), 27–28.

Johnson, J. V., & Hall, E. M. (1988). Job strain, work place social support, and cardiovascular disease: A cross-sectional study of a random sample of the Swedish working population. *American Journal of Public Health, 78,* 1336–1342.

Karasek, R. A. (1979). Job demands, job decision latitude, and mental strain: Implication for job design. *Administrative Science Quarterly, 24,* 285–307.

Karasek R., & Theorell, T. (1990). *Healthy work.* New York: Basic Books.

厚生労働省 (2012). 平成 24 年度労働者健康状況調査

厚生労働省 (2014). 平成 26 年度労働者健康状況調査

Lazarus, R. S., & Folkman, S. (1984). *Stress and emotion: A new synthesis.* New York: Springer.

Lee, K. M., Kang, D., Yoon, K., Kim, S. Y., Kim, H., Yoon, H. S., Trout, D. B., & Hurrell, J. J, Jr. (2010). A pilot study on the association between job stress and repeated measures of immunological biomarkers in female nurses. *International Archives of Occupational and Environmental Health, 83,* 779–789.

Nakata, A. (2012). Psychosocial job stress and immunity: A systematic review. *Methods in Molecular Biology, 934,* 39–75.

Nakata, A., Araki, S., Tanigawa, T., Miki, A., Sakurai, S., Kawakami, N., Yokoyama, K., & Yokoyama, M. (2000). Decrease of suppressor-inducer (CD4+ CD45RA) T lymphocytes and increase of serum immunoglobulin G due to perceived job stress in Japanese nuclear electric power plant workers. *Journal of Occupational and Environmental Medicine, 42,* 143–150.

中田光紀・原谷隆史・川上憲人・高橋正也・清水弘之・三木明子・小林章雄・荒記俊一 (2001). 日勤女性労働者の職業性ストレスと睡眠習慣の関連―電機製造業従業員を対象とした疫学研究― 行動医学研究, *7,* 39–46.

Nakata, A., Haratani, T., Takahashi, M., Kawakami, N., Arito, H., Fujioka, Y., Shimizu, H., Kobayashi, F., & Araki, S. (2001). Job stress, social support at work, and insomnia in Japanese shift workers. *Journal of Human Ergology, 30,* 203–209.

Nakata, A., Haratani, T., Takahashi, M., Kawakami, N., Arito, H., Kobayashi, F., & Araki, S. (2004). Job stress, social support, and prevalence of insomnia in a population of Japanese daytime workers. *Social Science & Medicine, 59,* 1719–1730.

Nakata, A, Irie, M., & Takahashi, M. (2013). A single-item global job satisfaction measure is associated with quantitative blood immune indices in white-collar employees. *Industrial Health, 51,* 193–201.

Nakata, A., Takahashi, M., & Irie, M. (2011). Effort-reward imbalance, overcommitment, and cellular immune measures among white-collar employees. *Biological Psychology, 88,* 270–279.

Nakata, A., Takahashi, M., Irie, M., Ray, T., & Swanson, N. G. (2010). Job satisfaction, common cold, and sickness absence among white-collar employees: A cross-sectional survey. *Industrial Health, 49*, 116–121.

Nakata, A., Takahashi, M., Irie M., & Swanson, N. G. (2010). Job satisfaction is associated with elevated natural killer cell immunity among healthy white-collar employees. *Brain, Behavior, and Immunity, 24*, 1268–1275.

Nakata, A., Tanigawa, T., Fujioka, Y., Kitamura, F., Iso, H., & Shimamoto, T. (2002). Association of low job control with a decrease in memory (CD4+ CD45RO+) T lymphocytes in Japanese middle-aged male workers in an electric power plant. *Industrial Health, 40*, 142–148.

National Health and Safety Executive (2015). Work related Stress, Anxiety and Depression Statistics in Great Britain.

Netterstrøm, B., Conrad, N., Bech, P., Fink, P., Olsen, O., Rugulies, R., & Stansfeld, S. (2008). The relation between work-related psychosocial factors and the development of depression. *Epidemiologic Reviews, 30*, 118–132.

NIOSH (1999). Stress… at Work. DHHS (NIOSH) Publication No. 99-101.

OECD (2009). Society at a glance.

Ota, A., Masue, T., Yasuda, N., Tsutsumi, A., Mino, Y, Ohara, H., & Ono, Y. (2009). Psychosocial job characteristics and insomnia: a prospective cohort study using the Demand-Control-Support (DCS) and Effort-Reward Imbalance (ERI) job stress models. *Sleep Medicine, 10*, 1112–1117.

Schnorpfeil, P., Noll, A., Schulze, R., Ehlert, U., Frey, K., & Fischer, J. E. (2003). Allostatic load and work conditions. *Social Science & Medicine, 57*, 647–656.

Shirom, A., Toker, S., Berliner, S., & Shapira, I. (2008). The job demand-control-support model and stress-related low-grade inflammatory responses among healthy employees: A longitudinal study. *Work & Stress, 22*, 138–152.

Siegrist, J. (1996). Adverse health effects of high-effort/low-reward conditions. *Journal of Occupational Health Psychology, 1*, 27–41.

Tachibana, H., Izumi, T., Honda, S., Horiguchi, I., Manabe, E., & Takemoto, T. (1996). A study of the impact of occupational and domestic factors on insomnia among industrial workers of a manufacturing company in Japan. *Occupational Medicine, 46*, 221–227.

Theorell, T., Hammarstrom, A., Aronsson, G., Traskman, Bendz, L., Grape, T., Hogstedt, C., Marteinsdottir, I., Skoog, I., & Hall, C. (2015). A systematic review including meta-analysis of work environment and depressive symptoms. *BMC Public Health, 15*, 738.

Wright, B. J. (2011). Effort-reward imbalance is associated with salivary immunoglobulin a and cortisol secretion in disability workers. *Journal of Occupational and Environmental Medicine, 53*, 308–312.

第3章

職業性ストレスの測定と評価

岩田　昇

1. はじめに

　職業性ストレスに関連する要素は，ストレスの要因（ストレッサー）・ストレス反応・健康影響・修飾要因に区別される。このうち，ストレス反応や健康影響・修飾要因は，精神医学や臨床心理学などの測定ツールを応用することが多いため，本章では主に職業に関するストレッサーの測定と評価に焦点を当てることにする。

　職場において経験するストレッサーには多種多様な事柄がある。しかも，それらは独立に存在しているというより，むしろ個人特性（修飾要因）や職域外のストレッサーと相互に影響し合うかたちで存在しており，時にこの峻別は困難である。このように複雑に絡み合ったストレス事象をとらえるためには，職業性ストレスに関する理論モデルを設定し，それに則ってアプローチするのが効率的である。1950年代後半に米国の研究者を中心に始まった職業性ストレス研究は，ストレスモデルの設定とそのモデルがいかに実証できているかを示すかたちで発展してきた（岩田，1997a）。

　欧州で長い歴史を持つ労働科学の領域では，古くから観察法や作業物計測・筋電測定などを用いた労働者の働態把握などが行われてきた。身体労作が主たるストレッサーとなる職場ではその測定法は現在でも有効であるが，それ以外の労働態様ではストレス問題はとらえられない。そのため，職業性ストレスに関連する要因の測定・評価法は，労働者の主観的な評価を問う自己記入式測定法によるものが主流となっている。

　その一般的な形式は，ある職務状況や職場環境に関する質問項目に対して，該当する程度（強度ないし頻度）を回答選択肢の中から選び評定するというものである。この方法論は最も経済的で，疫学的アプローチのような同時に大き

32　第 3 章　職業性ストレスの測定と評価

な標本からデータを収集することが可能である。本章では，まず職業性ストレスの測定法に求められる特性を確認し，次いでこれまでの代表的な職業性ストレスモデルを取り上げ，各モデルにおけるストレス状態のとらえ方を概説する。

2. 職業性ストレスの測定法に求められる特性

職業性ストレス測定のための自記式質問票に求められる特性を整理する（岩田，1997b）。

（1）信頼性と妥当性

信頼性と妥当性は，自己記入式質問票では最も重要な側面である。信頼性とは「同一測定尺度を同一個人に施行し，同様の結果が得られるか（再現性）」ということであり，いわば測定の安定性である。信頼性はその尺度のみで検討可能だが，再検査法は複数回の測定が必要となるため，内的整合性（α 信頼性係数）による検討が一般的となっている。α 係数 ≧ 0.70 ならば，一応信頼性（内的整合性）が保証された測定法とみなされる。しかし，項目数に依存する（項目数を増やせば α 係数値は高まる）こともあり，簡便法のニーズからすると絶対的なものではない。

妥当性とは「その測定尺度が測定しようとする性質を確かに反映しているか」ということであり，測定の本質的な特性（正確性）である。妥当性の検討には内容的妥当性，基準関連妥当性（併存的・予測的妥当性），構成概念妥当性（収束的・弁別的妥当性）が用いられる。妥当性は内容的妥当性を除けば，基本的にその尺度の外部との関係でなければ検討できない性質である。これまで，職業性ストレス測定の自記式質問票では，依拠する理論モデルが実証されるか否かという，広義の構成概念妥当性で評価されてきた。

一方，2015 年 12 月より施行されたストレスチェックのように，高ストレス状態にある労働者の抽出などの目的で使用するにはスクリーニング（分類評価）の妥当性が求められる。これは下記の実用性・適合性とも関連するが，高ストレス状態の偽陽性者が多すぎては経済的とは言えない。

(2) 判断基準の明確さ

　測定ツールの精度を表す信頼性と妥当性の次に重要となるのは，得られた回答をどのように評価するのかが明確かという点である。研究目的で連続変数として扱う場合にはさほど問題にならないが，高ストレス群などのように分類する場合には，判断基準が明確になっている必要がある。

(3) 実用性と適合性

　実用性には経済性や測定の容易性（例えば，項目の意味内容がどの対象者にも理解できること）などが含まれる。どんなに妥当性・信頼性に優れた測定法でも，実用性に乏しければ利用できない。研究目的で開発された質問票などでは，特に適合性に留意する必要がある。つまり，対象となる職場にほとんど関連しないような質問は，回答者の拒否反応を引き起こしやすく，他の質問にも好ましくない影響を及ぼすことが懸念される。

3. 職業性ストレスモデルの変遷

　本節では，60年余に及ぶ産業ストレス研究の中で提唱されてきた代表的な職業性ストレスモデルを紹介し，労働者のストレスのとらえ方の変遷を見ていくことにする。以下で紹介するストレスモデルは，業種・職種間の比較を可能にするEticなアプローチに用いられるもので，理論モデルに準拠した学術研究などはこの形式である。しかし，職場の保健医療担当者が職場に則したより詳細なストレス状態を把握しようとする場合には，職場の独自性を考慮したEmicなアプローチの併用も必要である。

(1) 人間‐環境適合（Person-Environment Fit）モデル（図 3-1）

　人間‐環境適合モデル（P-E Fitモデル）は，1960年代に米国ミシガン大学社会調査研究所の研究者たちにより構築されたモデルである。ミシガン大学からほど近いデトロイトの自動車産業の労働者のストレス研究に適用され，黎明期の代表的な職業性ストレスモデルとしてこの領域をリードしてきた（French & Kahn, 1962; French et al., 1974; French et al., 1982）。

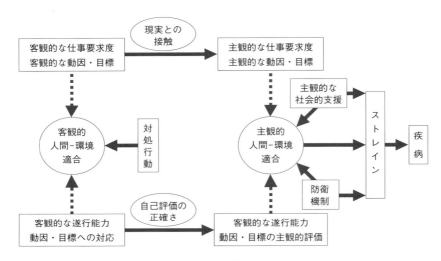

図 3-1　人間－環境適合モデル

　このモデルでは，まず労働者側の要因と労働者を取り巻く環境要因とを分け，次いで客観的事象と主観的評価とを区別する。モデルの出発点は仕事の要求水準や動因（動機づけ）・目標などの客観的な環境条件であり，対する労働者の職務遂行技能や動因・目標への対応である。これらの客観的な状況は，現実との接触や自己評価の正確さに規定されながら主観的に評価される。主観的なP-E Fitがストレインを生じさせ，ひいては疾病をもたらすというモデルである。なお，客観的なP-E Fitには対処行動が影響し，主観的P-E Fitおよびストレインにはソーシャルサポート・防衛機制の影響を想定している。

　個々の労働者の職務遂行能力と職務の量的・質的要求水準との間には至適状態があり，この適合性が悪い場合，その職務はストレッサーとなりストレス反応を引き起こすと考える。職務の要求水準が相対的に大きすぎると負荷過剰，逆に小さすぎると負荷不足の状態を招き，いずれもストレッサーとなるというこのモデルは非常に分かりやすい。

　このモデルでは，労働者が望む職務の要求水準と環境（職場組織）からの要求水準との差違が重要な意味を持つ。しかし，自己評定でこれらを独立に求めることは現実には困難で，また煩雑でもあったため，理論的な卓越性にもかか

わらずこのモデルは汎用されるには至らなかった。ただ，P-E Fit モデルの考え方は，後に続くストレスモデルの構築や他のストレス研究の進展に多大な影響を及ぼした。また，このモデルの検証のために多くの測定尺度が開発されたが，現在でも使用されているものも多い。

(2) クーパーの職業性ストレスモデル（図3-2）

英国のクーパーら（Cooper & Marshall, 1976）は，職場における様々なストレス源が，家族問題などの職場外ストレス源とともに個人的特性というフィルターを経由して生理的・心理的な不健康状態や行動上の問題を生じさせ，ひ

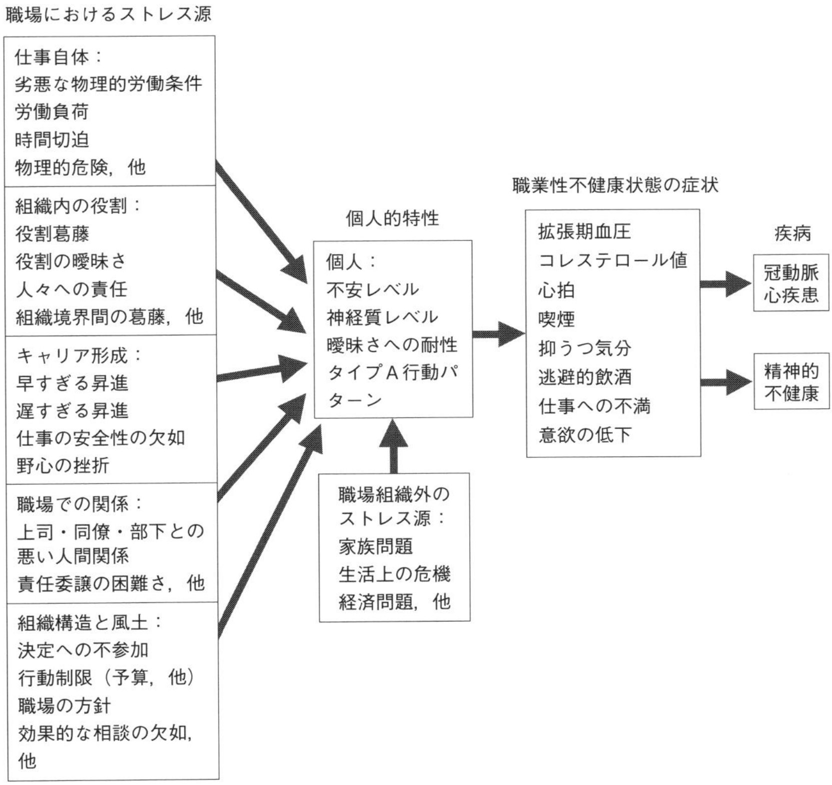

職場におけるストレス源

仕事自体：
劣悪な物理的労働条件
労働負荷
時間切迫
物理的危険，他

組織内の役割：
役割葛藤
役割の曖昧さ
人々への責任
組織境界間の葛藤，他

キャリア形成：
早すぎる昇進
遅すぎる昇進
仕事の安全性の欠如
野心の挫折

職場での関係：
上司・同僚・部下との
悪い人間関係
責任委譲の困難さ，他

組織構造と風土：
決定への不参加
行動制限（予算，他）
職場の方針
効果的な相談の欠如，
他

個人的特性

個人：
不安レベル
神経質レベル
曖昧さへの耐性
タイプA行動パ
ターン

職場組織外の
ストレス源：
家族問題
生活上の危機
経済問題，他

職業性不健康状態の症状

拡張期血圧
コレステロール値
心拍
喫煙
抑うつ気分
逃避的飲酒
仕事への不満
意欲の低下

疾病

冠動脈
心疾患

精神的
不健康

図3-2　クーパーのストレスモデル

いては心疾患や精神不健康をもたらすというモデルを提示した。このモデルでは，不健康症状の発現はパーソナリティなどの個人的特性に大きく依存しており，ストレス反応の個人差に焦点を当てたモデルということができる。

　その後，彼らは職域・家庭・社会・個人の4領域におけるストレスの前駆変数（ストレッサー）とストレスの結果変数を整理し，新たに職業性ストレスモデルとして発表した（Davidson & Cooper, 1981）。しかし，それは検証すべきストレスモデルというより，レビューに基づいてストレッサーおよびストレスの結果変数を網羅した内容一覧図という意味合いのもので，各領域にどのような変数があるかを概観できるところにその有用性があった。

　クーパーらは対象職場に職種や職域に即して関連しそうなストレッサー項目を作成し，因子分析に基づく因子得点を各ストレッサー変数とし，ステップワイズ手法による重回帰分析を用いて精神健康状態との関連性が高いものを抽出するという一連の研究を発表していった。ストレッサー項目は研究ごとに独自に作成されるため，職域・職種に共通するストレッサーを測定するという収束的方向性を持たず，汎用性（比較可能性）に乏しい研究成果が公刊されていった。そんな中，心疾患死亡という客観的で，欧米社会では特に注目される従属変数を用いて妥当化されたモデルが注目されていった。

（3）仕事の要求度‐コントロール（Demand-Control）モデル（図3-3）

　米国のカラセック（R. Karasek）は，スウェーデンの全国規模の縦断的調査の中から共通項目として仕事の要求度（job demand）と仕事の自由裁量度（decision latitude）に関する項目群（それぞれ2〜3項目）を抽出した。彼はそれぞれを高低2群に分け，その組み合わせによって，各対象者の職務の特徴を4群に区分したところ，仕事の要求度が高くかつ自由裁量度が低い群で，冠動脈心疾患による死亡率が有意に高いことを見出した（Karasek, 1979; Karasek et al., 1981）。これが要求度‐コントロールモデル（DCモデル）のはじまりである（なお当初「仕事の自由裁量度」と呼んでいた次元は，後に「仕事のコントロール」と名称変更された）。

　仕事の要求度とは，量的負担・役割ストレスなど作業に関わる種々のストレッサーを総合したものである。一方，仕事のコントロールは，仕事上の技能の

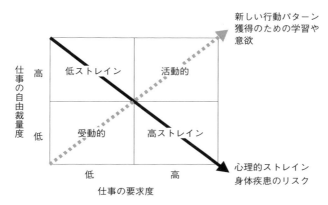

図 3-3　仕事の要求度 – コントロールモデル（Karasek, 1979; D-C-S モデル：Johnson & Hall, 1988）

水準と決定権とを合わせたものとして定義される。このモデルは職務の特性に焦点が当てられており，仕事の要求度および仕事のコントロールの高低により4群に分類される。高い要求度と低いコントロールの職務に従事する者を高ストレイン群，低い要求度と高いコントロールの職務従事者を低ストレイン群とみなす。さらに高要求度 – 高コントロールなら活動的，低要求度 – 低コントロールなら受動的な群と分類する。これまでの心疾患等の健康障害との関わりでは，もっぱら高ストレイン群が注目されており，他の群に比べてこの群の発生リスクがどのくらい高いかが焦点となってきた。

　実際の因果的作用機序はともかく，職務におけるこの2側面の組み合わせが米国民の死因1位にランクされる心疾患死亡と関連するという知見は，とりわけ米国を中心に大変な脚光を浴びた。その後，ジョンソンとハル（Johnson & Hall, 1988）はソーシャルサポートの軸を加え，デマンド – コントロール – サポートモデル（DCSモデル）を提案した。DCSモデルでは，高要求度 – 低コントロール – 低サポートの場合に，最もストレスや健康障害が発生しやすいとされ，実証データも報告されている。これらのモデルは非常に明快であり，測定項目も少ないために，とりわけ社会医学領域のストレス研究者に最も注目されるモデルとなり，欧州でもDCモデルを用いた大規模国際比較研究が展開されるなど，1990年代のストレス研究では一世を風靡した。

(4) 米国国立労働安全保健研究所（NIOSH）職業性ストレスモデル（図3-4）

NIOSHのハレル（J. J. Hurrell, Jr.）とマクレィニー（M. A. McLaney）は，膨大な文献のレビューをもとに，それまでの代表的な仕事ストレッサーを整理し，職業に伴う様々なストレッサーが心理的・生理的・行動的急性反応を引き起こし，その状態が持続すると精神的ないし身体的健康状態にまで影響が及び得るという因果モデルを提示した（Hurrell & McLaney, 1988）。そして，仕事ストレッサーから急性反応への因果的関連性には，個人要因・職場外要因・緩衝要因がその影響を修飾しているというモデルを提示した。

クーパーらのモデルでは，ストレッサーは個人的特性のフィルターを経てストレス反応発現に影響するという，個人差を重視したモデルであった。一方，NIOSHモデルはストレッサーから急性反応，そして健康問題のパスを中心にとらえ，誰でもストレス反応が発現しうるという，共通性を強調したモデルである。個人要因はその影響パスの強さを修飾する要因の１つに過ぎない。クーパーらが大学所属の産業・組織心理学者であったのに対し，ハレルとマクレィニーが所属するNIOSHは，すべての労働者の安全保健問題を専門に扱う政府直属の研究機関であり，行政指導を行う機関でもある。個人要因の位置づけの

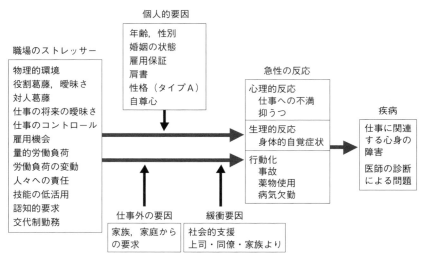

図3-4　NIOSH職業性ストレスモデル

違いには，このような立場の違いが反映されていると考えることもできよう。

NIOSH のモデルはこれまでの考え方を最大公約数的なかたちで提示したもので，それ自体は必ずしも独自のモデルとは言えないが，各ストレッサーの測定に推奨される標準的測定尺度を汎用職業性ストレス調査票（NIOSH Generic Job Stress Questionnaire）としてまとめたところにその特徴があった。測定尺度の妥当性・信頼性・使用頻度などの観点に基づいて行われた選抜は適切で，これにより，これまでの 30 余年に及ぶ産業ストレス研究で開発された代表的ストレッサー測定尺度が総括された。この中には，上述の P-E Fit モデルの検証で開発された測定尺度も多数含まれている。

(5) 努力 – 報酬不均衡（Effort-Reward Imbalance）モデル（図 3-5）

努力 – 報酬不均衡（ERI）モデルはドイツのジークリスト（Siegrist, 1996）が提唱した。ERI モデルでは，労働における努力（effort）とそれに対する報酬（rewards）のバランスが取れているか否かによって，職業性ストレスをとらえるものである。ここで，努力とは職務遂行における要求度・責任・負担などであり，報酬には経済的な報酬（金銭）・心理的な報酬（セルフエスティーム）・キャリアに関する報酬（仕事の安定性や昇進）の 3 要素が含まれる。そして，高い努力レベルにもかかわらず報酬が低いという，両者の不均衡状態がストレス状態をもたらすとみなすものである。

さらに，仕事に過度に傾注する態度や行動パターンをオーバーコミットメント（over-commitment）として，努力－報酬不均衡状態を修飾する危険な個人要因として位置づけた。他人より先んじたいという競争性や仕事のうえで認められたいという欲求のために，必ずしも良好とは言えない就業状況（高努力 /低報酬状態）を甘受したり，報酬に見合わない過剰な努力をしたりすることにより，不均衡状態が増悪されるとした。ジークリストは社会学者であり，またマイスター制度のあるドイツということもあって，報酬を広く社会的な文脈でとらえ，そこに労働者の労働規範の関与を加味したところが特徴的である。しかし，現在この個人的要因は，就業における状況特異的な要因としての努力および報酬とは分離して扱われている。

ERI モデルは日本人の労働態様にも適合しており，これまで産業ストレス研

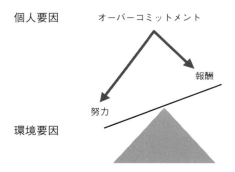

図 3-5　努力 – 報酬不均衡モデル（Siegrist et al., 1986）

究をリードしてきた DC モデルとの相補的な関係も実証されている。さらに心疾患発症を外的基準として一世を風靡した感のある DC モデルとの比較を行い，これを上回る予測妥当性を認める（Bosma et al., 1998）など，種々の健康問題に対して他のストレスモデルを凌駕する高い予測妥当性も認められている。また，社会学的な労働状況要因と心理学的な個人要因の統合を試みている本モデルは，職場環境へのアプローチとともに個人へのアプローチをも含めたストレス対策介入への利用可能性も高いと言える（Tsutsumi & Kawakami, 2004）。

(6) 仕事の要求度 – 資源（Job Demands-Resource）モデル（図 3-6）

　ここまで紹介したストレスモデルは，いずれもストレッサー – ストレス反応の関連性を説明するモデルである。すなわち，20 世紀の産業ストレス研究は，ほとんどすべて労働による心身の健康状態へのネガティブな影響を対象としてきた。ところが，21 世紀に入る頃からポジティブ心理学の潮流が米国を中心に起こり，加速度的に欧州やその他の地域に拡がってきた。仕事の要求度 – 資源（JD-R）モデル（Bakker & Demerouti, 2007）は，従来の健康問題などのネガティブな結果変数だけでなく，ワーク・エンゲイジメントなどのポジティブな結果変数を説明するための理論的枠組みを提示したものである。

　JD-R モデルは，ストレッサーから結果変数へのプロセスを 2 通り想定しているところに特徴がある。一つは仕事の要求度がストレインを生じさせ，好ましくないアウトカムを引き起こすという健康障害プロセスであり，もう一つは

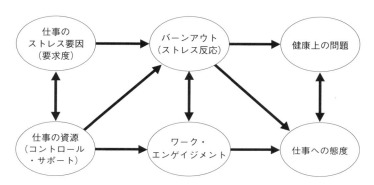

図 3-6　仕事の要求度 - 資源モデル（Bakker & Demerouti, 2007; 島津，2009）

仕事の資源がモチベーションを高め，ワーク・エンゲイジメントや好ましいアウトカムを引き起こすという動機づけプロセスである（島津，2009）。

　前者は仕事の要求度が高ければストレス反応を引き起こすという DC モデルの考え方と同様であるが，後者は従来のモデルにはない，ポジティブな側面を説明している。すなわち，仕事の資源が高い場合，仕事の要求度とストレインの関連は弱まり，高い仕事の要求度にさらされてもストレインにはつながりにくく，モチベーションが維持されポジティブな結果がもたらされると考えるのである。さらにこの両者とも，個人レベルのみならず組織的レベルでのネガティブおよびポジティブな影響を想定している点で注目される。

4. 代表的職業性ストレス調査票の測定と評価方法

　理論モデルは実証されなければならないという命題があり，そのために測定ツールが開発されてきた。本節では，先に紹介した職業性ストレスモデルに準拠して開発された測定尺度および評価方法の概要を述べる。ところで，社会疫学などの台頭により，個人の健康問題の発現メカニズムを考える際に，その影響要因を階層的にとらえる方法論が普及してきている。そこで，ここでも代表的な職業性ストレス調査票の各測定尺度を，個人レベルから組織（部署・事業所）レベルに位置づけてみた（表 3-1）。なお，表の脚注に HP 情報を掲載した

42 第 3 章　職業性ストレスの測定と評価

表 3-1　代表的な職業性ストレス調査票

測定領域（評価レベル）	JCQ 調査票		NIOSH 職業性ストレス調査票	
仕事のストレッサー				
（個人レベル）	仕事の要求度 *	(5)	量的労働負荷	(11)
			認知的要求	(5)
			人々への責任	(4)
	身体的労作	(5)		
			役割葛藤	(8)
			役割の曖昧さ	(6)
			労働負荷の変動	(3)
			技能の低活用	(3)
（組織・部署レベル）			グループ内対人葛藤	(8)
			グループ間対人葛藤	(8)
			物理的環境	(10)
（組織・事業所レベル）	仕事の不安定さ	(6)	仕事の将来の不明確さ	(4)
			雇用機会	(3)
資源 / 修飾要因				
（個人レベル）	仕事のコントロール *	(9)	仕事のコントロール	(16)
			社会的支援：家族・友人	(4)
（組織・部署レベル）	社会的支援：上司 *	(4)	社会的支援：上司	(4)
	社会的支援：同僚 *	(4)	社会的支援：同僚	(4)
	集団のコントロール	(8)		
（組織・事業所レベル）				
その他（個人レベル）				
仕事外要因			仕事外の活動	(7)
個人要因			自尊心	(10)
ストレス反応（個人レベル）			職務満足感	(4)
			抑うつ（CES-D）	(20)

*：DC モデルおよび D-C-S モデルの評価に使用する尺度．†：スペースの関係で，精神的ストレス反応の下位尺度は省略した．

各調査票に関する HP

　JCQ 調査票：http://mental.m.u-tokyo.ac.jp/jstress/JCQclub/jcqhome.htm

　NIOSH 職業性ストレス調査票：

　ERI 調査票：http://mental.m.u-tokyo.ac.jp/jstress/ERI/index.htm

　職業性ストレス簡易調査票：http://www.tmu-ph.ac/topics/stress_table.php

4. 代表的職業性ストレス調査票の測定と評価方法　43

の測定次元および要素の比較

ERI 調査票		職業性ストレス簡易調査票	
努力（要求度・負担・責任）	(6)	仕事の量的負担 *	(3)
		仕事の質的負担	(3)
		身体的負担度	(1)
		技能の低活用	(1)
		働きがい	(1)
		仕事の適性度	(1)
		対人関係でのストレス	(3)
		職場環境によるストレス	(1)
		仕事のコントロール *	(3)
		配偶者・家族・友人のサポート	(3)
		上司からのサポート *	(3)
		同僚からのサポート *	(3)
報酬 （経済・尊重・キャリア）	(11)		
		家庭生活満足度	(1)
オーバー・コミットメント	(6)		
		仕事満足度	(1)
		精神的ストレス反応 †	(18)
		身体愁訴	(11)

ので，各調査票の詳細はそちらを参照されたい。

（1）Job Content Questionnaire（JCQ）

カラセック（1985）により開発された，DC モデルあるいは D-C-S モデルに対応した仕事の要求度・コントロール・上司および同僚からの支援の 4 尺度を測定する質問紙調査票である。日本語版 JCQ（Kawakami et al., 1995）は，仕事の要求度・コントロールの尺度の信頼性係数は，多義的な項目により構成されていることもあり中等度だが，米国での値とほぼ同等である。各尺度の因子的妥当性および構成概念妥当性が認められている。

［回答選択肢・評価法］回答段階は 4 段階リカート法で，各尺度の合計点を算出する。これを連続量として用いる方法もあるが，DC モデルを適用するなら，要求度とコントロールの得点を中央値で 2 分し，要求度とコントロールの高低の組み合わせで 4 群に分類する。この群と健康問題との関連性を検討するには，ロジスティック分析などが用いられる。

日本版 JCQ は米国と同程度のスコアであるとされているが，この分類方法は標本依存的であるため，やや曖昧さが残る。そのため，現在は全国数万人の労働者データに基づいた仕事のストレス判定図も用意されている。DC モデルは現在でも代表的な職業性ストレスモデルで，JCQ はその標準尺度である。

（2）NIOSH 職業性ストレス調査票

NIOSH 職業性ストレスモデルの各領域の測定尺度をまとめたものである。測定尺度はこのモデルのために開発されたものではなく，心理測定法的特性やそれまでの使用頻度などの基準から，各概念を最も適切に測定していると判断された推奨尺度が列挙されている。P-E Fit モデルのために開発されたストレッサー尺度なども多い。また，個人要因（自尊心）やストレス反応（抑うつ）などは汎用尺度である（職務満足感は代表的な尺度の抜粋版である）。調査票全体では 22 尺度・253 項目，主要なものでも 20 尺度・142 項目と，項目数が非常に多く（原谷, 1993），そのまま用いるというよりは，研究目的に応じて測定尺度を選抜して用いるのが一般的である。

［回答選択肢・評価法］回答段階は尺度によって異なり，2 ～ 7 段階（多くは

5 段階）リカート法で各尺度の合計点を算出する。これを連続量として用いるが，DC モデルや ERI モデルのような測定次元を組み合わせた評価法はない。

（3）ERI 調査票

この調査票は，就業における状況特異的な要因を測定する努力・報酬という 2 尺度と個人要因を測定するオーバーコミットメント尺度からなる。努力は仕事の要求度・責任・負担を測定する 6 項目から構成され，信頼性・因子的妥当性も確認されている。一方，報酬は経済的な報酬（金銭），心理的な報酬（セルフ・エスティーム）およびキャリアに関する報酬（職の安定性や昇進）という多義的な内容を測定する 11 項目から成る（堤，2000）。

［回答選択肢］原版の測定方法は，努力および報酬の各項目が自身に該当する状況か否か尋ねた後，その状況にどれほど悩んでいるか 4 段階リカート法で測定し，1 ～ 5 点得点を配点する。

［評価法］努力項目の得点を分子に，報酬項目の得点を分母におき，項目数を補正する係数を乗じて算出する努力／報酬比を，努力−報酬不均衡状態の評価指標とする。努力／報酬比 1.0 を閾値としてハイリスクグループ（比 > 1.0）とリスクのないグループ（比 <= 1.0）に分類する。また，努力・報酬 2 尺度の得点を ERI モデルの指標として使用することもある。なお，努力 3 項目，報酬 7 項目の ERI 調査票短縮版も開発されている（Kurioka et al., 2013）。

報酬は「資源」の領域に位置づけられるが（表 3-1），JCQ や NIOSH 職業性ストレス調査票が開発された時代には，仕事の不安定さ・仕事の将来の不明確さ・雇用機会などはネガティブ表現の質問項目であり，組織レベルのストレッサーとみなされていた。ところが，ポジティブ心理学の潮流の中で，職業性ストレス研究にも JD-R モデルが登場し，報酬をポジティブな方向でとらえ，組織レベルの資源と位置づけられるようになっていることに留意されたい。

（4）職業性ストレス簡易調査票

平成 8 ～ 12 年度労働省「作業関連疾患の予防に関する研究班」のストレス測定研究グループにより発表された調査票である。このグループは，NIOSH 職業性ストレスモデルおよび D-C-S モデルに準拠し，既存のストレスに関する測

46　第３章　職業性ストレスの測定と評価

定尺度を検討し，信頼性が高く現場で簡便に測定評価することが可能な調査票にまとめた。

　［回答選択肢］NIOSH 職業性ストレス調査票は，測定尺度により回答選択肢数が異なっているが，この調査票ではすべて４段階リカート法に統一されている（ただし，尺度により回答選択肢は異なる）。この調査票はストレス反応の項目が約半数を占め，問診票のような使い方もできるようになっている。なお，スペースの関係で，精神的ストレス反応の下位尺度（活気・イライラ感・疲労感・不安感・抑うつ感）は表から省略した。

　［評価法］評価は，各項目への回答を仕事のストレッサー・サポート・ストレス反応に分け，合計点から高ストレス群を特定するという方法と部署などのサブグループごとに DC モデルおよび上司と同僚のサポートを組み合わせた「仕事のストレス判定図」を算出し，総合健康影響リスクを求める方法とがある。

(5) 新職業性ストレス簡易調査票

　現在までのところ，JD-R モデルに特化した調査票はない。要求度に関しては JCQ などを用いることができるが，資源に関しては，対象に応じて既存の測定尺度や新たな項目が用いられているのが現状である。しかし，最近，上述の簡易調査票に大幅に尺度が追加されて，代表的なストレスモデルのすべての検討が可能な調査票が発表された（Inoue et al., 2014）。この調査票は，個人レベルから事業所レベルまでのストレッサーおよび資源の階層構造を念頭に尺度構成されたものであり，今後様々なアウトカムとの妥当化検討が期待される。調査票全体では項目数が多いため，NIOSH 調査票のように目的に応じて適宜尺度を選抜する，あるいは短縮版を用いるという使用法が多くなるであろうと予想される（スペースの関係で表示していない）。

5. まとめ

　本章では，労働者のストレス状態のとらえ方の変遷を，代表的な職業性ストレスモデルに基づいて概観し，その標準的測定尺度および評価方法を簡述した。時代とともに労働態様も仕事内容も変容していく。ストレスチェックの法制化

に伴い，以前にも増して労働者のストレス測定の重要性が広く認識されるようになった。ほとんどの学術研究は，これらの汎用モデルに準拠した Etic な測定ツールが用いられるが，職場のストレス問題の改善や具体的な介入を念頭においた実践的な取り組みでは，Emic な視点での詳細な把握が必要になるだろう。

　また，簡便さのために，測定尺度内の項目間で共通の回答選択肢が用いられ，整数値による配点化（例，リカート配点）がなされてきたが，紙媒体から ICT へと調査方法が変わってきた現在，項目によって配点ウェイトを変えるなど，測定の精緻化も検討すべき時期に来ていると思われる。

引用文献

Bakker, A. B., & Demerouti, E. (2007). The Job Demands-Resources model: State of the art. *Journal of Managerial Psychology, 22*, 309–328.

Bosma, H., Peter, R., Siegrist, J., & Marmot, M. (1998). Two alternative job stress models and the risk of coronary heart disease. *American Journal of Public Health, 88*, 68–74.

Cooper, C. L., & Marshall, J. (1976). Occupational sources of stress: A review of the literature relating to coronary heart disease and ill health. *Journal of Occupational and Organizational Psychology, 49*, 11–28.

Davidson, M., & Cooper, C. L. (1981). A model of occupational stress. *Journal of Occupational Medicine, 23*, 564–571.

French, J. R. P. Jr., Caplan, R. D., & Harrison, R. V. (1982). *The mechanisms of job stress and strain*. New York: John Wiley & Sons.

French, J. R. P. Jr., & Kahn, R. L. (1962). A programmatic approach to studying the industrial environment and mental health. *Journal of Social Issues, 18*, 1–47.

French, J. R. P. Jr., Rogers, W., & Cobb, S. (1974). Adjustment as person-environment fit. In B. V. Coelho, D. A. Hamburgh, & J. E. Adams (Eds.), *Coping and adaptation* (pp. 316–333). New York: Basic Books.

原谷隆史 (1993). 日本語版NIOSH 職業性ストレス調査票の信頼性及び妥当性　産業医学, *35*, 214–215.

Hurrell, J. J. Jr., & McLaney, M. A. (1988). Exposure to job stress: A new psychometric instrument. *Scandinavian Journal of Work, Environment & Health, 14* (Suppl.1), 27–28.

Inoue, A., Kawakami, N., Shimomitsu, T., Tsutsumi, A., Haratani, T., Yoshikawa, T., Shimazu, A., & Odagiri, Y. (2014). Development of a short questionnaire to measure an extended set of job demands, job resources, and positive health outcomes: The New Brief Job Stress Questionnaire. *Industrial Health, 52*, 175–189.

岩田　昇（1997a）. ストレッサー評価方法とその意義：1. ストレッサー測定および評価法の概要　産業ストレス研究, *4*, 23–29.

岩田　昇（1997b）. ストレッサー評価方法とその意義：2. 職業性ストレスモデルとストレッサー測定尺度の変遷　産業ストレス研究, *4*, 30–34.

Johnson, J. V., & Hall, E. M. (1988). Job strain, workplace social support, and cardiovascular disease: A cross-sectional study of a random sample of the Swedish working population. *American Journal of Public Health, 78*, 1336–1342.

Karasek, R. A. (1979). Job demand, job decision latitude, and mental strain: Implications for job redesign. *Administrative Science Quarterly, 24*, 285–308.

Karasek, R., Baker, D., Marxer, F., Ahlbom, A., & Theorell, T. (1981). Job decision latitude, job demands, and cardiovascular disease: A prospective study of Swedish men. *American Journal of Public Health, 71*, 694–705.

Kawakami, N., Kobayashi, F., Araki, S., Haratani, T., & Furui, H. (1995). Assessment of job stress dimensions based on the Job Demands-Control model of employees of telecommunication and electric power companies in Japan: Reliability and validity of the Japanese version of Job Content Questionnaire. *International Journal of Behavioral Medicine, 2*, 358–375.

Kurioka, S., Inoue, A., & Tsutsumi, A. (2013). Optimum cut-off point of the Japanese short version of the Effort-Reward Imbalance Questionnaire. *Journal of Occupational Health, 55*, 340–348.

島津明人（2009）. 職場のポジティブ心理学：ワーク・エンゲイジメントの視点から　産業ストレス研究, *16*, 131–138.

Siegrist, J. (1996). Adverse health effects of high-effort/low-reward conditions. *Journal of Occupational Health Psychology, 1*, 27–41.

堤　明純（2000）. 努力－報酬不均衡モデルと日本での適用　産業精神保健, *8*, 230–234.

Tsutsumi, A., & Kawakami, N. (2004). A review of empirical studies on the model of effort-reward imbalance at work: Reducing occupational stress by implementing a new theory. *Social Science & Medicine, 59*, 2335–2359.

第4章

職場のメンタルヘルス対策のシステム：
内部 EAP と外部 EAP

市川佳居

1. はじめに

　EAP（Employee Assistance Program）とは，家庭問題，メンタルヘルス，アルコール，ストレス，ワーク・ライフ・バランスといった，従業員が抱える様々な問題の解決を支援するプログラムである。

　企業は EAP サービス提供機関（以下，EAP 機関）に従業員の相談業務を委託し，従業員は契約で決まった回数のカウンセリングを受けられる。EAP では短期解決志向のカウンセリングサービスを通じて，従業員が抱えている仕事の生産性に影響する様々な問題を適切にアセスメントし，早期発見と早期解決をサポートする。EAP カウンセラーを担うのは，主に臨床心理士，精神保健福祉士，産業カウンセラーなどのメンタルヘルス関連の有資格者である。

　この章では，職場のメンタルヘルス対策システムにおけるグローバル標準である EAP について解説する。内部 EAP として始まった EAP が外部 EAP として企業に浸透していった経緯や，EAP の定義であるコア・テクノロジー，また EAP のサービスの内容であるアセスメント＆リファー，短期カウンセリング，管理職へのコンサルテーション，復職支援，ワークライフ・サービス，惨事のストレスケア，教育・研修，職場のストレスチェックなどについて，できるだけ具体的に解説する。

2. EAP とは：内部 EAP から外部 EAP へ

　EAP の目的は，従業員が抱える様々な問題を解決し，職場全体の生産性を向上させることである。企業が最良の生産性をあげられるのは従業員一人ひとりが十分に能力を発揮し，組織が健康に機能している状態においてである，とい

うのが EAP の基礎となる考え方である。生産性を重視するアメリカの先進的な企業が中心となり，EAP 導入が始まった。

1970 年代のアメリカは，ベトナム戦争帰還兵のアルコール・薬物依存が大きな社会問題となっていた。そして，働き盛りのビジネスマンをも巻き込み，業績の低下や退職にまで発展するという深刻な状況にあった。その解決策として普及し始めたのが EAP である。従業員の悩みが多様化するにつれ，EAP で扱う問題はアルコール・薬物依存だけでなく，ストレス，メンタルヘルス，家庭の問題へと次第に範囲が広がっていった。そして 1990 年代のアメリカでは，EAP は優良企業と認められるための人事プログラムの 1 つとなった。

アメリカにおける初期の EAP は企業が直接心理・ソーシャルワークの専門家を雇用して社内でカウンセリングを行う「内部 EAP モデル」が中心であった。2000 年代に入ってからは，企業の人事機能のアウトソーシング化が進み，外部 EAP に委託する「外部 EAP モデル」へと変わっていった。

我が国においては，1990 年代に通信機器メーカーであるモトローラの日本法人が内部 EAP を導入したのが最初の本格的 EAP である。その後は外部 EAPを中心として，すでに確固とした体制のできあがっていた産業保健領域からの理解と評価を得て次第に拡がりを見せ，国内の EAP サービスが発展してきた。

(1) 内部 EAP と外部 EAP の違い

ここで「内部 EAP モデル」と「外部 EAP モデル」について概説する。すでに述べた通り，EAP には 2 つの形態がある。1 つは企業内に EAP スタッフが常駐して従業員の相談を受ける内部 EAP と呼ばれる形態である。もう 1 つは，企業が EAP 機関と契約して従業員の相談を委託する外部 EAP と呼ばれる形態である。EAP 機関は複数の企業と業務委託契約を結んでいるのが一般的である。

1) 内部 EAP

・場所：自社内。従業員からすると移動の手間が少なく便利であるが，他の従業員に見られるという懸念が生まれやすい。

・カウンセリング種別：対面相談だけの場合が多い。遠隔地事業所の従業員に，電話相談やメールカウンセリングを行う場合もある。

・対応時間：基本的に就業時間内のみの運営。休日や就業時間外には相談できない。
・社内資源との連携：相談担当者が産業医，保健師，人事・労務等の顔と名前を把握しており，いざという時の連携がスムーズである。
・個人のプライバシー：守秘義務は守られるが，社内の誰かに伝わるのではという懸念が生じやすい。

2）外部 EAP
・場所：EAP サービス提供機関が運営しているカウンセリングルーム。移動の手間はあるが，他の従業員に見られる懸念は抱かれにくい。全国展開している EAP 機関では，全国の従業員が利用しやすい。
・カウンセリング種別：対面相談，電話相談，オンライン相談などを選べる。
・対応時間：24 時間，365 日の運営を基本としており，業務時間外に相談がしやすい。
・社内資源との連携：社内の産業保健スタッフや人事・労務スタッフと面識のない場合が多く，連携にあたって一定の準備とスキルを要する。
・個人のプライバシー：社外にいる専門家に相談するため，会社に知られない安心感を得やすい。

このように，内部 EAP と外部 EAP にはそれぞれ特徴がある。一か所に多くの従業員が所属する工場の場合は内部 EAP が利用しやすく，全国展開している企業であれば，各地にカウンセリングルームを持っている外部 EAP の方がすべての従業員が利用しやすいと言える。本社には内部 EAP を置き，支社や地方の事業所では外部 EAP と契約をするというパターンもある。また，両方の仕組みを準備して，内部 EAP か外部 EAP のどちらに相談するか従業員が選べるようにしている会社もある。カウンセリングは利用するまでの精神的なハードルが高いため，選択肢を多く提供して利用しやすいように工夫するのが重要である。

3. EAP のコア・テクノロジー

EAP サービス提供機関は数多くあり，そのうえ機関ごとに提供するサービス内容に違いがある。そのため，選ぶ側である企業の人事・労務や産業保健スタッフからすると，EAP とはつまりどんなサービスなのか判断しづらい側面がある。そこで，ここでは，国際 EAP 協会（EAPA）による EAP の定義である「EAP のコア・テクノロジー」を紹介する（EAPA 原著，EAP コンサルティング普及協会和訳 2013.06.26 版）。

（1）EAP における 2 つのサービス

EAP は組織と個人へサービスを提供するプログラムである。サービス範囲は幅広く，組織の戦略的問題から従業員や家族の個人的な問題まで様々なテーマを扱う。EAP の提供スタイルは多様であり，組織規模や事業内容，ニーズによって異なる。一般的に，EAP では以下の 2 つのサービスが提供される。

①職場の生産性，健全な運営の維持および向上，またその組織ニーズの提言をする。

②人間の行動とメンタルヘルス上の健康に関する専門家のノウハウを通じてサービスを行う。

具体的には EAP 機関は，その組織にとってどのような EAP プログラムが必要か検討する段階からサポートし，（1）生産性に関わる提言を行い，（2）従業員をクライアントとして個人的な問題の整理や解決を援助するのである。ここでの「個人的な問題」とは，健康（ウエルネス），メンタルヘルス，家族（離婚や家庭内不和など），経済問題（借金など），アルコール・薬物，法的な問題，様々なストレスなど，仕事に影響を及ぼし得る問題を指している。

（2）EAP コア・テクノロジー 8 項目

EAP のコア・テクノロジーには，EAP 専門家（EAP コンサルタント）が最低限実施する必要のあるサービス内容が含まれている。コア・テクノロジーは，以下の内容から成る。

①コンサルテーションを通じて組織のリーダー（管理職，主任，組合代表）

に対して，問題のある従業員への関わり方や職場改善，あるいは従業員の生産性向上に有効な援助（サポート）や訓練を行う。

②EAP利用促進を活発に推進する。対象者は従業員とその家族，そして組織（部署，グループ等）である。

③個人的な問題により業務遂行に支障がでそうな従業員に対して，守秘義務を守り，タイムリーに問題を確認し，アセスメントサービスを実施する。

④すでに業務遂行に影響の出ている従業員に対し，建設的直面化，動機づけ，短期的介入を提供する。

⑤診断，治療が必要な場合は医療機関の受診につなぎ，引き続き援助，ケースモニター，フォローアップを行う。

⑥顧客組織に対して効果的かつ継続的にプロバイダー（提携機関）ネットワークを構築する援助を行う。その援助には治療機関，サービス機関との効果的な関係作りと契約方法を含む。

⑦問題行動（アルコール，薬物，精神疾患，感情問題等）に関して医療保険等でカバーできるように顧客組織や従業員にコンサルテーションを行う。

⑧組織の業績や個人の仕事ぶりに関わる効果の評価，見直しを行う。

多くのEAP機関はコア・テクノロジー以外のサービスも提供しているが，EAPを称するからにはコア・テクノロジーに記述されているサービスは必ず提供しなければならない。

4. EAP のサービス

日本においてはEAPコア・テクノロジーを基本にしつつ，日本の職場状況やニーズに合わせてEAPが発展してきた。ここでは，国内の内部EAP・外部EAPが提供している主なサービスを紹介する。

（1）個人カウンセリング

EAPの個人カウンセリングでは，仕事に影響を与え得る個人的な問題の解決を助けるために，専門家が従業員またはその家族にカウンセリングを提供す

る。個人カウンセリングの経路は2つある。

①セルフ・リファー（任意相談）：利用者本人が自発的に利用する経路。

②マネジメント・リファー：上司や人事，産業保健スタッフなど，本人を管理する立場にある人から勧められてEAPを利用する経路。

マネジメント・リファーはEAPが勤労者を対象としたプログラムであるからこそ生まれたEAP独自のサービスであり，本人が問題行動に気付く前に，あるいは問題が悪化する前の段階でEAP利用を促す有効な方法である。

EAPが扱う相談内容は，大きく職場関連と個人関連に分かれる。職場関連とは，出勤がつらい，上司とうまくいかない，仕事に自信がない，転職を考えている，部下の問題の悩み，などである。個人関連の悩みとは，メンタルヘルスの症状，子どもが不登校である，夫婦関係に問題がある，対人関係がうまくいかない，持病がありストレスを感じている，などである。

EAPにおけるカウンセリングの方法には，カウンセリングにおける代表的な方法である対面カウンセリング，遠隔地からでも利用できる電話カウンセリングやオンラインカウンセリングがある。

1）セルフ・リファーの流れ

カウンセリングを希望する従業員あるいは家族は，まず，電話や専用サイト等で予約を申し込む。この際，予約調整担当者は予約をとるだけでなく，簡単な聞き取りを行い問題の概略を聴取する。これをインテークと呼び，相談内容の種類によってメンタルヘルス相談，ワークライフ相談などに分類する。その後，その内容の専門知識を有したカウンセラーが担当者となり，カウンセリングを開始する。もしインテークの段階で自殺やハラスメントなどの緊急性のある内容だと判明した場合は，シニアレベルのカウンセラーが以降の対応にあたる。緊急性が高いケースでは，リスク回避のための緊急のカウンセリングや医療機関や会社との連携といった積極的な介入を行う。

通常のケースにおけるカウンセリングは，同じカウンセラーに何回か会う予約制カウンセリングであり対面，電話・インターネット電話で行われる。カウンセリングの場所は，EAP機関が直営するカウンセリングルームおよび，提携先機関カウンセリングルームの2種類である。この他に即時対応のカウンセリングが電話カウンセリングにて受けられる。これは，緊急性が高い場合や，予

約制カウンセリングを受ける時間がない場合などに利用できる。いずれのカウンセリングでも，相談者の氏名や相談内容は秘密事項として扱われ，緊急性が極めて高いケースを除いて本人の同意なしに職場に知らせることはない。

2) アセスメントと短期カウンセリング

EAP は契約社会のアメリカで生まれた手法なので，カウンセリングにおいても，入口と出口が利用者にとって明確である。初回のアセスメント面談で本人が解決したい問題を明確化し，目標を立てる。目標のハードルの高さ，本人のスキルや状況をアセスメントし，大体何回のカウンセリングで目標に達するかの目安を本人に伝え，手法も含めた方向性に同意がとれて，カウンセリングのプロセスが始まる。そして，目標が達成されたところでケースは終了する。これをカウンセリング契約と言い，カウンセラーとクライアントの口頭の契約であるが，アメリカのカウンセリングでは基本中の基本である。万が一目標が達成されなかった場合は，原因を話し合い，他の方法を話し合う。

上記のように，EAP カウンセラーは，初回の面談で相談に来たクライアントに対してまずアセスメントを行う。アセスメントとは，相談者の問題を明確にするための面接である。クライアントの話をよく聴き，広範囲な質問によって，本人を取り巻く社会，家族，心理，身体的要因など，様々な要因の相互作用の結果として現在生じている現象をとらえる。そして，解決方法についてクライアントと共同で EAP サービス計画を立てる。2回目以降も同じ EAP カウンセラーによるカウンセリングやコンサルテーションを行う場合もあるが，特別な心理療法が必要な場合には専門のカウンセラーを紹介する。医療機関での治療が必要な場合は，適切な医療機関を案内する。必要に応じて弁護士などの専門家を紹介する場合もある。問題を解決するためにカウンセラーが利用者に宿題を出すことも珍しくない。日記を書いて感情を記録する，認知行動療法のカラム法を実施する，学んだコミュニケーションスキルを実践する，リラクセーション方法を考えてくる，といった内容である。面談以外に実践の場を作ることで，クライアントがカウンセリングを有効活用して早期に効果を得られる。

慢性精神疾患を患っているクライアントなど，短期カウンセリングで解決しない場合もある。その場合は目標を「長期的治療を安定して得られる医療機関を見つける」「家族や地域資源から十分な支援を得られるようにサポート体制

を整える」などの短期で達成可能なゴールを立てる。カウンセラーが一生クライアントに付き添うことは非現実的であるため，EAPではカウンセリング終了後にクライアントが長期的な目標を達成できるように足場を固めることに焦点を合わせる。

3）マネジメント・リファーの流れ

上司や産業保健スタッフなどから EAP の利用を勧められた従業員が EAP を利用するとき，まずインテークの段階で誰かからの紹介かどうか確認を受ける。ここで「はい」と利用者が答えた場合は，紹介した上司やスタッフと EAP との間で情報交換を行う同意を得る。利用者が同意するかどうかは，あくまでも任意である。同意が得られると，EAP と職場との連携が可能になる。目的は，紹介した人と利用者本人が目的とする方向を同じくしているかどうか確認することである。これによりカウンセリング終了した暁には，利用者本人の問題が解決するだけでなく，紹介した側の上司や産業保健スタッフも仕事を任せられたり，安心して業務を続けてもらえるようになり両者が満足する。

図 4-1 はマネジメント・リファーの流れである。

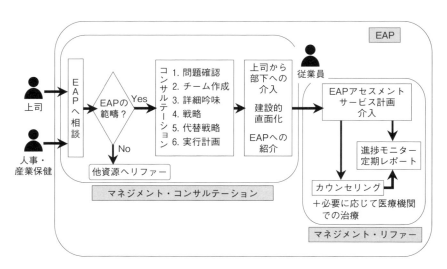

図 4-1　相談経路：マネジメント・リファー，マネジメント・コンサルテーション

4）カウンセリングの方法：対面，電話，Web カウンセリング

対面相談：対面カウンセリングは継続カウンセリングが基本である。声や表情からの情報があるため，カウンセラーが最も品質の高いアセスメントとカウンセリングを提供できる。

電話相談：電話相談には，継続して同じカウンセラーに電話相談を受ける継続型と，1回で終わる即時型とがある。継続型は対面と同様に，毎回同じカウンセラーが担当してカウンセリングを行う。一方即時型は，電話に出たカウンセラーに相談して1回でできる範囲内のカウンセリングを受ける。即時型ではたとえ再度電話をかけたとしても同じカウンセラーが出るとは限らず，また内容も引き継がれている保証はない。問題が複雑で1回の電話相談では解決しない場合は継続相談に切り替えるようにカウンセラーから利用者に促し，医療機関での治療が必要な場合は適切な医療機関を案内して受診を勧める。即時型の電話相談は 24 時間 365 日でサービスを行うのがグローバル標準である。電話はフリーダイヤルで，携帯電話からもかけられるのが基本である。いつでもどこからでもかけられる電話相談は，仕事が忙しくて時間がない人には，大変便利である。

Web カウンセリング：メールによるカウンセリング，あるいはインターネット電話で Web カメラを通してのカウンセリング，そしてチャット機能を用いたリアルタイムのカウンセリングなど多様化している。メール・カウンセリングとは，悩みをメールや Web フォームから送り，カウンセラーから返信される仕組みである。利用者がメールを送ってから 24 時間，あるいは 72 時間以内に返信がくる，といったルールに沿って運用されている。電話のような即時性はないが，どんな時間帯にでも利用できる点や，匿名性の高さから人目を気にする日本人には心理的に使いやすいというメリットがある。

Web カメラ付きのインターネット電話を通してのカウンセリングは顔も見え，対面に非常に近い状況でカウンセリングを受けることができる。遠隔地のクライアントや仕事が忙しい時に，EAP のカウンセリングルームに来る時間を節約できるという利点がある。

リアルタイムでカウンセリングが行えるチャット機能を使ったサービスも徐々に広がりを見せている。電車の中，オフィスの中など，声を出しにくい場

所からでも，スマートフォンを使って相談できるため，ちょっとしたアドバイスが欲しい場合に便利である。

5）リファー：医療機関，弁護士などの専門家への紹介

問題の内容に応じて EAP 機関と提携・契約関係にあるカウンセラー，あるいはクライアントの問題解決にふさわしい機関や専門家を紹介する。そのためにも，EAP 機関は信頼のおけるネットワークを維持し，つねに最新の情報を得ておく必要がある。専門家に紹介した場合の費用は，提携カウンセラーによる相談は一定回数まで無料，弁護士・ファイナンシャル・プランナーなどは相談者が自身で負担する場合が一般的である。

(2) マネジメント・コンサルテーション

「部下の調子が悪いのだが，どう対応したらよいだろうか」「うつ病の部下がいて職場でぼんやりしているのだが，声をかけたら逆に症状を悪化させてしまうのではないか」など，部下への対応で困っている上司は多い。EAP コンサルタントは，部下への対応で悩んでいる上司の相談を受け付ける。このサービスは，EAP による管理職へのコンサルテーションあるいはマネジメント・コンサルテーションと呼ばれている。管理職へのコンサルテーションを行う EAP 専門家は EAP コンサルタントと呼ばれ，通常のカウンセリングのスキル以外に，コンサルテーションの知識・スキルを有している。

資格としては，臨床心理士，精神保健福祉士などのカウンセラーとしての資格・経験に加え，CEAP-I（シープアイ）という国際 EAP 協会認定 EAP コンサルタントの資格などがある。

EAP コンサルタントはまず，上司が部下の問題を整理できるよう支援する。その場合「うつ病である」などの診断名は避け，客観的・具体的に職場で問題になっている行動を話し合う。職場で問題になる行動の例としては，下記がある。

①仕事の質やスキルの低下。

②出勤状況の変化：遅刻・早退の増加，長い昼休みや休憩，病欠，欠勤が目立つ。

③態度の変化や感情の起伏。

④同僚との人間関係に変化が見られる。

⑤判断力の低下・時間や物質の無駄遣い。

⑥対立，人間関係が泥沼化，危険人物扱いされる。

EAP コンサルタントは上司と整理した問題に基づいて，解決して到達したいゴールを決める。勤務状態の改善，同僚とのチームワーク向上，顧客対応の改善などである。

　この問題を解決するために，部下本人が EAP で相談する必要があると上司が判断した場合には，どのようにして利用を勧めるかを具体的に考える。上司が部下に EAP の利用を勧めるのは簡単なことではない。いかにスムーズに部下に EAP 利用を勧めるか，そのスキルを上司に指導するのがマネジメント・コンサルテーションのポイントである。EAP 利用を勧める際のシナリオを作ったり，場合によっては予行練習も行う。EAP コンサルタントが上司役になり，上司には部下の役を演じてもらうというロールプレイは大変効果的である。

　勧められた部下が EAP を利用した場合，マネジメント・リファーのケースとして扱う。マネジメント・リファーの項で説明したように，部下の同意のうえで上司とコミュニケーションを取りながら，部下へのカウンセリングを行う。ただし，上司に伝えるのは業務の影響や職場の環境調整の必要性など，職場が知るべきことのみであり，相談内容全体や抱えている悩みなどの秘密は守られる。

（3）復職支援

　メンタルヘルス疾患が原因で従業員が休職したケースでは，職場復帰の支援に EAP が関わる。復職支援に EAP が関わる場合の特徴は，職場のパフォーマンスへのフォーカスである。EAP は職場のパフォーマンスの専門家であるので，復帰支援のプロセスを通して傷病休職者本人だけでなく，上司や人事へコンサルテーションを行う。EAP における復職支援の目的は，休職者が病気から回復することだけでなく，実際，職場で業務を以前のように遂行できるようになるのを支援することである。

　実際 EAP が行うのは，休職中の従業員のケースマネジメント，復職に向け

60　第 4 章　職場のメンタルヘルス対策のシステム：内部 EAP と外部 EAP

てのカウンセリングやリハビリプログラム，職場復帰計画の作成支援，職場の受け入れ準備のコンサルテーション，復職後の再発防止カウンセリング，必要な資源へのリファーと，様々である。ここでは，復職リハビリについて説明する。

　復職リハビリには，公的機関や精神科デイケア，そして EAP 機関など様々な運営形態がある。

　EAP 機関による復職リハビリでは，症状の重い急性期を過ぎて回復途中であり，ほぼ安定している従業員を対象とする。また，主治医の許可を原則とし，本人も会社も職場復帰を希望している場合に行う。費用負担は原則として会社である。プログラム内容は，研修および集団療法的プログラムが中心で，下記を含む。

　①職場に類似した環境で，生活スキル・就労スキルの習得を図る。

　②職場復帰のために必要なストレス・マネジメントスキル・コミュニケーションスキルの研修。

　③集団認知療法などによる，再発防止プログラム。

　④ワークステーションを提供してコンピューターなどの就労スキル維持，向上。

　⑤各自による自主プロジェクトの作成。

　これらにより，復帰後に仕事で使えるスキル向上を図る。リハビリ終了後には，EAP で復帰可否のアセスメントを行い，本人および産業医・人事労務担当者の復帰の判断材料として提出する。

(4) 惨事のストレスケア

　テロ事件の多発，地震・津波等の天災など，様々な脅威が世界のあちこちで発生している。テロ事件が起きると，企業は海外赴任中の従業員を緊急脱出させる対応が必要となり，無縁ではいられない。また国内においても，従業員の自殺や事故死などで残された従業員が影響を受けるケースは後を絶たない。

　地震や職場の大事故といった大きな危機によって受けた心的外傷，悲嘆，喪失感の経過は人により異なる。心理的な反応や，悲嘆の度合いも多様であり，身体的症状が見られる場合もある。影響を受けた従業員は，疲労，うつ，不安

などが高まり，場合によると急性ストレス障害や PTSD などの深刻な疾病にかかる。こうなると組織の生産性にも影響を与える。

　緊急時のストレスケアは，事件に遭遇した人の心理を理解してサポートし，症状がある場合は早期に専門家のケアを受けさせることにより，個人と組織ができるだけ早くもとの状態に戻ることを目的とする。緊急時のストレスケアの進め方としては，カウンセリングの提供だけでなく，最初に，人事や現場の管理職へのヒアリングを通して，従業員への心理的影響度をアセスメントする。それにより，個人・グループごとに必要なサポート内容と期間を見極めて提案する。緊急時のストレスケアには，複数の方法論があるが，共通しているのは個人支援とグループ支援がある，という点である。

　1）グループ支援：15 人前後の小グループによる研修で，講義＋コーピングスキルの実践。講師からは，事件後の心身の反応の特徴についての講義の後，ストレス・マネジメントの実践の指導がある。

　2）個人支援：1 人 30 分前後で，事件の体験についてカウンセラーが傾聴をし，症状についての相談を受け，困っていることに関する問題解決を助ける。症状が重い人は，専門医に紹介する。

　希望する組織には，PTSD やストレスをスクリーニングするテスト（IES-R 等）を参加した従業員に実施し，高リスク者を見極める指標として使用する。

　なお，惨事のストレスケア方法論の代表的なものとして，PFA（サイコロジカル・ファースト・エイド），メンタルレスキュー，それに EAP のマルチシステム・レジリエンスアプローチがある。

(5) ワークライフ・サービス

　EAP 機関では，心理相談に加えてワークライフ・サービスを提供している。ワークライフ・サービスとは，従業員の仕事と家庭の両立を支援するためのサービスのことである。具体的には，従業員から育児や介護などの家庭における相談を受け，ニーズのアセスメントと課題解決のサポートをする。多くの企業では子育て支援制度を用意しているものの出産を契機に退職する従業員は後を絶たず，また介護支援制度では制度があっても使われていない現状がある。せっかく作った制度も，本当に使ってよいのかどうか分からない，介護問題を抱

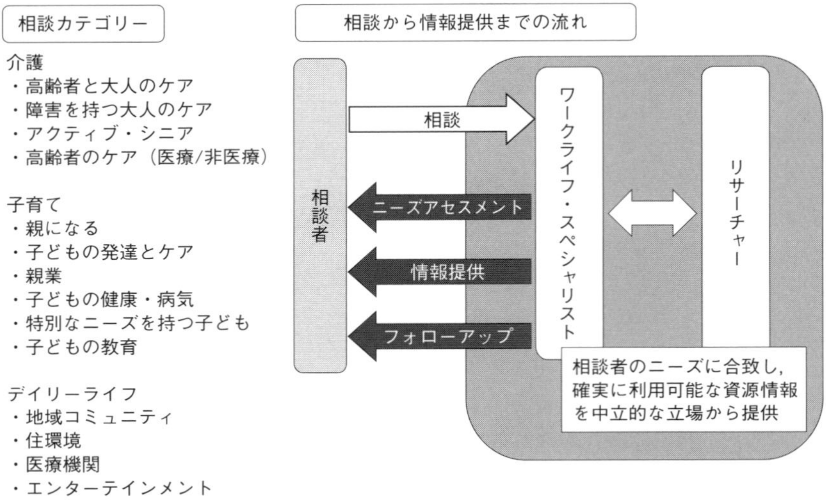

第 4 章　職場のメンタルヘルス対策のシステム：内部 EAP と外部 EAP

```
┌─────────────────┐          ┌───────────────────────┐
│ 相談カテゴリー  │          │  相談から情報提供までの流れ │
└─────────────────┘          └───────────────────────┘
```

介護
・高齢者と大人のケア
・障害を持つ大人のケア
・アクティブ・シニア
・高齢者のケア（医療/非医療）

子育て
・親になる
・子どもの発達とケア
・親業
・子どもの健康・病気
・特別なニーズを持つ子ども
・子どもの教育

デイリーライフ
・地域コミュニティ
・住環境
・医療機関
・エンターテインメント

相談者　→　相談　→　ワークライフ・スペシャリスト　←→　リサーチャー

ニーズアセスメント
情報提供
フォローアップ

相談者のニーズに合致し，確実に利用可能な資源情報を中立的な立場から提供

図 4-2　ワークライフ・サービスの流れ

えていることを会社に知られたくないという心理的バリアにより使用されないケースがある。そういう時は専門家に相談し，方向性を見つけるのを手伝ってもらうことが役立つ。EAP では従業員への心理的サポートをしてきたノウハウから，単なる制度の情報提供だけではなく，コンサルテーションやコーチングを取り入れている。図 4-2 に示すように，ワークライフ・サービスでは，単なる情報提供ではなく，専門スキルを持ったワークライフ・スペシャリストが，相談者のニーズを引き出し，相談者が真に必要としている情報が何であるのかを的確にアセスメントし，課題の解決まで個別にサポートする。

(6)　ウェルネス・コーチング

　ウェルネス・コーチングは欧米の優良企業ではすでに定着しており，効果に関するエビデンスも報告されている。近年では日本でもいくつかの優良企業で実施されている例がある。ウェルネス・コーチングは動機づけ面接法を用いて，クライアント自ら，自分の心身の健康に関わるビジョンを立て，自ら変わりたいという熱意を持って，ゴールを達成するのを支援するプロセスである。保健

指導と違って，従業員の「症状や診断名」などネガティブな問題へのフォーカスではなく，より健康になるためのポジティブな取り組みである。行動分析をベースにした手法で，4週間程度の継続的な支援が提供されると行動変容が実現できるというエビデンスがある。主に，禁煙，ダイエット，運動，睡眠などについて従業員がゴールを達成するのを支援する。健康な従業員は生産性が高い，というエビデンスがあり，ウェルネス・コーチングは労働者が健康で効率的に働き続けるツールの1つとされている。

(7) 研修・教育

　EAPでは相談窓口の利用を促進するために研修が大変重要である。ストレス・マネジメントや部下のメンタルヘルスケアに関する研修を受けることによって，従業員は自分や部下の問題の相談方法を知り，また，EAPカウンセリングやコンサルテーションの概要が分かり，自分も相談しよう，と思うようになる。また最近では，ランチ休憩時間などに，子育てセミナー，運動指導，薬膳セミナーなど従業員の興味をそそりそうなトピックで，セミナーを行い，EAPの紹介を同時にすることがグローバル標準となりつつある。一方，座学での研修は減っており，Webセミナーやeラーニングなどのニーズが増えている。

　研修のコンテンツは，組織や従業員のニーズに合わせてカスタマイズすることが重要である。研修デザインの専門家と一緒に，研修によって従業員の行動がどのように変容すると良いのか，目標が達成したかどうかをどのようにして測るのかを決める。これを学習目標と呼び，学習目標が決まってから時間制限などを考慮しながら研修骨子を組む。

　EAPは人間の行動が専門なので，メンタルヘルスだけでなく，ハラスメント予防教育，傷病休職者への対応方法，危機管理教育等のリスクマネジメント分野の研修などを提供している。

　また，健康な従業員をもっと健康でパフォーマンスを伸ばすための研修として，モチベーション向上研修，レジリエンス ビルディング®（しなやかに変化に適応するスキル），ポジティブシンキング（気持ちを前向きに切り替えるスキル），職場のエンゲイジメント（個人と組織の絆を強めること），チームビルディング（社員が協力しあって目標を目指して進む組織作り），コミュニケーショ

ン向上研修なども EAP によって提供されている．企業は，不調者のためだけではなく，EAP を健康な従業員のためにも有効活用しようとし始めている．

（8）職場のストレスチェック

2014 年 6 月に「労働安全衛生法の一部を改正する法案（通称：ストレスチェック義務化法案）」が国会で可決・成立し，年 1 回の労働者のストレスチェックが，従業員 50 人以上の事業場に対して義務付けられることになった．目的は，ストレスチェックを実施して，早期に労働者のストレスを見つけて対処することによって重症化を予防，また，ストレスの原因が職場にある場合，職場改善によって労働者のストレスを低減することである．

ストレスチェックの実施は法律で定められている専門家が必要であり，また，実施プロセスの複雑さから，多くの企業は EAP 機関などの外部機関に実施を委託している．ここで強調したいのは，ストレスチェック制度の目的は 1 次予防であり，労働者全体のメンタルヘルスの保持増進を図るものであり，病気の人をスクリーニングすることが目的ではない．そのためには，今回努力義務にとどまっている集団ごとの集計・分析についても，ストレス要因を組織からなるべくなくす，という観点から大変重要である．EAP 機関では，個人と組織の両方の専門家であるという特徴を活かし，集団分析に基づいた組織のストレス改善に関する介入を行う．

5. まとめ

国の経済を発展させる源泉の 1 つは，良質な労働力である．少子高齢化・人口減少を迎えている我が国にとって，健康でモチベーションの高い労働力の確保は重要課題である．EAP は企業の従業員が心身ともに健康で，多少のストレスがあってもうまく乗り越え，モチベーションを保ちながら仕事を続けるために必要な支援を提供するプログラムである．多くの産業保健心理の専門家が EAP システムを企業に展開していくために，本章が少しでもお役に立てればと思う．

参考文献

EAPA　一般社団法人EAPコンサルティング普及協会（訳）　EAPの定義とEAPコアテクノロジーについて　一般社団法人EAPコンサルティング普及協会HP Retrieved from http://www.EAPatokyo.org（2016年5月6日）

Intveld, R.　西川あゆみ（監訳）（2016）. 従業員支援サービス（EAP）の惨事即応手法―マルチ・システムレジリエンスアプローチ　Robert Douglas and Associates

一般社団法人日本トラウマティック・ストレス学会　改訂出来事インパクト尺度日本語版 Retrieved from http://www.jstss.org/topics/886.php（2016年5月6日）

厚生労働省（2016）. 労働安全衛生法に基づくストレスチェック制度実施マニュアル（平成28年4月改訂）Retrieved from http://www.mhlw.go.jp/bunya/roudoukijun/anzeneisei12/（2016年5月6日）

森　晃爾・Dale Masi・市川佳居・丸山　崇（2011）. 企業のメンタルヘルスを強化するために―「従業員支援プログラム」の活用と実践　労働調査会

National Child Traumatic Stress Network & National Center for PTSD（原著）　兵庫県こころのケアセンター（日本語版作成）サイコロジカル・ファーストエイド実施の手引　第2版　日本語版 Retrieved from http://www.j-hits.org/psychological/pdf/pfa_complete.pdf（2016年5月6日）

下園壮太（2006）. 家族・支援者のためのうつ・自殺予防マニュアル　河出書房新社

第5章

職場のメンタルヘルス対策の実際：
1次予防，2次予防，3次予防

大塚泰正

1. はじめに

　職場のメンタルヘルス対策は，大きく1次予防，2次予防，3次予防に分けることができる。1次予防は，うつ病などの疾病の発症を未然に防止するためのもの，2次予防は，疾病の早期発見・早期対応を行うためのもの，3次予防は，すでに何らかの疾病を発症している者に対応するためのものである。職場のメンタルヘルス対策を実施する際には，これら3種の予防の視点を考慮して対策を立案することが重要である。本章では，職場のメンタルヘルス対策の実際について，1次予防，2次予防，3次予防に分けて解説する。

2. 1次予防

(1) 1次予防の概要

　1次予防には，うつ病などの疾病の発症を未然に防止するための様々な取り組みが含まれる。米国の National Institute for Occupational Safety and Health (NIOSH) は，図5-1のような職業性ストレスモデル (Hurrell & McLaney, 1988) を提唱している。このモデルでは，職場に存在する様々な仕事のストレッサーが労働者の心理的・身体的・行動的ストレス反応を引き起こし，その結果疾病に至る経路が示されている。例えば，上司とのトラブルという仕事のストレッサーに長期間曝された者は，イライラしたり，頭痛を訴えたり，突発的な休暇の取得が増えたりといったストレス反応が生じやすくなる。このような状態を長期間継続することは，脳卒中やうつ病などの疾病を誘発する引き金となる可能性がある。1次予防は，疾病の前段階までのプロセスのいずれかに改善策を講じることにより，労働者の疾病発症を未然に防止しようとするもので

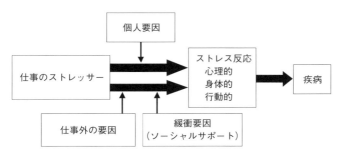

図 5-1　NIOSH 職業性ストレスモデル（Hurrell & McLaney, 1988）

ある。

ECに加盟する7か国1,451事業場を対象にした調査では，職場の1次予防として，勤務時間のフレックスタイム化や人的資源管理スキルの向上などの組織的な対策や，健康チェックの実施や休憩施設の整備などの個人向けの対策が行われていることが明らかにされている（Wynne & Clarkin, 1992）。我が国では，2009年から2012年にかけて，「労働者のメンタルヘルス不調の第一次予防の浸透手法に関する調査研究」（川上，2012a）が実施され，1次予防に関して，

表 5-1　管理監督者教育のガイドライン（堤，2013）

対象者の選定に関する推奨
【推奨1】教育の必要性が高い集団を同定し，優先して研修を行う。
【推奨2】対象事業場のニーズや状況に合わせた研修を企画する。
【推奨3】全ての管理職にメンタルヘルス研修を実施する。
【ヒント1】研修内容はその必要性によって対象管理職の層分けを行う。

研修内容・形式に関する推奨
【推奨4】研修内容には，「労働者の心の健康の保持増進のための指針」で推奨されている事項および代表的な職業性ストレス要因に関する事項を含める。
【推奨5】管理監督者の行動変容を目的として研修を行う。
【ヒント2】効率的に管理監督者の理解を深める工夫をする。
【ヒント3】相談対応の技術として参加型実習を取り入れる。
【ヒント4】その事業場の課題やデータを提示する。
【ヒント5】事例を提示して，研修への動機づけを図る。

研修時間，研修頻度・期間に関する推奨
【推奨6】管理職教育は一度だけでなく，複数回繰り返して実施する。
【推奨7】一年に一回研修を行う。
【ヒント6】教育内容を数回に分けてステップアップしていく。

科学的根拠に基づき「推奨」できる対策と「ヒント」となる対策がまとめられた。「推奨」とは，ストレス反応の低減に有効性が認められている対策，「ヒント」とは，ストレス反応の低減に明確な有効性が認められているわけではないが，有効性に関してコンセンサスが得られている対策を指す（川上・小林，2015）。川上（2012a）は，職場のメンタルヘルス対策に関する1次予防対策として管理監督者教育，セルフケア教育，職場環境改善を取り上げ，それぞれについて「推奨」できる対策と「ヒント」となる対策をまとめた（表5-1～表5-3）。

(2) 管理監督者教育

管理監督者とは，労働基準法第四十一条の二において「監督若しくは管理の

表 5-2　セルフケア教育のガイドライン（島津，2013）

計画・準備

【推奨1：実施回数】心理的ストレス反応の低減を目的としたプログラムの場合，最低2回の教育セッションと1回のフォローアップセッションを設ける。

【推奨2：ケアの提供者】職場のメンタルヘルスの専門家，もしくは事業場内産業保健スタッフが実施する。

【推奨3：ストレス評価の事後対応】労働者のストレス状況を評価する場合は，評価結果を返却するだけでなく，ストレス軽減のための具体的な方法（教育や研修）を併せて提供する。

【ヒント1：対象の設定】時間，費用，人的資源などに制約がある場合には，優先度の高い集団から実施する。

【ヒント2：1回あたりの実施時間】1回あたりの実施時間は2時間程度とすることが望ましい。

内容

【推奨4：プログラムの構成】プログラムでは，認知・行動的アプローチに基づく技法を単独で用いるか，リラクセーションと組み合わせて実施する。

形式

【推奨5：プログラムの提供形式】事業場や参加者の特徴・状況に応じて，提供形式（集合教育，個別教育）を選択する。

【ヒント3：セルフケアとその他の対策との組合せ】学習内容の活用を促進させるための職場環境づくりを行う（裁量権を上げるための対策を併用する）。

事後の対応

【推奨6：フォローアップセッションの設定】教育セッションの終了後にフォローアップセッションを設け，プログラムで学んだ知識や技術を振り返る機会や日常生活での適用を促進する機会を設ける。

【ヒント4：活用促進のための工夫】知識や技術を定着させ，日常生活での活用を促進するための工夫を行う。

地位にある者」と規定される者である。管理監督者は，一般の労働者と比べて賃金などの面でよい処遇を受ける反面，組織において重要な職務を担当し，相当の責任と権限を有するため，労働基準法で制限される労働時間や休日などの範囲を超えて労働に従事することができる（厚生労働省，2008）。管理監督者には，組織の業務を遂行するため，使用者に代わって部下である労働者に業務上の指示・命令を行う権限が付与されている。労働契約法第六条では，「労働契約は，労働者が使用者に使用されて労働し，使用者がこれに対して賃金を支払うことについて，労働者及び使用者が合意することによって成立する」と記されている。我が国では，管理監督者は使用者が有している権限を代行する立場

表5-3　職場環境改善の評価と改善に関するガイドライン（吉川ら，2013）

計画・組織作りに関する推奨項目
【推奨1：事業場での合意形成】職場環境改善の目的，方針，推進組織について事業場で合意形成する。
【推奨2：問題解決型の取り組み】問題指摘型は避け，問題解決型で取り組む。
【ヒント1：部門責任者の主体的な関与】職場環境改善を実施する組織ないし部門の責任者の主体的な関与を引き出す。

実施手順の基本ルールに関する推奨項目
【推奨3：良好事例の活用】実施可能な改善策を立てるために，職場内外の良好事例を参考にする。
【推奨4：労働者参加型で実施】改善策の検討や実施に労働者が参加できるように工夫する。
【推奨5：職場環境に幅広く目配り】心身の負担に関連する職場環境や労働条件に幅広く目配りして優先順位をつけ，改善策を検討する。

実効性のある改善策の提案に関する推奨項目
【推奨6：現場に合わせた提案の促進】職場の状況・タイミング・資源を考慮して具体的な改善策を検討する。
【推奨7：ツール提供】現場の気づきやアイデアを引き出し，実行に移しやすい提案を促すことができるツールを活用する。
【ヒント2：職場の仕組みの活用】継続的に改善の場が設定できるようにすでにある職場のしくみを活用する（安全衛生委員会，QCサークルなど）。
【ヒント3：職場の準備状況にあわせたアプローチ】組織としての受け入れ体制や準備状況に応じた介入方法を選ぶ。

実施継続のための推奨項目
【推奨8：フォローアップと評価】職場環境改善の実施を継続させるために中間報告の提出を求めたり，期間を設定して実施状況や成果を確認する。
【ヒント4：PDCAサイクル】職場環境改善の取り組みを計画・実施・評価・見直しのサイクルに組み込み，継続的に実施できるようにする。

表 5-4　管理監督者向け教育に含めるべき内容（厚生労働省，2006）

①メンタルヘルスケアに関する事業場の方針
②職場でメンタルヘルスケアを行う意義
③ストレス及びメンタルヘルスケアに関する基礎知識
④管理監督者の役割及び心の健康問題に対する正しい態度
⑤職場環境等の評価及び改善の方法
⑥労働者からの相談対応（話の聴き方，情報提供及び助言の方法等）
⑦心の健康問題により休業した者の職場復帰への支援の方法
⑧事業場内産業保健スタッフ等との連携及びこれを通じた事業場外資源との連携の方法
⑨セルフケアの方法
⑩事業場内の相談先及び事業場外資源に関する情報
⑪健康情報を含む労働者の個人情報の保護等

にあるため，部下である一般労働者は管理監督者からの指示・命令に従って業務を遂行し，その対価として賃金を得る仕組みとなっている。

　ただし，管理監督者は部下に指示・命令ができるからといって，部下の心身の健康を損ねるほどの業務に従事させることはできない。労働者の安全への配慮（安全配慮義務）について規定した労働契約法第五条には，「使用者は，労働契約に伴い，労働者がその生命，身体等の安全を確保しつつ労働することができるよう，必要な配慮をするものとする」ということが明記されている。すなわち，管理監督者には，部下が業務を遂行することによって病気やけがを患うことがないよう，十分な配慮を行うことが求められているのである。

　管理監督者教育の主要な目的は，管理監督者が，部下に対して，メンタルヘルス上の問題についての安全配慮義務を果たすことができるようになることであると言える。管理監督者が部下である一般労働者に対して行うケアのことを「ラインによるケア」と呼ぶ。「労働者の心の健康の保持増進のための指針」（厚生労働省，2006）では，表5-4に示した11項目を，管理監督者教育に含めることを求めている。

　管理監督者教育の具体的な内容としては，例えば，管理監督者が部下に対して果たすべき安全配慮義務について解説し，担うべき役割について自覚してもらうこと，うつ病についての解説を通して偏見を除去し，うつ病を中心とした心の健康問題に対する正しい態度を持ってもらうこと，部下からの相談に対応できるようになるために，傾聴のスキルを身に付けてもらうことなどが挙げら

れる。管理監督者は部下である一般労働者に日常的に接する機会が多いため，うつ病などの発症を防止できるよう，特定の部下に負荷がかかり過ぎていないかといったことを絶えずチェックすることなどが求められる。

(3) セルフケア教育

　セルフケアとは，個々の労働者が自分の抱えているストレッサーやストレス反応の状態に気付き，うつ病などの疾病を発症しないようにするために，適切に対処を行うことを意味する。労働者は，就業に耐えうる心身の状態を日常的に確保しておく義務（自己保健義務）を有していることから，労働者がセルフケアを行うことは使用者に十分な労務を提供する上で必須の要件であると言える。「労働者の心の健康の保持増進のための指針」（厚生労働省，2006）では，表5-5に示した7項目を，セルフケア教育に含めることを求めている。なお，セルフケア教育の対象には，一般労働者だけではなく，管理監督者も含まれる。

　セルフケア教育の具体的な内容としては，例えば，心理学的ストレスモデル（Lazarus & Folkman, 1984）に関する説明を通して，ストレッサーに対して適切な対処ができていないと心身の不調につながる可能性があることを解説すること，ワークシートなどを用いて自身が現在ストレッサーに対して行っているコーピングの見直しを図ること，アサーション訓練などを通して個人が持つコーピングスキルを高めるトレーニングを行うことなどが挙げられる。なお，労働者個人が抱えているストレッサーやストレス反応，コーピングなどの状況を可視化するために，教育前または教育中に，職業性ストレス簡易調査票（下光ら，2000）やCOPE（大塚，2008）などの簡便な質問紙を実施し教育に活用することも有益であると思われる。

表5-5　セルフケア教育に含めるべき内容（厚生労働省，2006）

①メンタルヘルスケアに関する事業場の方針
②ストレス及びメンタルヘルスケアに関する基礎知識
③セルフケアの重要性及び心の健康問題に対する正しい態度
④ストレスへの気づき方
⑤ストレスの予防，軽減及びストレスへの対処の方法
⑥自発的な相談の有用性
⑦事業場内の相談先及び事業場外資源に関する情報

（4）職場環境改善

　ヨーロッパでは，2008 年に European Framework for Psychosocial Risk Management（PRIMA-EF）が制定され，国や企業が行う職業性ストレス対策の方法やこれを評価する指標の開発などが EU 各国で行われた。英国では，2004 年に 1 次予防を推進するための枠組みである The Management Standards for Work-related Stress が制定され，①危険因子の特定，②健康被害に遭っている個人とその発生機序の特定，③健康被害への危険度の評価とそれに対する具体的な活動，④結果の記録，⑤実施評価と組織の取り組みの再検討という 5 つのステップによるリスクアセスメントの実施を推奨している。また，仕事の要求（demands），仕事のコントロール（control），上司や同僚からのサポート（support），対人関係（relationships），役割の明確さ（role），変化への対応（change）の 6 領域が，職業性ストレス対策の重点領域として位置付けられ，領域ごとに達成すべき状態が設定された（川上，2012b）。デンマークでは，日本で言うところの労働基準監督官がすべての事業場を査察し，職場環境改善を指示する役割を担っている。査察の結果改善点を指摘された事業場は，8 週間以内に改善のためのアクションプランを作成しなければならない。また，査察の結果は web にて広く一般に公開されている（小田切，2012）。このように，ヨーロッパでは職場環境改善を中心とした 1 次予防対策が国家レベルで実施されている。

　我が国では，2015 年 12 月から，労働者 50 名以上の事業場で実施することが義務となったストレスチェック制度によって，職場の心理社会的環境をアセスメントし，改善活動を行うことが，労働安全衛生法により努力義務化された。多くの事業場では，職業性ストレス簡易調査票（下光ら，2000）を用いたストレスチェックを実施し，「仕事の量的負担」「仕事のコントロール」「上司の支援」「同僚の支援」の 4 要因で構成される「仕事のストレス判定図」（東京大学大学院医学研究科精神保健学・看護学分野，2001：図5-2）を作成し，これを資料として用いることによって，職場環境改善活動が展開されている。

　2015 年から実施されているストレスチェック制度は，労働者個人がストレスに関する調査票（主に職業性ストレス簡易調査票）に回答することにより，自身が抱える仕事のストレッサー，ストレス反応，緩衝要因（ソーシャルサポー

2. 1次予防　73

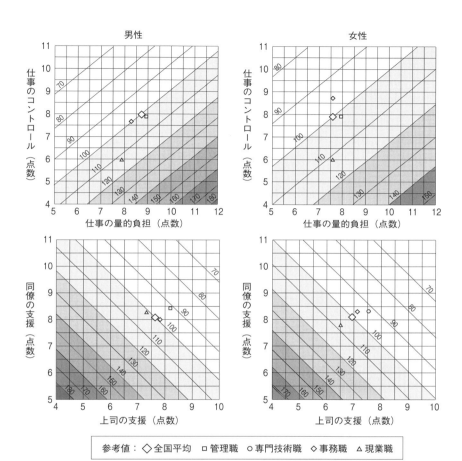

図5-2　仕事のストレス判定図（東京大学大学院医学研究科精神保健学・看護学分野，2001）

ト）の状態に気付くことができるようになっている。ストレスチェックと面接指導の実施に関する流れを図 5-3 に示す。「労働安全衛生法に基づくストレスチェック制度実施マニュアル（改訂）」（厚生労働省，2016a）では，ストレス反応の合計得点が 77 点以上の者，あるいは，仕事のストレッサーとソーシャルサポートの合計得点が 76 点以上かつストレス反応の合計得点が 63 点以上の者を「高ストレス者」と操作的に定義している。「高ストレス者」と判定された労働者は，本人の申し出により，医師による面接指導を受けることができる。なお，「高ストレス者」は必ずしもうつ病などの疾病を発症している者ではない。

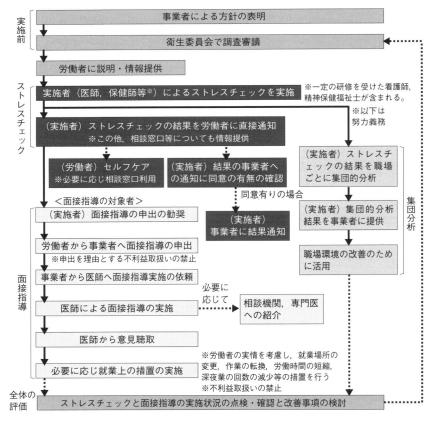

図 5-3　ストレスチェックと面接指導の実施に関わる流れ （厚生労働省，2016c）

そのため，ストレスチェック制度に含まれるすべての活動は，うつ病などの発症を未然に防止する1次予防を主な目的とした取り組みであると言える（川上，2016）。

3. 2次予防

(1) 2次予防の概要

2次予防は，疾病の早期発見・早期対応を行うものである。職場の健康管理を特徴づける最も重要な2次予防は，労働者に毎年実施される健康診断であろう。健康診断を実施することによって，使用者は何らかの身体所見を有する労働者を特定し，必要に応じて勤務の軽減や作業の転換，就業場所の変更などを実施する。このような対応によって，使用者は当該労働者に過度の負荷がかからないように配慮することができる。これは，使用者が持つ「適正労働配置義務」（厚生労働省，2016b）に基づいた対応であると言える。

職場のメンタルヘルス対策においても，この義務は使用者に生じている。しかしながら，現時点では，職場においてうつ病などの精神面の所見を早期に発見するための公式な手続きは導入されていない。なお，先述したように，近年導入されたストレスチェック制度は，うつ病などの発症を未然に防止する1次予防を主な目的とした取り組みであるため，2次予防としてとらえることは適切ではない（川上，2016）。

(2) 早期発見

うつ病などの精神的な疾病の存在可能性をスクリーニングするために，自記式の検査や構造化面接などが開発されている。これらに含まれる質問は，主にそれぞれの精神疾患に特徴的な症状を示す項目によって構成されているため，ストレスチェックで使用されるストレス反応を測定する項目と比べると，かなり侵襲性の高い内容が含まれている（例えば「自殺したいと思う」など）。

多くの自記式の検査や構造化面接では，疾病を持つ者のうち，スクリーニングによって疾病の存在可能性が高いと判定された者の割合を示す「感度」，疾病を持たない者のうち，スクリーニングによって疾病の存在可能性が低いと判定

された者の割合を示す「特異度」，スクリーニングによって疾病の存在可能性が高いと判定された者のうち，疾病を持つ者の割合を示す「陽性的中率」，スクリーニングによって疾病の存在可能性が低いと判定された者のうち，疾病を持たない者の割合を示す「陰性的中率」が算出されている。これらの指標はいずれも，その数値が高いほど，当該疾病の存在可能性を正確にスクリーニングできていることを表している。我が国では，うつ病のスクリーニングとして，Center for Epidemiologic Studies Depression Scale（CES-D）（島 ら，1985）や Beck Depression Inventory Second Edition（BDI-Ⅱ）（Beck et al., 1996 小嶋・古川訳 2003）などの自記式検査や，Mini-International Neuropsychiatric Interview（MINI）（Sheehan & Lecrubier, 1992 大坪ら訳 2003）や Hamilton Depression Rating Scale（HAMD）（稲田ら，2014）などの構造化面接が用いられている。

(3) 早期対応

　何らかの疾病の存在が疑われた場合には，続いて早期対応を行う必要がある。職場のメンタルヘルス対策において最も心理職が得意とする早期対応は，うつ病などの疾病の存在が疑われる労働者に対する短期的なカウンセリングであろう。

　小杉（1994）は，労働者に様々な精神・身体症状を測定する Cornell Medical Index（CMI）（金久ら，1972）を実施し，神経症判別図で領域ⅢまたはⅣに該当した者へのカウンセリングを行った。カウンセリングでは，心理学的ストレスモデル（Lazarus & Folkman, 1984）に基づき本人のセルフケアを促すとともに，一部の従業員には精神科など医療機関へのリファーを行った。畑中（2007）は，2次予防におけるカウンセリングの目的を，「労働者が自己の健康に関心を持ち，心身の不調に早期に気付き，相談や受診などの対処ができること」と述べている。現在，多くの職場では，精神科医や心療内科医などの専門医は雇用されていない。そのため，産業領域の心理職には，労働者の精神面の不調を早期に発見し，疾病が疑われた場合には専門医へリファーする役割を担うことが求められていると言えよう。

　うつ病などの疾病が疑われる労働者を医療機関に通院させるためには，本人

の通院に対する動機づけを高めることが必要になる。うつ病などの精神疾患に共通する特徴の1つに，病識のなさ（自分が病気であるとは思わない）がある。そのため，心理職は，本人が呈している症状をもとに疾病が存在する可能性について根気強く説明し，本人の疾病に対する理解を促進させる関わりが求められる。また，治療の実際や薬物などについての一般的な説明を行うなどして，医療（特に精神科医療）に対する偏見や不安を軽減させることも重要である。例えば，心療内科医である山本（2011）は，メール相談において，本人が抱えている症状はうつ病の症状である可能性があること，専門医を受診することで症状が改善する可能性が高いこと，時間が経てば自然によくなるものではないことなどを明確に伝えている。医師と心理職という立場の違いはあるものの，筆者の経験からも，うつ病が疑われるケースについては，本人にうつ病である可能性を，根拠を示しながら明確に指摘したうえで，専門医を受診することで現在抱えている症状が改善される可能性が高いことを伝えている。このような説明を行うことで，たいていの労働者は専門医の受診に至っている。

　なお，自殺が疑われる労働者には別途適切な早期対応を行うことが求められる。この点については本章では詳しく言及しないため，本書11章2節をご参照いただきたい。

4. 3次予防

(1) 3次予防の概要

　3次予防は，すでにうつ病などを発症している労働者に対応するためのものである。うつ病などの精神疾患を発症した労働者は，症状を軽快させるために休業（休職）を余儀なくされることが多い。他の疾病やけがなどとは異なり，精神疾患による休業期間は月あるいは年単位にまで及ぶこともしばしばある。そのため，数か月以上に及ぶ長期休業を行った労働者をどのようにスムーズに職場に復帰させるかが職場のメンタルヘルス対策においては重要な課題の1つとなっている。このような問題に対応するため，厚生労働省は，「心の健康問題により休業した労働者の職場復帰支援の手引き」（厚生労働省，2009）を発表し，うつ病などで休業した労働者をスムーズに職場復帰させるための一般的

な手順についてまとめている。次項では，本手引きの概要について紹介する。

(2) 心の健康問題により休業した労働者の職場復帰支援の手引き（厚生労働省，2009）

本手引きは，職場復帰支援を円滑に行うために，職場が行うことが望ましいとされる事項についてまとめたものである。具体的には，職場復帰支援を5つのステップ（図5-4）に分け，ステップごとに対応のポイントがまとめられている。

第1ステップは，「病気休業開始及び休業中のケア」である。うつ病などを発症した労働者が精神科などを受診すると，その重症度によって主治医は「病気休業診断書」を作成する。休業は，この診断書を労働者が管理監督者に提出することによって開始される。一般に，病気休業診断書には，診断名と休業を要する期間が記されているが，診断名は「うつ状態」などの症状を記載しただけの場合も多い。また，休業期間については，本人の意向などを考慮して実際必要だと想定される休業期間よりも短めに記載されることがある。そのため，職場側は実際には休業期間が初回の診断書に記載された期間よりも長引く可能性があることを視野に入れ，業務の再配分などについて検討を進めることが必要

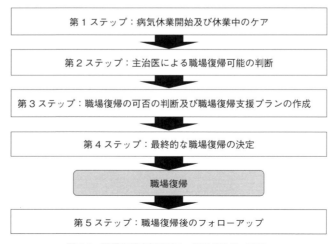

図5-4 職場復帰支援の流れ（厚生労働省，2009）

である（詳しい診断書の読み取り方については夏目（2015）を参照）。

　また，休業を開始する労働者本人だけでなく，その家族も，休業中の収入面や雇用の継続性などについて不安を感じることがある。このような家族の不安は，休業中に本人が安心して休養に専念することを阻害する要因になり得る。そのため，職場側は，休業開始前にこのような不安を払拭させるために，積極的に相談に応じることも求められる。心理職は，本人が休業中の見通しをある程度持つことができるように，休業中にどんな経過をたどりやすいか，休業の期間は大体どのくらいになる可能性があるか，休業中にどんなトラブルや気持ちが生じやすいか，困った時には誰に相談したらよいか，職場復帰の手続きはどのように行えばよいか，などについて解説できるとよいだろう。

　第2ステップは，「主治医による職場復帰可能の判断」である。労働者が職場に復帰するためには，本人の希望だけでなく，主治医による医学的見地からの判断が必要になる。そのため，労働者は主治医より職場復帰可能である旨の診断書を受け取り，それを職場に提出することが求められる。

　ただし，主治医より職場復帰可能の診断書が提出されたからといって，職場がそのまま当該労働者の職場復帰を認めるとは限らない。通常は，職場復帰前に産業医，人事労務担当者，管理監督者などが本人と面談し，職場として当該労働者の職場復帰を認めるか否かを総合的に判断することになる。主治医は，睡眠や食事，活動性などにほぼ問題が認められないという観点から職場復帰可能の判断を下している場合が多い。一方，職場は，週5日，1日8時間程度勤務することができ，かつ，職場が期待する業務をある程度遂行することができるかという観点から職場復帰の可否を判断していることが多い。このような理由から，一般に，職場復帰可能の判断は，主治医に比べて職場の方が厳しくなっている。その結果，主治医が職場復帰可能と判断しても，職場がそれを認めないといった事例が生じることになり，主治医と職場の信頼関係が大きく損なわれる事態へとつながっている。このような事態を回避するためには，職場や労働者本人から，主治医に対して，当該労働者が職場から求められている業務遂行能力を事前に伝えておくことが必要である。

　第3ステップは，「職場復帰の可否の判断及び職場復帰支援プランの作成」である。このステップでは，職場側が当該労働者の職場復帰を認めるか否かを判

表 5-6 職場復帰支援プラン作成の際に考慮すべき内容（厚生労働省・中央労働災害防止協会，2010）

（ア）職場復帰日

（イ）管理監督者による就業上の配慮
業務サポートの内容や方法，業務内容や業務量の変更，段階的な就業上の配慮，治療上必要な配慮など

（ウ）人事労務管理上の対応等
配置転換や異動の必要性，勤務制度変更の可否及び必要性

（エ）産業医等による医学的見地からみた意見
安全配慮義務に関する助言，職場復帰支援に関する意見

（オ）フォローアップ
管理監督者や産業保健スタッフ等によるフォローアップの方法，就業制限等の見直しを行うタイミング，全ての就業上の配慮や医学的観察が不要となる時期についての見通し

（カ）その他
労働者が自ら責任を持って行うべき事項，試し出勤制度の利用，事業場外資源の利用

断し，職場復帰を認める場合には，さらに職場復帰支援プランを作成することになる。職場復帰支援プランは，労働者ごとに個別に作成されるもので，概ね表 5-6 に示した 6 項目を中心に定められる。

　表 5-6 に示した項目の中でも，特に「（ウ）人事労務管理上の対応等」の「配置転換や異動の必要性」については，職場復帰支援プランを作成する際に，十分な検討を要する事項であると言える。本手引きが初めて公表された 2004 年には，休業した労働者は休業開始時の職場へ復帰させることが推奨されていた。配置転換や異動は，それがたとえどんなに本人にとって望ましいものであっても，新しい職場環境に適応するためには相応の努力が必要になる。特に長期にわたる休業から職場復帰する労働者にとっては，その努力量は平時よりも大きなものとなるため，場合によっては症状が再燃する危険性もある。そのため，本手引きが公表された当初は，良くも悪くも慣れ親しんだ現職に復帰することが推奨されていた。

　しかしながら，職場の上司からのパワーハラスメントなどが大きな誘因となってうつ病などを発症した労働者にとっては，現職に復帰することの方が大きなストレスとなりかねない。そのため，2009 年に改訂された本手引きでは，必ずしもすべての休業者を現職に復帰させるのではなく，状況に応じて配置転換や異動の必要性についても職場復帰支援プラン作成の際に検討すべき項目とし

4. 3次予防　**81**

て取り上げられることになった。

　ただし，配置転換や異動を実施する場合には，あくまで当該労働者が現職に復帰することで体調の悪化が強く懸念される場合に限定すべきであり，つねに労働者の希望のみに沿って配置転換や異動を行うことは好ましいことであるとは言えない。特に自分にとって負荷のかかる状況を回避する傾向の強い労働者にとっては，本人の意向だけに基づいた配置転換や異動は，本人の回避的な傾向を強めるだけの効果しか持たない。その結果，本人の社会的な成長が阻害されるだけでなく，場合によっては良好な社会生活を維持できなくなってしまう危険性もある。このような労働者に対して，心理職は，その専門性を如何なく発揮し，本人のつらい気持ちや思いに耳を傾け，最終的には本人が自分の力で困難を乗り越えていけるよう，そのプロセスを支援する役割を根気強く担うことが大切である。

　職場復帰支援プランを作成するうえでもう一つ重要な点は，「（カ）その他」に記載されている「試し出勤制度の利用」についてである。試し出勤には，勤務時間と同様の時間帯に医療機関などが主催するデイケアなどで軽作業やグループ活動を行ったり，図書館などに通所したりする「模擬出勤」，職場の近くまで通勤と同様の経路で移動し，職場付近の喫茶店などで一定時間過ごした後に帰宅する「通勤訓練」，職場復帰の判断を主な目的として，職場に試験的に一定期間継続して出勤する「試し出勤」などが含まれる（厚生労働省・中央労働災害防止協会，2010）。「模擬出勤」や「通勤訓練」は，基本的に休業中に実施されることが多い。一方，「試し出勤」実施の際に，職場において管理監督者が何らかの業務を命令した場合には，当該労働者が業務を行っているとみなされる場合があるため，事前に労使間で十分な協議を行い，賃金などの取り扱いについて就業規則などに定めておく必要がある。もし就業規則などに試し出勤制度に関する規則が明記されていない場合には，心理職は安易に試し出勤を導入しないようにし，人事労務担当者に試し出勤に関する規定を整備するように働きかけを行っていくことから始めるべきである。

　表5-6に記載した内容を決定したうえで，第4ステップにおいて使用者が「最終的な職場復帰の決定」を行う。この際，産業医は，残業や出張の禁止などについての意見書を作成し，使用者に提出することが多い。

使用者より正式に職場復帰が承認されると，第5ステップである「職場復帰後のフォローアップ」を行うことになる。通常，このステップは，産業保健スタッフや管理監督者，人事労務担当者などによる定期的な面談の形態をとることが多い。面談では，当初策定した職場復帰支援プランが計画通り進行しているかを確認し，必要に応じて修正を加える。また，症状が悪化していないかを確認したり，職場復帰後に何らかの困難を感じていないかを聴取したりもする。心理職は，このように定期的に実施される面談の担当者としての役割を担うこともある。

なお，いくつかの実践報告によると，第5ステップにおいて産業保健スタッフが月1回以上の定期的な面談を継続することで，労働者の安定した職場復帰を維持することができる可能性が示唆されている。例えば，難波（2012）は，職場復帰後の労働者に対して月1回の産業医面談を実施することで，約90％の労働者の再休業を防止することができたことを報告している。同様に，昇（2013）も，出勤日に毎日1分程度の産業保健スタッフとの「超短時間日々面談」を行うことで，約100％再休業を防止することができたと報告している。これらの報告を考慮すると，職場復帰後のフォローアップ面談を産業保健スタッフが継続的に実施することは，再休業の防止に大きな役割を果たすことができる可能性があると考えられる。

（3）休業中のケア

本手引きでは詳しく言及されてはいないが，第1ステップと第2ステップの間には，通常数か月にもわたる長期の休業期間が存在する。この時期にどのような支援を行うかも，当該労働者の職場復帰を促進させるうえでとても重要な役割を持つ。そこで，本節では休業中のケアについて述べる。

休業中の労働者は，単に自宅で休養を取るだけでなく，主治医の許可を得て，医療機関などにおいて心理職がカウンセリングを行ったり，グループで様々な取り組みを行うリワークに参加したりすることがある。このような取り組みは，職場復帰を早期に実現させたり，職場復帰に対する不安を低減させたり，本人の独特な物事の捉え方や行動傾向などを改善しセルフケアを行う力を醸成したりするために有益であると考えられる。

秋山（2009）は，通勤や業務のストレスに耐えられるように，体調やそのほかの準備を整えることを「復職準備性」と呼び，これを改善するためのプログラムをリワークプログラムと命名した。なお，秋山（2009）によるリワークは，医療機関で精神科専門スタッフによって行われる治療の一環としてのリワーク（医療リワーク）であり，この他にも休業中に職場で独自に行われている通勤訓練の意味合いが強いリワーク，Employee Assistance Program（EAP）によって提供されるリワーク，独立行政法人高齢・障害・求職者雇用支援機構が各都道府県に設置している障害者職業センターで行われている職業リハビリテーションの要素が強いリワーク，就労移行施設が取り組んでいる失職者向けの再就労の取り組みの一環としてのリワークなどがある（有馬，2015）。

　上述した第3ステップ以降は，医学的に業務に復帰するのに問題がない程度に回復した労働者（すなわち軽減又は配慮された一定レベルの職務を遂行でき，かつ，想定される仕事をすることが治療上支障にならないと医学的に判断される者）を対象としている（厚生労働省，2009）。そのため，どの種類のリワークプログラムであっても，その目的のひとつは休業者を医学的な視点から見て業務に復帰するのに問題がない程度に回復させることにあると言えるだろう。有馬（2009）は，医学的に業務に復帰するのに問題ない程度にまで労働者を回復させるためには，①通勤を模倣して定期的に通所できる場所，②厳しめのルールのもとで空間的・時間的な拘束を行う枠組み・日課，③一定のノルマがある作業プログラム，④再発予防のセルフケアにつながる心理社会教育プログラムの4点が，リワークプログラムには特に求められると述べている。また，近年では，抑うつ症状の改善や社会的機能の回復などに効果が認められている集団認知行動療法（松永ら，2012）をリワークプログラムの一部に取り入れることも増えている。

　障害者職業センターでは，本人，事業所，主治医の3者がすべて利用を同意した場合にのみ，無償で職場復帰前のリワークプログラムを提供している。長期にわたって自宅療養を続けていた者に対して，一定期間就業スケジュールに近い形でセンターに通所してもらい，事務作業やパソコン作業などを行ったり，専門スタッフとの個別相談を行ったり，グループでディスカッションを行ったりする機会を持つことができる。

また，毎日の生活や気分などを生活記録表に記録し，定期的に自分自身の体調や気分などの変化について把握する取り組みも復職準備性を高めるためには有益であると思われる。心理職などが休業中に定期的な面談が可能であれば，労働者に生活記録表を持参してもらい，それを見ながら今後の見通しなどについて一緒に話し合うこともよいと思われる。図5-5に，生活記録表の一例を示す。

5. おわりに

本章では，職場のメンタルヘルス対策の実際について，1次予防，2次予防，3次予防に分けて解説した。労働者のうつ病や自殺などを防止することは，時代を超えて職場のメンタルヘルス対策における重要なテーマのひとつであり続けている。一方，2015年にストレスチェック制度が導入されたが，その理念にも示されているように，近年は職場のメンタルヘルス対策の焦点が2次予防，3次予防から1次予防へと移行しつつある。また，近年のポジティブ心理学の世界的流行を受け，労働者や組織をさらに生き生きと活性化するためのポジティブ・メンタルヘルス対策も行われ始めている（詳しくは島津，2015参照）。各事業場の置かれた状況によって，職場のメンタルヘルス対策の焦点は異なるものの，特定の予防のみに偏った対策を取り続けるだけでは問題を解決することにはつながりにくい。どのような事業場であっても，1次予防から3次予防まで，場合によってはポジティブ・メンタルヘルス対策までをバランスよく取り入れた総合的な職場のメンタルヘルス対策を企画し実践することが重要である。

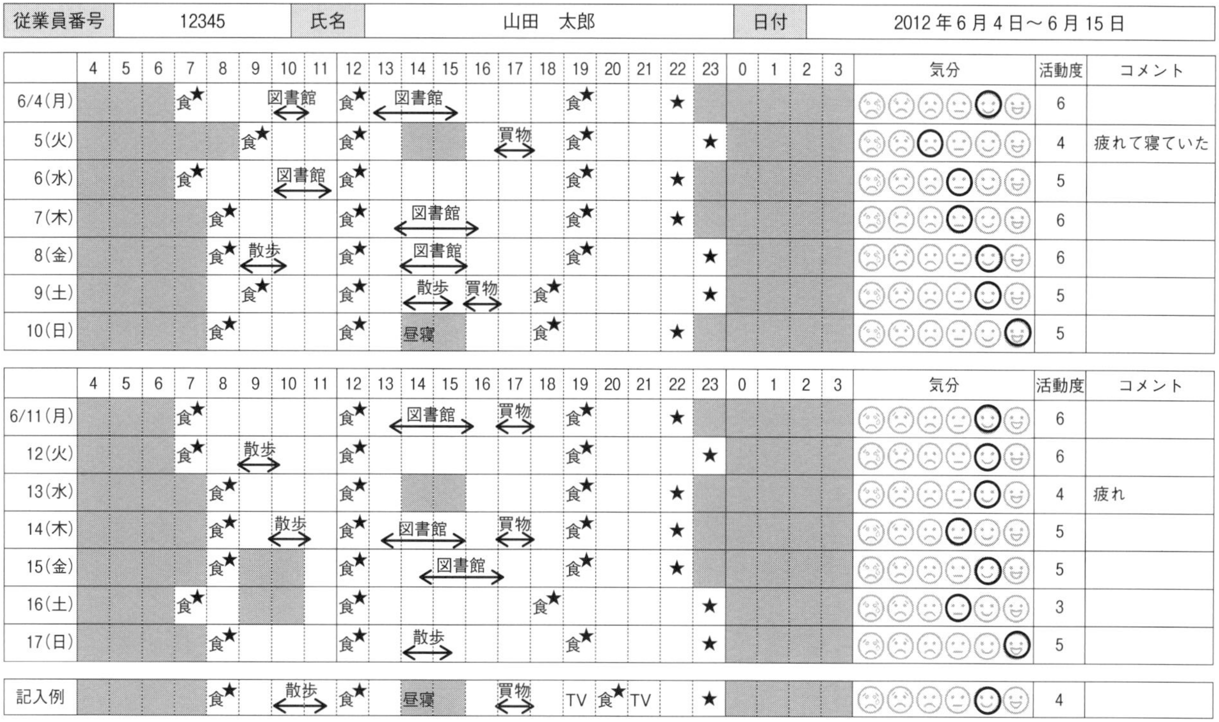

従業員番号	氏名		日付	
12345	山田 太郎		2012年6月4日〜6月15日	

	4	5	6	7	8	9	10	11	12	13	14	15	16	17	18	19	20	21	22	23	0	1	2	3	気分	活動度	コメント
6/4(月)				食★		図書館 ↕	図書館		食★	図書館	↕		買物 ↕			食★			★						○	6	
5(火)					食★		食★		食★				買物 ↕			食★				★					○	4	疲れて寝ていた
6(水)				食★		食★			食★		図書館 ↕	図書館				食★			★						○	5	
7(木)				食		散歩 ↕	図書館		食★		図書館 ↕	図書館				食★				★					○	6	
8(金)				食★	食★	散歩 ↕			食★		散歩 ↕			食★		食			★						○	6	
9(土)				食★	食★				食★				買物 ↕		食				★						○	5	
10(日)					食★				食★		昼寝				食				★						○	5	

	4	5	6	7	8	9	10	11	12	13	14	15	16	17	18	19	20	21	22	23	0	1	2	3	気分	活動度	コメント
6/11(月)				食★		散歩 ↕			食★	図書館	↕		買物 ↕			食★				★					○	6	
12(火)				食★	食★				食★				買物 ↕			食★			★						○	6	
13(水)				食★		散歩 ↕	散歩		食★							食★				★					○	4	疲れ
14(木)				食★					食★		図書館 ↕	図書館				食★				★					○	5	
15(金)				食★	食★	散歩 ↕			食★					食★		食			★						○	5	
16(土)				食★					食★		散歩 ↕				食					★					○	3	
17(日)							散歩 ↕		食★						食	食			★						○	5	

| 記入例 | | | | ★食 | | 散歩 ↕ | 散歩 | | ★食 | | 昼寝 | | 買物 ↕ | | | TV 食 | | ★ TV | | | | | | | | 4 | |

※睡眠時間（色分け）、外出時間（矢印）、薬を飲んだ時間（★印）を記入する。それ以外はおおざっぱでもよい。
※活動度は1〜7で記入。[1. 何もする意欲が無く、家で横になっていることが多い] [2. 家の中でゆっくりと安心してすごせる] [3. 簡単な家事など、家のことがふつうにできる] [4. 短時間の外出などができるが、疲れが翌日に残る] [5. 毎日、短時間の外出などができる] [6. 平日はどこかに通い、何とか課題に取り組める] [7. 平日はどこかに通い、集中して課題に取り組める]

図5-5 生活記録表の例（難波・向井、2013）

引用文献

秋山　剛 (2009). うつ病リワークプログラムの経緯と背景　秋山　剛（監修）　うつ病リ
　　ワークプログラムのはじめ方（pp. 10-16）　弘文堂

有馬秀晃 (2009). プログラム作成のポイント　秋山　剛（監修）　うつ病リワークプログ
　　ラムのはじめ方（pp. 34-53）　弘文堂

有馬秀晃 (2015). うつ病リワーク研究会の国内での実績及びオランダの復職支援との比較
　　産業ストレス研究, 22, 249-254.

Beck, A. T., Steer, R. A., & Brown, G. K. (1996). *Manual for the Beck Depression
　　Inventory* (2nd ed.). San Antonio, TX: The Psychological Corporation.（ベック，A.
　　T., スティア，R. A., & ブラウン，G. K.　小嶋雅代・古川壽亮（訳）(2003). 日本版
　　BDI-Ⅱ手引　日本文化科学社）

畑中純子 (2007). 相談対応　日本産業精神保健学会（編）　産業精神保健マニュアル（pp.
　　208-213）　中山書店

Hurrell, J. J., & McLaney, M. A. (1988). Exposure to job stress: A new psychometric
　　instrument. *Scandinavian Journal of Work, Environment, and Health,
　　14* (supplement 1), 27-28.

稲田俊也・佐藤康一・山本暢朋・稲垣　中・八木剛平・中根允文 (2014). HAMD を使い
　　こなす　ハミルトンうつ病評価尺度の解説と利用の手引き　星和書店

金久卓也・深町　建・野添新一 (1972). 日本版コーネル・メディカル・インデックス—そ
　　の解説と資料　三京房

川上憲人 (2012a). 労働者のメンタルヘルス不調の第一次予防の浸透手法に関する調査研
　　究　平成 21-23 年度総合研究報告書　厚生労働省厚生労働科学研究費補助金労働安全
　　衛生総合研究事業報告書

川上憲人 (2012b). 職場の心理社会的リスク管理のための欧州枠組み（PRIMA-EF）　川上
　　憲人（編）　労働者のメンタルヘルス不調の第一次予防の浸透手法に関する調査研究
　　平成 21-23 年度総合研究報告書（pp. 383-394）　厚生労働省厚生労働科学研究費補助
　　金労働安全衛生総合研究事業報告書

川上憲人 (2016). ストレスチェック制度：その概要と実施にあたって考慮すべきポイント
　　産業ストレス研究, 23, 137-144.

川上憲人・相澤好治・小林章雄・林剛司・橋本修二 (2000).「健康影響評価」研究グルー
　　プ報告　労働省平成 11 年度「作業関連疾患の予防に関する研究」　労働の場における
　　ストレス及びその健康影響に関する研究報告書（pp. 5-115）　東京医科大学衛生学公
　　衆衛生学教室

川上憲人・小林由佳 (2015). ポジティブメンタルヘルス：いきいき職場づくりへのアプロ
　　ーチ　培風館

小杉正太郎 (1994). 職場のメンタルヘルス　産業ストレス研究, 1, 20-26.

厚生労働省 (2006). 労働者の心の健康の保持増進のための指針　厚生労働省

厚生労働省（2008）．多店舗展開する小売業，飲食業等の店舗における管理監督者の範囲の適正化について　厚生労働省基発第 0909001 号

厚生労働省（2009）．心の健康問題により休業した労働者の職場復帰支援の手引き　厚生労働省

厚生労働省（2016a）．労働安全衛生法に基づくストレスチェック制度実施マニュアル（改訂）　厚生労働省労働基準局安全衛生部労働衛生課産業保健支援室

厚生労働省（2016b）．用語解説　過労死等予防対策関係　厚生労働省 Retrieved from http://kokoro.mhlw.go.jp/glossary/overwork.html（2016 年 5 月 30 日）

厚生労働省（2016c）．改正労働安全衛生法に基づくストレスチェック制度について　厚生労働省労働基準局安全衛生部労働衛生課産業保健支援室 Retrieved from http://www.mhlw.go.jp/bunya/roudoukijun/anzeneisei12/pdf/150422-1.pdf（2016 年 5 月 30 日）

厚生労働省・中央労働災害防止協会（2010）．メンタルヘルス対策における職場復帰支援　改訂　心の健康問題により休業した労働者の職場復帰支援の手引き　中央労働災害防止協会

Lazarus, R. S., & Folkman, S.（1984）．*Stress, appraisal, and coping.* New York: Springer.

松永美希・鈴木伸一・岡本泰昌・吉村晋平・国里愛彦・神人　蘭・吉野敦雄・西山佳子・山脇成人（2012）．心理士が中心に実施したうつ病の集団認知行動療法：大学病院における取り組みから　行動療法研究, *38,* 181–191.

難波克行（2012）．メンタルヘルス不調者の出社継続率を 91.6%に改善した復職支援プログラムの効果　産業衛生学雑誌, *54,* 276–285.

難波克行・向井　蘭（2013）．現場対応型メンタルヘルス不調者復職支援マニュアル　レクシスネクシス・ジャパン

夏目　誠（2015）．ストレスチェックを実施するなら，「診断書」を読み解く力をつけろ　社会保険出版社

昇　淳一郎（2013）．メンタルヘルス不調者に対する職場復帰支援プログラム「超短時間日々面談」取組の推進　日本産業衛生学会 Retrieved from http://http://gps.sanei.or.jp/downloads/102gpsNoboriJunichiro.syusei.pdf（2016 年 5 月 30 日）

小田切優子（2012）．デンマークにおけるメンタルヘルス対策　川上憲人（編）　労働者のメンタルヘルス不調の第一次予防の浸透手法に関する調査研究　平成 21-23 年度総合研究報告書（pp. 359–374）　厚生労働省厚生労働科学研究費補助金労働安全衛生総合研究事業報告書

大塚泰正（2008）．理論的作成方法によるコーピング尺度：COPE　広島大学心理学研究, *8,* 121–128.

Sheehan, D. V., & Lecrubier, Y.（1992）．*Mini International Neuropsychiatric Interview.*（シーハン，D. V., & ルクリュビュ，Y.　大坪天平・宮岡　等・上島国利（訳）（2003）．M.I.N.I. 精神疾患簡易構造化面接法　日本語版 5.0.0　星和書店）

島　悟・鹿野達男・北村俊則・浅井昌弘（1985）．新しい抑うつ性自己評価尺度について　精神医学, *27*, 717–723.

島津明人（2013）．科学的根拠に基づいた職場のメンタルヘルスの第一次予防のガイドライン：職場のメンタルヘルスのためのセルフケア教育のガイドライン　産業ストレス研究, *20*, 127–133.

島津明人（2015）．職場のポジティブメンタルヘルス：現場で活かせる最新理論　誠信書房

下光輝一・大野　裕・中村　賢・横山和仁（2000）．「ストレス測定」研究グループ報告　労働省平成 11 年度「作業関連疾患の予防に関する研究」　労働の場におけるストレス及びその健康影響に関する研究報告書（pp. 126–164）　東京医科大学衛生学公衆衛生学教室

東京大学大学院医学研究科精神保健学・看護学分野（2001）．仕事のストレス判定図（最新版）　東京大学大学院医学研究科精神保健学・看護学分野 Retrieved from http://mental.m.u-tokyo.ac.jp/jstress/hanteizu/index.htm（2016 年 5 月 30 日）

堤　明純（2013）．科学的根拠に基づいた職場のメンタルヘルスの第一次予防のガイドライン：職場のメンタルヘルスのための管理監督者教育のガイドライン　産業ストレス研究, *20*, 121–126.

Wynne, R., & Clarkin, N.（1992）. *Under construction: Building for health in the EC workplace*. Dublin: Loughlinstown House.

山本晴義（2011）．メンタルヘルスのヒントが見える！ドクター山本のメール相談事例集　労働調査会

吉川　徹・吉川悦子・土屋政雄・小林由佳・島津明人・堤　明純・小田切優子・小木和孝・川上憲人（2013）．科学的根拠に基づいた職場のメンタルヘルスの第一次予防のガイドライン：職場のメンタルヘルスのための職場環境改善の評価と改善に関するガイドライン　産業ストレス研究, *20*, 135–145.

第6章

職場のメンタルヘルス対策のステークホルダーと多職種連携

島津美由紀

1. はじめに

　近年，労働者を取り巻く環境が大きく変化している。就業環境の変化に伴い，事業場で行われるメンタルヘルス活動も変化をとげ，労働者のメンタルヘルス支援に際して，事業場内および事業場外での，多職種連携のあり方も変わり，より幅広い職種間での連携が求められてきていると言える。

　本章では，まず，職場でのメンタルヘルス活動全体を振り返るとともに，1次予防から3次予防までの段階別に，多職種連携のあり方および現状について触れる。さらに，職場のメンタルヘルス支援における多職種連携の際の留意点，および，今後の課題について考察する。

2. 職場のメンタルヘルス活動の推移と多職種連携

　昨今の様々な労働環境の変化，裁量労働制の導入，成果主義の導入，人事制度の変化などの，働く人と取り巻く環境の変化に伴い，職場で自覚するストレスの質・量も，大きく変化している（川上，2002）。また，仕事の仕方も，1つの職場内にとどまらず，関連部署と連携をしたり，他部署と一緒に1つのプロジェクトを組んで仕事をするなど多様になり，それに伴い組織上の上司だけでなく，プロジェクトのリーダーにも報告が必要であったりとコミュニケーションの形も多様化している。さらに，IT化に伴い，離れた場所でもTV電話等で会議を行ったり，遠隔地，海外とやりとりしたりとコミュニケーションの取り方の幅も広がっている。また，グローバリゼーションの進展とともに，国を超えた企業間競争が激化し，海外への出張や海外との会議などのやりとりの機会も増える中で，働く人の時間帯も変化するなど，就業環境はここ数年，大きく

変化している。

　また，厚生労働省が5年に1度行っている「労働者健康状況調査」(厚生労働省，2012) では，「現在の仕事や職業生活に関することで強い不安，悩み，ストレスとなっていると感じる事柄がある」かどうかについて，あると答える割合が2012年で60.9％にのぼり，2007年の58.0％と比べ増加しており，働く人々の自覚するストレスは量的にも質的にも変化していると考えられる。

　働く人々の自覚するストレスの変化に伴い，職場でのメンタルヘルス活動の重要性がますます増加するとともに，求められる活動もより幅広くなっている。また，2000年には，厚生労働省により「事業場における労働者の心の健康づくりのための指針（以下，心の健康づくり指針と略記)」(労働省労働基準局，2000) が制定され，事業場でメンタルヘルスに取り組むことの重要性が明文化されただけでなく，その具体的な内容やメンタルヘルス支援に関わるスタッフの役割についても記載され，事業場でのメンタルヘルスの取り組みもより活発となっていった。また，2004年には，「心の健康問題により休業した労働者の職場復帰支援の手引き」が出され（厚生労働省，2004)，メンタルヘルス不調により休業した労働者に対する職場復帰の支援について一連の流れや手順などが具体的に示されるようになった。さらに，2006年には「労働者の心の健康の保持増進のための指針」も制定されている（厚生労働省，2006：2015年改正)。

　このような背景の中，「労働者健康状況調査」においても，メンタルヘルスに取り組んでいる事業場の割合は，2012年で47.2％となり，2007年の43.6％から上昇している。特に，従業員数が300人以上の事業場では2012年の調査では，9割を超える事業場で，何らかのメンタルヘルス対策の取り組みを行っており，非常に高い割合と言えるであろう。さらに，2015年に，労働安全衛生法が改正され，「ストレスチェック制度」が施行され（厚生労働省，2015)，労働者のストレスへの気付きの支援や，働きやすい職場環境づくりの支援などの1次予防がより注目されるようになり，職場のメンタルヘルス活動においても，メンタルヘルス不調者，傷病者への支援だけでなく，メンタルヘルス不調の予防活動や，働きやすい職場環境づくりなどがより重視されるようになってきた。

　職場のメンタルヘルス活動では，従来より，産業医，保健師・看護師に加え，臨床心理士や産業カウンセラーなどの心理職，事業場内メンタルヘルス推

進者などの産業保健スタッフが，事業場内の人事労務スタッフ等と連携して実施している。さらにここ数年，職場のメンタルヘルス活動の幅が広がるにつれ，1次予防の活動などでは，特に，これらの産業保健スタッフに加え，事業場内でも総務スタッフ，人材開発スタッフなど関連する多くの職種との連携が求められている。さらに，職場復帰支援などの3次予防では特に，事業場外においても，医療機関だけでなく，リワーク機関，EAP（Employee Assistance Program）など支援を提供する機関，相談機関，各都道府県の産業保健総合センターや，各地域の地域産業保健センターなど，いくつもの機関との連携など，事業場を超えたところでの多職種連携が求められている。

3. 職場のメンタルヘルス活動における多職種連携

（1）職場のメンタルヘルス活動における多職種連携：計画および体制づくり

　事業場においてメンタルヘルス活動を展開する際，事業場においては，まず，事業場内でどのようなメンタルヘルス活動，対策を行っていくかについての計画づくり，すなわち，「心の健康づくり計画」を作成することが重要である（川上ら，2005）。「心の健康づくり計画」では，心の健康づくり指針（労働省労働基準局，2000）で記載されているような，「4つのケア」が，効果的かつ継続的に行われるように計画する必要がある。4つのケアを，図6-1に示す。

　まず，労働者自身が自身のセルフケアを行えるように支援する「セルフケア」，職場の管理監督者が労働者の相談対応，職場環境の改善などを行えるように支援する「ラインによるケア」が挙げられる。次に，事業場内の産業保健スタッフ等が，このような「セルフケア」「ラインによるケア」が効果的に実施されるよう，労働者や管理監督者の支援を行う「産業保健スタッフ等によるケア」が挙げられる。最後に，情報提供を受けたり，職場復帰における支援を行うなどの，「事業場外資源によるケア」が挙げられる。

　これら4つのケアを行うに当たって中心的役割を担うのが，「産業保健スタッフ等」であり，具体的には，産業医等，衛生管理者等，保健師等，心の健康づくり専門スタッフ，人事労務管理スタッフ，事業場内メンタルヘルス推進担当者が挙げられる。事業場の規模や特徴に応じて，これら産業保健スタッフ等

心の健康づくり計画の策定

4つのケア

セルフケア

　事業者は労働者に対して、次に示すセルフケアが行えるように支援することが重要です。
　また、管理監督者にとってもセルフケアは重要であり、事業者はセルフケアの対象として管理監督者も含めましょう。
- ストレスやメンタルヘルスに対する正しい理解
- ストレスへの気づき
- ストレスへの対処

ラインによるケア
- 職場環境等の把握と改善
- 労働者からの相談対応
- 職場復帰における支援、など

事業場内産業保健スタッフ等によるケア

　事業場内産業保健スタッフ等は、セルフケア及びラインによるケアが効果的に実施されるよう、労働者及び管理監督者に対する支援を行うとともに、次に示す心の健康づくり計画の実施に当たり、中心的な役割を担うことになります。
- 具体的なメンタルヘルスケアの実施に関する企画立案
- 個人の健康情報の取扱い
- 事業場外資源とのネットワークの形成やその窓口
- 職場復帰における支援、など

事業場外資源によるケア
- 情報提供や助言を受けるなど、サービスの活用
- ネットワークの形成
- 職場復帰における支援、など

図6-1　職場のメンタルヘルス活動における「4つのケア」（厚生労働省，2012）

が他職種間での連携を十分に行い、事業場のメンタルヘルス活動推進の中心的役割を担い、4つのケアを効果的かつ継続的に、計画を立てて進めていく。
　これら産業保健スタッフ等の、4つのケアにおける役割を、表6-1に示す。労働者の心の健康は、身体の健康と比べ、職場環境や職場の組織等人事労務管理と関わりのある要因からの影響を受けると考えられる。このことからも、職

表 6-1　「4 つのケア」における産業保健スタッフ等の役割（厚生労働省，2012）

○産業医等：専門的立場から対策の実施状況の把握，助言・指導などを行う。また，長時間
　労働者に対する面接指導の実施やメンタルヘルスに関する個人の健康情報の保護につい
　ても，中心的役割を果たす。
○衛生管理者等：教育研修の企画・実施，相談体制づくりなどを行う。
○保健師等：労働者及び管理監督者からの相談対応などを行う。
○心の健康づくり専門スタッフ：教育研修の企画・実施，相談対応などを行う。
○人事労務管理スタッフ：労働時間等の労働条件の改善，労働者の適正な配置に配慮する。
○事業場内メンタルヘルス推進担当者：産業医等の助言，指導等を得ながら事業場のメンタ
　ルヘルスケアの推進の実務を担当する事業場内メンタルヘルス推進担当者は，衛生管理者
　等や常勤の保健師等から選任することが望ましい。

場のメンタルヘルス活動では，産業医，保健師・看護師，心理職等の医療職間
での連携はもちろんのこと，人事労務管理スタッフとの連携がなければ適切に
進まないことも多いと言える。

（2）職場のメンタルヘルスの 1 次予防における多職種連携

　職場のメンタルヘルス活動の全体像を表 6-2（島津，2005）に示す。表に示
す通り，1 次予防では，教育研修や健康に関わる情報についての労働者への情
報提供，また，職場ストレスチェックの実施によるセルフケア支援や職場環境

表 6-2　事業場でのメンタルヘルス活動の例（島津，2005）

1 次予防 ─社員と組織の活性化─
　1．メンタルヘルス教育・研修の実施：管理監督者研修，リーダークラス研修，新入社員研修
　2．ストレスチェックの実施によるセルフケアと職場環境改善
　3．健康に関わる情報の提供

2 次予防 ─相談体制の確立─
　1．相談ルートの確立：電話・面談・メールによる相談対応（産業医・看護職・臨床心理士）
　2．健康診断・長時間勤務者面談等からの早期発見・早期介入
　3．外部専門機関（カウンセリング・治療）の紹介とフォローアップ
　4．緊急時（自傷他害の恐れのあるケースへの対応）および災害時のこころのケアに関する体
　　制の確立

3 次予防 ─職場復帰と職場適応への支援─
　1．傷病休職者の支援プログラム確立：フローおよびマニュアルの確立（人事部門・関連部署
　　との連携）
　2．人事部門・職場・健康管理部門の連携体制（人事部門と健康管理部門との定例会合の設置）
　3．外部専門機関（カウンセリング・治療）との地域連携

改善などが挙げられる。教育研修では，労働者を対象とした集合研修やeラーニング研修など，また，新入社員・リーダークラス・新任管理監督者・管理監督者などを対象とした階層別の教育研修などが挙げられる。研修等の企画に際しては，事業場の規模や課題・ニーズ，また，スタッフの人数に応じて，検討をする。教育研修実施の際も，例えば，医療職間で連携をして行うだけでなく，人事部門が最初に，事業場におけるメンタルヘルス活動目的や，管理監督者の役割等を伝え，続いて，産業保健スタッフが，部下のこころの不調の早期発見について，相談対応，相談窓口について紹介するなど，多職種で連携して実施することを検討することも重要である。

　さらに，ストレスチェック制度の法制化を受け，50人以上の事業場ではストレスチェックの実施が義務づけられている。ここでは，産業医または，医師，保健師その他の厚生労働省令で定める者が実施者となり，ストレスチェック実施の主体として活動を行っていく。実施に際しては，保健師・看護師・精神保健福祉士や心理職等の医療職と連携し，労働者のセルフケア支援および職場環境の改善の支援を行っていく。特に，職場環境改善においては，職場ごとに集計された数値をもとに，職場ごとのストレスチェックの集計結果をフィードバックし，職場が主体的になって環境改善を実施していけるよう，人事労務スタッフと連携しながら行っていくことが重要である（島津ら，2004; 堤ら，2006; 小林，2012）。

　また，働きやすい職場づくり支援においては，人事労務スタッフにとどまらず，職場のワーク・エンゲイジメントをどのように上げていくか，という視点（島津，2015）などが重要であり，人材開発スタッフとも連携をしながら職場組織を支援していくなど，産業保健スタッフとしての専門性を活かしながら，多職種と幅広く連携して支援していくことが今後さらに求められていくと考えられる。

(3) 職場のメンタルヘルスの2次予防における多職種連携

　職場のメンタルヘルスの2次予防は，メンタルヘルス不調者の早期発見と適切な対応を目的とするが，主に，面接や電話などによる相談対応および，職場の管理監督者や人事担当者に対する支援が挙げられる（表6-2参照）。具体的

には，労働者からの相談を医療職が受けた際には，必要に応じて，産業保健スタッフ内での連携を行い，労働者の状態像や症状についての医学的アセスメントを行うとともに，労働者がメンタルヘルス不調を自覚した背景や，周囲の相談体制，今後の見通しなど，心理社会的なアセスメントを行い，労働者の状態の評価と今後の支援体制について検討する。必要に応じて，労働者本人の同意を得たうえで，職場の管理監督者や，人事労務スタッフ部門と連携して，職場環境の改善や配慮などを依頼し，職場へのコンサルテーション，支援を行っていくことも必要となる。

(4) 職場のメンタルヘルスの3次予防における多職種連携

　職場のメンタルヘルスの3次予防では，職場復帰に向けた支援が中心となる（表6-2参照）。具体的には，傷病により休業・休職している労働者に対する復帰支援プログラムの確立や，人事部門と職場管理監督者との連携体制の強化などによる職場復帰支援が挙げられる。各事業場では，職場復帰支援の手引き（厚生労働省，2004）などを参考に，事業場の規模や実態にあった職場復帰プログラムを策定し，休業から職場復帰までの流れや内容，プロセスをあらかじめ明確にしておくことで，円滑に職場復帰支援が実施されるよう検討していくことが望ましい。

　職場復帰支援のある事業場での例を図6-2に示す（城戸ら，2002; 島津，2008）。まず，事業場での復帰プロセスを明確にしておくことは重要と言える。このことにより，各部門やスタッフの役割がより明確になり，労働者の復帰を支援する際の職種間での連携もさらに行いやすくなると言える。具体的には，職場復帰支援のプロセスにおいては，まず，復帰・復職を希望する労働者による復帰および復職申請が，主治医の診断書を添えて，事業場の人事に提出されることから開始される。これを受け，産業医・看護職（保健師や看護師）および臨床心理士などの心の健康づくり専門スタッフ，衛生管理者等，事業場内産業保健スタッフが連携して，労働者本人の健康状態や，本人の健康状態と関連を持つ心理・社会的要因についてのアセスメントを行う。その後，必要に応じて，事業場内外の精神科専門医によるセカンドオピニオンを求めるなど，本人の同意のもと，産業医と主治医や専門医との連携がとられることとなる。なお，

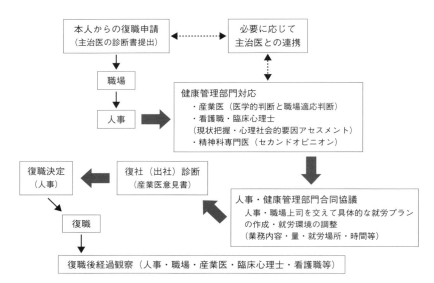

図 6-2　事業場における傷病休職者の職場復帰プロセスの例（島津，2008）

　主治医との連携に際しては，事前に労働者本人へ説明し同意を得ておくことが必要となる．あわせて，主治医に対しても，職場復帰支援に関する事業所の制度や，労働者本人に求められる業務の状況等について十分な説明を行っておくことも必要である．このように必要な説明をお互いに行うことでより有効な連携につながっていくと考えられる．

　さらに，職場復帰後の受け入れ予定体制や，復帰後の課題などについては，人事労務スタッフと産業医・看護職・心理職等の産業保健スタッフによる合同協議を開催し，検討を行うことがより望ましい．さらには，必要時，職場管理監督者も交えて，部署間の連絡調整や受け入れ職場の環境整備についての検討が行われることで，復帰に向けたよりスムーズな支援が行える．この場合も，職場管理監督者のみに任せたり，産業保健スタッフのみで検討するなど，個別に行うのではなく，多職種間で連携し，合同で話し合いを行いながら進めていくことで，より実際的かつ有効な職場復帰支援につながる（島津，2008; 日本産業精神保健学会，2006）．

　このようなプロセスののち，復帰に向けて，産業医による面談が実施される．

3. 職場のメンタルヘルス活動における多職種連携　　**97**

表 6-3　管理監督者および事業場内産業保健スタッフ等の役割（厚生労働省, 2010）

○管理監督者
・職場環境等の問題点の把握と改善，就業上の配慮
・職場復帰後の労働者の状態の観察

○人事労務管理スタッフ
・人事労務管理上の問題点の把握
・労働条件の改善，配置転換・異動等の配慮

○産業医等
・専門的な立場から，管理監督者及び人事労務管理スタッフへ助言及び指導
・主治医との連携における中心的役割
・就業上の配慮に関する事業者への意見

○衛生管理者等
・労働者に対するケア及び管理監督者のサポート
・人事労務管理スタッフや事業場外資源との連絡調整 注1）・2）

○保健師等
・労働者に対するケア及び管理監督者に対する支援

○心の健康づくり専門スタッフ
・専門的な立場から，他の事業場内産業保健スタッフ等へ支援。

注1）50 人未満の事業場においては衛生管理者又は安全衛生責任者。
注2）事業場内メンタルヘルス推進担当者を選任している場合はこれらの事項を行う。

　さらに本人の同意を得て，産業医意見書が人事部門に提出された後，人事による面談が行われ，職場復帰の可否が決定される。また，職場復帰そのものがゴールではなく，復帰後のスムーズな適応の支援が重要であることからも，職場復帰後においても，人事部門，職場管理監督者，そして，産業医・看護職・心理職等の産業保健スタッフが，定期的また必要時に，各々の立場で面談実施等フォローを行い，労働者の健康状態の把握および職場適応に向けた支援を，職種間で常に連携をしながら行っていくことが重要である。管理監督者，人事労務管理スタッフおよび産業医，保健師，衛生管理者および心の健康づくり専門スタッフのそれぞれの役割について具体的に表 6-3 に示す（厚生労働省，2010）。
　また，職場復帰に際して，社外の専門機関等によるリワークプログラム・職場復帰支援サービスや，EAP（Employee Assistance Program）など支援を提供する機関，相談機関などを活用している労働者の支援に際しては，必要に応じて，労働者本人の同意のもと，主治医だけでなく，本人を取り巻く支援スタ

ッフとも連携をとり，事業場を超えたところにおいても，労働者本人の職場復帰に向けて，十分な連携を職種間において行っていくことが望ましい。さらには，必要時，本人の同意のもと家族とも連携を行い支援を行うような場合もあり，職場復帰への支援では，多くの関係者との連携を図りながら検討を行っていくことがより重要となってくる。

4. 職場のメンタルヘルス支援における多職種連携の際の留意点：主に事業場内スタッフと事業場外資源との連携を中心に

　メンタルヘルス不調の事例の中には，傷病が十分に回復しておらずまだ治療が必要ということが明確なケースだけでなく，日常生活が可能な程度に，疾病は回復しているが，何らかの体調不良に伴い，就労パフォーマンスを十分に発揮できない状態が長引いているケースも存在する。逆に，職場では就業上の影響は目立たないものの，メンタルヘルス不調や疾病により治療を続けているケースも存在する。このようにメンタルヘルス不調により治療を継続しながら就労を続けているケースでは特に，事業場内外での連携がより重要となる。

　小山（2014）によれば，事業場内産業保健スタッフと，事業場外担当医等の事業場外資源との連携に際しては具体的に，以下のような内容が共有されることが望ましいことが報告されている。①医学的現状：服薬の状況や主な症状，疾病の種類などの疾病性についての医師からの情報。②勤労状況：就労への業務への関心・意欲について，就業環境・勤務時間や適切な休養の確保，職場でのストレスの程度などについての安全・衛生や勤務状況に関わる情報。③全般的生活状況：睡眠・覚醒リズムの保持，適切な食習慣，さらには生活全般における支援的な家族や友人・同僚の存在など，睡眠・栄養・嗜癖などについての生活状況。④事業場が側の懸念に関する項目：症状の回復と業務遂行能力との相関，症状の回復にあわせて就業意欲も十分に回復しているかなどの項目。

　さらにこのような連携や情報共有をよりスムーズに進めていくためにも，メンタルヘルス不調者と産業保健スタッフとの関係性，ラポールの形成は重要と言える。また，これらの連携をより促進する要因および，抑制してしまう可能性のある要因について表6-4に示す。特に，事業場外資源との連携を進めてい

表 6-4　事業場内外の連携を抑制する現状と促進する視点（小山，2014）

連携を抑制する現状	連携を促進する視点
・治療の視点では，不調者は「患者」であり，「労働者・生活者」としての診立てに主眼がおかれない。 ・職業生活のフィールドである職場との連携および調整に，治療行為と同等の医療エフォートを投入できるほどの自由度が，事業場外担当医に確保されていない。 ・職場側との連携・調整に費やす医療エフォートに見合うだけの診療報酬上のメリットを享受できていない。 ・患者の個人情報を保護し，患者が不利益を被らないために，上司や産業保健スタッフに病名や疾病性を伝え難い。	・事業場が知りたい情報は，（府庁舎の）詳細な診断や治療方針よりも，業務遂行能力と安全衛生面の課題。 ・事業場では，担当医と介在する産業保健スタッフなどの存在・確保。 ・治療機関では，職場と介在するコーディネーターなどの育成・確保。 ・「治療」＋「就業の支援」を多軸的なアセスメントなどを基に行った場合 ⇒ 通院精神療法＋なんらかの指導料などの算定。 ・予防を含め，ある程度客観的な医学的見解を提示すること。

く際の重要な点として，事業場外支援との窓口・チャンネルになれる産業保健スタッフが存在するかどうか，という点が挙げられる。連携の際には，事業場内スタッフと事業場外支援をすることのメリット，利点を把握したうえで，さらに，連携をする際の課題や留意点についても十分に考慮し行っていくことが重要であると言える。

5. 職場のメンタルヘルス支援における多職種連携の際の今後の課題

　職場のメンタルヘルス活動においては，心の健康づくり計画づくり，そして，1次予防から3次予防のすべての場面において，産業医，保健師・看護師，心理職等の心の健康づくり専門スタッフ，衛生管理者等，人事労務管理スタッフ，管理監督者が職種を超え，十分な連携を行っていくことで初めて，スムーズな支援につながっていく。特に，3次予防においては，労働者本人の同意のもと，さらに主治医や家族など，事業場を超えたところでの連携が必要となる場面も多く，本人の状態や置かれている状況，職場状況など様々な要因を考慮し，適切な連携を行っていくことが重要である。ここまで述べてきた事業場におけるメンタルヘルス体制および連携についてまとめたものを図6-3に示す（厚生労

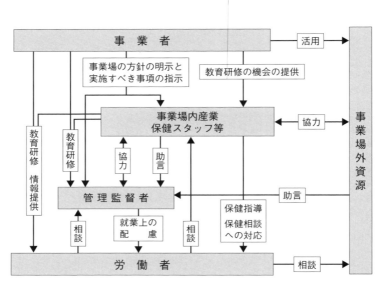

図 6-3　事業場におけるメンタルヘルス体制・連携（厚生労働省，2012）

働省，2012）。

　一方で，メンタルヘルス支援を進める際には，健康情報などの労働者の個人情報を十分に保護し，労働者の意思の尊重に留意して進めていく必要がある。心の健康についての情報の保護への配慮を行うことは，労働者が安心してメンタルヘルスケアに参加できることや，より適切かつスムーズな労働者への支援につながる入り口とも言えるため，この点に十分な配慮を行ったうえで，多職種間の連携を進めていくことをつねに留意しておくことが重要である。さらに，日ごろから，産業保健スタッフと人事労務担当者，管理監督者が日常的に連携をとり，いわゆる風通しの良い関係になっていることや，メンタルヘルス不調者・相談者と産業保健スタッフとのラポールが十分に形成されていることなどがその前提条件として重要となってくる。事業場内において，通常から，セルフケア，ラインによるケア，さらには，相談体制の周知や健康教育などがきちんと実施されていることが，重要な課題・事例が発生した際のスムーズな連携につながる。同様に，安全・衛生委員会において，メンタルヘルスや長時間労働，働き方の改善などについての課題を扱い関係者間での話し合いや連携が，日ごろから十分になされているかどうかについても，重要な点と言える。

また，小規模事業場など，必要な事業場内産業保健スタッフの確保が難しい場合には，事業場内のメンタルヘルス推進担当者等が中心となり，地域産業保健センター等の事業場外資源の提供する支援を積極的に活用しながら，社内外での連携を図り，支援を進めていくことも有効と言える。その他にも，事業場外資源としては，各都道府県の産業保健総合センターやその他労働者の健康保持推進サービスのための機関等もあり，事業場の規模や必要性に応じ，連携を行っていくことが望ましい。

　職場のメンタルヘルス活動，支援の幅が広がるにつれ，今後もさらに，事業場内および事業場内外での多職種間の連携が求められてくるであろう。労働者本人の個人情報に十分留意し，それぞれの職種がそれぞれの立場の専門性を活かしながら連携を行うことが，さらに欠かせない要因となってくると考えられよう。

引用文献

川上憲人（2002）．産業・経済変革期の職場ストレス対策の進め方　各論1. 一次予防（健康障害の発生の予防）職場環境等の改善　産業衛生学雑誌, *44*, 95-99.

川上憲人・堤　明純・小林由佳・廣川空美・島津明人・長見まき子・岩田　昇・原谷隆史（2005）．事業場における心の健康づくりの実施状況チェックリストの開発　産業衛生学雑誌, *47*, 11-32.

城戸尚治・田中美由紀・古木勝也（2002）．精神障害者の職場復帰システムに関する研究　厚生労働省 職場におけるメンタルヘルス対策の事業者等支援事業：調査研究報告書―事業場における精神科医の産業医としての活用に関する調査研究報告書（pp. 47-51）　中央労働災害防止協会

厚生労働省（2004）．心の健康問題により休業した労働者の職場復帰支援の手引き

厚生労働省（2006）．労働者の心の健康の保持増進のための指針（2015年改正）

厚生労働省（2010）．改訂版心の健康問題により休業した労働者の職場復帰支援の手引き―メンタルヘルス対策における職場復帰支援　厚生労働省

厚生労働省（2012a）．平成24年度労働者健康状況調査

厚生労働省（2012b）．職場における心の健康づくり―労働者の心の健康の保持増進のための指針

厚生労働省（2015）．改正労働安全衛生法に基づくストレスチェック制度について

小林由佳（2012）．科学的根拠に基づく職場環境等の評価と改善　日本産業ストレス学会（編）　産業ストレスとメンタルヘルス―最先端の研究から対策の実践まで（pp.

138-144)　中央労働災害防止協会

小山文彦 (2014). 治療と就労の「両立支援」から連携を考える　産業精神保健, *22* (2), 75-80.

労働省労働基準局 (2000). 事業場における労働者の心の健康づくりのための指針について

島津明人 (2015). ワーク・エンゲイジメントに注目した個人と組織の活性化　日本職業・災害医学会雑誌, *63*, 205-209.

島津美由紀・山川和夫・城戸尚治 (2004). 職場環境改善を目的としたストレス対策事例—事業所における計画策定から実施・効果評価まで　産業ストレス研究, *11*, 105-112.

島津美由紀 (2005). 産業保健スタッフとしての臨床心理士の業務—事業所でのメンタルヘルス活動事例における臨床心理士の役割の検討を通して　産業ストレス研究, *12*, 213-219.

島津美由紀 (2008). 産業保健スタッフ（心理職）の視点から—産業保健スタッフと精神科医・心療内科医との連携：良好な関係構築に向けて　産業精神保健, *16*, 14-17.

堤　明純・島津明人・入交洋彦・吉川　徹・川上憲人 (2006). 職業性ストレス調査票と職場環境改善のためのヒント集を活用した職場環境改善　産業ストレス研究, *13*, 211-217.

日本産業精神保健学会 (2006). メンタルヘルスと職場復帰支援ガイドブック　中山書店

103

第7章

職場のメンタルヘルスと法 [1]

三柴丈典

1. はじめに

　筆者が開発に努めている職場のメンタルヘルスに関する法律論（産業精神保健法学）は，メンタルヘルス不調者の発生を防止するとともに，発生した不調者への適正な対応を通じて問題解決を図る，新たな実践的学問領域である。

　以下では，2節，3節で具体例を示し，4節で総論を示す。

2. 事　　例

　・A年：Xが公立大学法学部を卒業後，行政の関係団体である財団（Y）に採用された。<u>採用時には，体力測定と心理検査項目を含む一般職業適性検査が行われた</u>。Yには，種々の規制や前例があって，創造的な業務を行い難い条件にあった。Xはその状況を変えようと，問題点を指摘したり企画を出したりしたが採り入れられず，周囲の職員との関係も疎遠になっていった。

　なお，X自身，その生育歴との関係で，幼年時代から社会的コミュニケーションを欠き，いじめに遭うなどして，人間関係が安定し難いなどの問題を抱えていた。学力は比較的高かったが，努力に見合った成果は得にくく，特に理数系の難解な応用問題を苦手としていた。大学卒業後は国家公務員としての任官を希望していたが叶わず，Yに就職した経緯がある。就職後，仕事には精力的に取り組み，高度な作業を高い完成度でこなす反面，連続してケアレス・ミスを犯したり，文章や話し言葉が冗長・難解で周囲の理解を得にくい

---

1) 本章は，三柴丈典.中央職業能力開発協会 WEB サイト（2015）および三柴丈典.予防医学（2015）を加筆修正したものである。掲載につき許可をいただいた中央職業能力開発協会，神奈川県予防医学協会に感謝の意を表する。

などの問題があり，人事評価は，「中」から「中の上」程度にとどまっていた。法定時間外労働は，ほぼ一貫して60時間／月程度であった。

・A＋3年4月：Yでのストレス・チェックで，Xは高ストレスとの結果が出た。

・A＋4年4月：B課長が，Xの上司として赴任し，Xや同僚のC，Dに対して厳しい態度をとるようになった。飲み会や休憩の時間に，「組織になじめない奴には辞めてもらった方が良い」「こんな奴と結婚する女の気がしれない」などの発言もした。

・A＋4年10月：ストレス・チェックで，B課長の管理部門のストレス度数が高い値を示し，X自身のストレスは最高レベルとなった。この頃から，Xは，転職のため税理士資格をとろうとして，睡眠時間が4〜5時間／日となり，仕事上ミスが目立つようになった。また，職場の女性との関係がこじれ，総務部あてに苦情メールが送られた。

・A＋4年12月：B課長が人事評価会議で，Xや同僚のC部員について，「うちのためにならないので，なるべく早く辞めてもらいたい」などの発言を繰り返したほか，定例の昇進時期が近づいた頃，団体幹部や，Xの人事に関わる人物に対して，業務上の態度やミス，本人の女性関係の噂などに関する悪評を個別に伝達していった。

YのF理事長は，Xの上司に当たるE部長やX本人から事情を概ね聞き知っていたが，B課長との関係などを考慮し，積極的な対応は講じなかった。

・A＋5年3月：就業規則の定めに照らし，職場秩序を乱したことと，病気療養の必要の2つを根拠に，休職が命じられた。

・A＋5年10月：初めて心療内科専門のG医師を受診したところ，業務上り患した不安障害により休養加療を要する旨の診断書が発行された。

・A＋6年2月：G医師が，概ね寛解状態にあり復職可能だが，職場の配慮が必要な旨の診断書を発行したため，職場に提出して復職を求めたが，産業医Iによる面談が実施され，本人のYへの不満の多さや復帰への不安から，時期尚早として拒否された。

・A＋6年3月頃：H総務課長が，Yで勤務する社外カウンセラーLが持つXの個人履歴情報の提供を要請したところ，それには応じられないとして，

代わりに本人同意なく産業医Iに伝達された。

・Ａ＋6年4月頃：産業医Iの判断に基づき復職が認められたが，「疾病休職者の復職の方法については，産業医の意見を踏まえ，法人が決定する」との就業規則規定を根拠として，向こう3か月は軽作業で賃金は半額，休職期間は半分進行する扱いとされた。しかし，Ｘはその作業に関心を持てず，概ね税理士資格試験のための受験勉強をしていた。

・Ａ＋6年7月：本人同意なく軽減勤務期間が2か月延長され，休職期間が進行した。これに怒りを感じたＸが，同年9月頃になって，Ｂ課長とＨ総務課長に苦情を述べたところ，Ｂ課長より「そもそも君は問題社員だという自覚が必要だ」などと言われ，種々の心身症状や精神症状が現れ，再び完全な欠勤状態に至った。

・Ａ＋6年10月：Ｇ医師が，勤務先の問題による不安障害等の再発のため，休養加療と職場側の真摯な配慮を求める旨の診断書を発行した。

・Ａ＋6年11月頃：（税理士資格はとれないまま）Ｘの転職先が決まりそうになったが，身辺調査の際，同僚Ｊが秩序違反と病気療養のため休職中である旨を伝えたところ不採用となった。

・Ａ＋7年1月：Ｙは，休職期間満了が近いとして，Ｘに対して，現状に関する主治医（Ｇ医師）の見解をきくよう求めたが拒まれた。そこで，本人同意のないまま，産業医IからＸ直接Ｇ医師に連絡をとり，改めて所見を確認したところ，「会社の対応の問題で精神疾患が発症し，快復に向かっていたのに悪化した。……診断名は，不安障害，うつ病である」旨が回答された。

産業医IがＧ医師に対して，その後の連携と情報交換を求めたところ，本人同意がないことと法律上の守秘義務を理由に（全面的に）拒否された。

Ｙは，休職期間を2か月延長した。

・Ａ＋7年3月：Ｇ医師が復職可能の診断書を発行し，Ｘも復職を希望したが，Ｘを受け入れられる部署が見つからなかったため，休職期間満了による自然退職とした。

＊なお，Ｘが欠勤，休職または半休職状態にあったＡ＋5年3月〜Ａ＋6年4月，Ａ＋6年4月から同年9月（「半」休職状態），同年9月からＡ＋7

年 3 月の間，欠勤または休職期間中は，傷病手当金等が支給されていたが無
給，半休職状態は，所定賃金の半額しか支給されていなかった。

3. 解説：産業精神保健法学の実践

　このような事例に適切に対応するには，関係者に以下のような法知識が求められる。

(1) X が Y を相手方として訴訟を提起するとすれば，主にどのような請求が考えられるか。また，それらはどのような判決を招くと考えられるか。

1) 考えられる主な請求

①雇用契約上の地位確認請求

　Y が X を自然退職とした時点で，X の症状は寛解しており，復職可能な状態にあった。寛解していなかったとしても，（短期間の軽減勤務により）就労は可能な状態にあった。にもかかわらず，なされた退職措置には理由がない。休職期間満了による解雇とすれば，解雇権の濫用に当たるので，違法無効となる。

　仮に X の症状が寛解していなかったとしても，業務上の事由による（なおかつ Y の過失又は使用者責任による疾病り患である）以上，労働基準法第 19 条が適用され，療養期間中の実質的な解雇は違法無効となる。

②退職後の賃金請求

　Y が X を自然退職とした時点で，X の症状は寛解しており，復職可能な状態にあった。にもかかわらず，Y 側の事情で復職が拒まれて就労できなかった以上，民法第 536 条第 2 項が適用され，Y は X の症状寛解と通常勤務を前提に契約上支払われるべき賃金を全額支払う義務を負う。

　仮に X の症状が寛解していなかったとしても，業務上の事由による（なおかつ Y の過失による）疾病り患およびその遷延化または疾病の再発再燃である以上，民法第 536 条第 2 項が適用され，Y は X の通常勤務を前提に契約上支払われるべき賃金を全額支払う義務を負う。

　仮に民法第 536 条第 2 項が適用されない場合にも，X の疾病り患と Y による退職措置後の就労不能状態は，いずれも Y の過失（安全配慮義務違反など）

又は使用者責任により生じた以上，Ｙの過失等がなければ得られたはずの賃金額は損害となるため，民法第 415 条または第 709 条もしくは第 715 条に基づき損害賠償を支払う義務を負う。

③休職期間中の契約上支払われるべき賃金との差額の請求

Ｘが欠勤，休職していた（ア）Ａ＋5 年 3 月〜Ａ＋6 年 4 月，（ウ）同年 9 月からＡ＋7 年 3 月の間，賃金は支払われておらず，（イ）Ａ＋6 年 4 月から同年 9 月は半休職状態にあって，所定賃金の半額しか支払われていなかった。しかし，（ア）（イ）は，業務上の事由による精神障害の発症によるものであり，（ウ）は，業務上の事由による再発または（イ）の事情で発症した精神障害の遷延化によるものであり，いずれもＹの過失によるものであって，民法第 536 条第 2 項が適用され，Ｙは所定賃金全額ないし既支給分との差額を支払う義務を負う。本来支払われるべき賃金との差額は，Ｙの過失等により生じた損害でもあるので，民法第 415 条または第 709 条もしくは第 715 条に基づき損害賠償を支払う義務を負う。

④慰謝料請求

Ａ＋5 年 3 月又は同年 10 月の精神障害の発症およびその遷延化，またはＡ＋6 年 9 月の再発再燃は，いずれもＹの過失等によるものであり，Ｘは多大な精神的苦痛を被ったので，Ｙは慰謝料を支払う義務を負う。

2) 予想される判決の概要

①について

裁判所とすれば，大筋として，Ｇ医師はやや患者であるＸの立場に寄り過ぎていると感じるだろうから，Ａ＋7 年 3 月の復職可能判断をそのまま信用はしないだろう。しかし，Ｙが産業医の意見も聴かず，受け容れポストがないとの理由で復職を認めず，退職措置という重い措置を下したことからすれば，証人調べ等で再度Ｇ医師を質したうえで，復職可能な状態にあったと認め，復職不能を理由とする退職措置を違法無効とする可能性は高い。

そもそもの発症（Ａ＋5 年 3 月〜10 月頃）とその遷延化またはＡ＋6 年 9 月の再発が業務上と言えるかについては，行政が公表している精神障害の労災認定基準（厚生労働省「心理的負荷による精神障害の認定基準」平成 23 年 12 月）に照らし，本人側の性格傾向の影響を否定できないとしても，まずは発症

について，嫌がらせ・いじめ等の出来事の内容・程度から，総合的に強いストレスを受けたと判断される可能性が高い。

それから約1年4か月程度経過したA＋6年7月まで全く変化が見られなければ，本人要因の強さを想定せざるを得ないが，本件では一度産業医が復職を拒否した経緯こそあれ，結果的に復職しており，少なくとも部分寛解は果たしていたと解され，そもそも本人要因が主な原因となって発症したとは判断されないだろう。

次にA＋6年9月以後の経過だが，民事上の過失責任に関わる法的判断としては，軽作業とは復職できていたこと，受験勉強できていたこと等から，いったん寛解した疾患が新たに再発したと解される可能性が高い。そこで述べられたB課長の発言は，(a)「問題社員」という表現の不当性（人格否定的性格，失当さ，直截さ）や，(b)周囲の支援の欠如がうかがわれる点，(c)G医師の診断などからして，寛解して間もないXを基準としても，同様の立場にある平均人を基準としても過重ストレスの要因と解され，再発＝業務上と解される可能性が高い。むろん，再発ではなく，業務上の事由による精神障害の遷延化とされる可能性もある。

とすれば，労働基準法第19条が適用され，同法違反の解雇として，第13条の適用または類推適用により無効とされる可能性が高い。

なお，業務上外や，寛解などの法的な判断は，医学的に明確でない限り，裁判所による「事件の筋読み（どちらがどれだけ責められるべきかについての確信）」との関係でなされることも多い。

②について

①について述べた通り，Xが業務上の事由で発症し，遷延化または寛解後に再発したが，Yによる退職措置の前に再び寛解したと解される以上，Xの請求はすべて認められる可能性が高い。ただし，その場合には，退職措置前の寛解が認められ，他の主張は判断の必要なしとされるだろう。

もっとも，Yの安全配慮義務違反等に基づく過失責任構成が採用される場合，Xの性格傾向などを理由に賠償額を減額できるかが問題となる。この点について，法的には，「同種の業務に従事する労働者の個性の多様さとして通常想定される範囲を外れるぜい弱性などの特性等を有していたことをうかがわせる

足りる事情がある」か（電通事件最高裁第2小法廷判決平成12年3月24日民集54巻3号1155頁）が問われ，本件ではそうした特性等は認められない可能性が高いと思われる。要は，Ｙには採用者としての責任もあるうえ，適材適所で対応できる範囲内と解される可能性が高い。

　また，すでに受給していた傷病手当金を損害賠償金から控除することは許されず，別に不当利得（理由なく取得している利益）として健康保険組合に返還義務を負うことになるだろう。

　なお，③④とともに，損害賠償については，Ｂ課長個人も被告とされ，Ｙ（財団）と連帯して，または個々の責任部分について支払を命じられる可能性がある。

　③について

　①について述べた通り，Ｘが業務上の事由で発症し，遷延化または寛解後に再発したと解される以上，Ｘの請求は（ア）〜（ウ）の全期間について認められる可能性が高い。損害賠償請求については，②と同じ。

　④について

　②③についても，損害賠償については同じだが，本件で一義的に違法性が認められるのは，Ａ＋4年4月〜Ａ＋5年3月頃，Ａ＋6年9月頃のＢ課長の言動（故意または過失）であり，それはＢ課長自身の不法行為責任とともに，Ｙの使用者責任をもたらすと判断される可能性が高い。ここで後者は，いわば従業員の責任を財団が被る意味を持つ。その意味では，同僚Ｊのプライバシー権侵害についても同様に言える。

　他方，本件では，Ｙ自体の安全配慮義務違反も認められ得る。すなわち，Ａ＋3年4月の高ストレス判定に対応しなかった点はともかくも，(a) Ａ＋4年10月の最高レベルのストレス判定に対して原因調査や相応の対応をしなかった点，(b) 同年12月のＢ課長の行動に対して制止，配置換えの検討などの対応をしなかった点などは，安全配慮義務違反と評価される可能性が高い。また，Ａ＋5年3月の休職命令についても，(2) ⑦に述べる理由から，違法と評価され，慰謝料を認められる可能性がある。Ａ＋7年3月の自然退職措置も同様。

110　第 7 章　職場のメンタルヘルスと法

(2) 事例中の以下の点に法律上の問題はあるか，その根拠とともに述べよ。

①Y が採用時に体力測定や心理検査を含む一般職業適性検査を実施したこと。

応募者の人格を傷つけるような検査方法を採れば違法性を生じ得るが，一般的に法的問題はない。三菱樹脂事件最高裁大法廷判決昭和 48 年 12 月 12 日でも，企業の採用の自由やその際の調査は広範に認められている。

もっとも，応募者のプライバシー保護の必要もあるため，基本的に調査対象を職務に関連する内容に制限することが求められる。

②Y で勤務する社外カウンセラーが，H 総務課長より，同人が持つ X の個人履歴情報を提供するよう要請を受け，本人同意なく産業医 I に伝達したこと。

特に問題はない。産業医は医師として刑法上の守秘義務を負っているため，同人への伝達が直ちに漏洩につながるおそれは少ないうえ，その企業や労働者に関する事情を知る医師としての専門的判断により，組織内の適当な人物への情報提供の可否や方法を考えてくれると考えられるため。

カウンセラーは法律上守秘義務を課されていないこともあり，医師との連携により，職務の独立性を保つ必要が生じる場合もあるように思われる。

③上司 B 課長が，飲み会や休憩の時間に，X に対して「組織になじめない奴には辞めてもらった方が良い」「こんな奴と結婚する女の気がしれない」などの発言をしたこと。

内容的に失当であるばかりか，人格否定的であり，直截であり，上司の立場にあり，その後も同旨の発言が繰り返されており，違法性が強く，少なくとも民事上，不法行為に該当すると解される。公然性が充たされれば（多くの者の前で発言した等の条件を充たせば），刑事上，侮辱罪に該当する可能性もある。

④上司 B 課長が，A＋4 年 12 月の人事評価会議で，「うちのためにならないので，X や C 課員にはなるべく早く辞めてもらいたい」などの発言を繰り返したこと。

人事評価会議という限られたメンバーが参加する場での業務に関わる発言である以上，直ちに違法とは言えないが，この場面以外でも人格否定的発言を繰り返していたこととの関係で，そうした場面内外を通じた B 課長の加害意思を裏付ける事情にはなり得る。

⑤上司 B 課長が，定例の昇進時期が近づいた頃，団体幹部や，X の人事に関わる人物に対して，業務上の態度やミス，本人の女性関係の噂などに関する悪評を個別に伝達していったこと。

一見，法的には違法でないかに見えるが，少なくとも職場環境整備義務違反の評価を受けると思われる。すなわち，「労務遂行に関連して被用者の人格的尊厳を侵しその労務提供に重大な支障を来す事由が発生することを防ぎ，又はこれに適切に対処して，職場が被用者にとって働きやすい環境を保つよう配慮する注意義務」（福岡 Q 企画出版社 SH 事件福岡地判平成 4 年 4 月 16 日労判 607 号 6 頁）に違反する。また，自由な人間関係を形成する自由（関西電力事件最 3 小判平成 7 年 9 月 5 日労判 680 号 28 頁）を侵すと評価される可能性もある。

これらの義務は雇用者に課されるものなので，その任を受けた上司の違反は基本的に雇用者の責任を導く。もっとも，上司の害意がうかがわれ，公然性も，社会的評価の低下も充たされるため，彼個人の不法行為責任を導く可能性もある。

⑥ A ＋ 5 年 3 月，Y が，職場秩序違反と病気療養の必要を根拠に X に休職を命じたこと。

以下の理由から，違法とされる可能性が高い。

「職場秩序を乱した」については，内容が抽象的に過ぎるうえ，仮に仕事上のミスの繰り返しや，職場の女性とのトラブルが問題となるとしても，職場秩序を乱したとまで認められないか，先行事情（B 課長によるハラスメントなど）から，処分の相当性がないとされる可能性がある。

「病気療養の必要性」については，主治医にせよ，産業医にせよ，医師の診断自体を経ていない点で，合理性を欠くとされる可能性が高い。

⑦ A ＋ 6 年 2 月，主治医の復職可の診断と本人希望を斥けて，産業医 I の判断により復職を拒否したこと。

合法と判断されると思われる。

診断で Y への不満が多かったことはやむを得ないとしても，(a)（内容によるが，）復職への不安の愁訴があったこと，(b) 結果的に 2 か月後には（条件付きながら）復職させていること，(c) 主治医の G 医師の診断が総じてやや X

寄りであり，復職判断も本人希望を重視していると考えられること等から，このケースでは，G医師の臨床医としての見解を的確に踏まえる限り，臨床医より本人の職務や職場を知る（はずの）産業医の判断を優先させても合理的であり合法と判断されると解される。

⑧A＋6年4月頃，YがXの復職を認めつつ，向こう3か月間は所定時間の半分の軽減勤務として，その間の業務内容は軽作業，賃金は半額とし，休職期間が半分進行する扱いとしたこと。

結論的に，業務内容を軽作業とした点に法的問題はないが，賃金減額と休職期間の進行（≒自然退職の接近）については，そもそも精神障害の発症が業務上であるため，認められないとされる可能性が高い。私傷病と仮定すれば，就業規則の根拠規定があるため，合法とされる可能性が高いが，「復職の方法」を法人が定めるとの規定の解釈が問題とされ，賃金処遇の決定までは含まれないと解される可能性もある。

⑨A＋6年7月，Yが本人同意なくXの軽減勤務期間を2か月延長し，休職期間（のカウント）を進行させたこと。

休職期間の延長は，本来解雇の猶予であって，使用者側が自由に決定できるが，このケースでは，いわば「半休職」であって労働者側に不利益な面もあるため，疾病性と労務遂行能力の両面で，完全就労可能状態にあったか否かの問題になる。

主治医はその5か月前，産業医は3か月前に復職可と診断し，現に復職後3か月経過しているので，作業への適応に必要な期間は徒過しているが，軽減勤務期間中，受験勉強ばかりしていた以上，就労能力の見極めが困難なため，延長措置は合理的と解される可能性もある。なお，勤務時間中の許可のない受験勉強は，債務不履行（雇用契約違反）であり，職場秩序のびん乱とも言えるため，制裁として休職処分を下すことも不可能ではないが，制裁の事由と内容に関する就業規則等の根拠規定が必要となる。

⑩Xの転職希望先が行った身辺調査に際して，同僚Jが，秩序違反と病気療養のため休職中である旨を調査担当者に伝えたこと。

同僚Jは1個人であり，過去半年間に5000人分以上の個人情報をデータベース化して業として取り扱ったとも考えられないので，個人情報保護法の適用

を受ける個人情報取扱い事業者には当たらず，したがって同法違反には当たらないが，現に決まりかけていた採用が反故となった結果や，公益性がないことなどからも，プライバシー権侵害と評価され，僅かながら慰謝料の支払いが命じられる可能性はある。もっとも，人の生命・身体・財産の保護を目的とする情報提供であれば正当化される場合もあり，転職希望先の財産保護が正当化事由とされる余地もある。その決着は，具体的な事実の認定によることとなろう。

⑪ A＋7年1月頃，産業医 I から X 本人の同意なく直接 G 医師に連絡したところ，同医師が，「会社の対応の問題で精神疾患が発症し，快復に向かっていたのに悪化した。……診断名は，不安障害，うつ病である」旨を回答したこと。

G が医師であるため，刑法第 134 条の定める守秘義務違反かが問われ得るが，産業医も医師であって守秘義務を負っており，（措置の合法性はともかく）本人の退職時期が迫っていたこと，従前から一定の情報交換は行われていたこと等から，同条に言う正当事由があるとも言え，違法とまでは評価されないように思われる。

(3) X が Y の退職後に利用できる可能性のある社会保障・福祉制度には，どのようなものがあるか。

①精神障害者保健福祉手帳の取得により，税制上の優遇や，後述する自立支援医療費給付の受給手続きの簡素化等，様々な優遇措置を受けられる。

②国民年金保険法，厚生年金保険法等に基づき，初診日（A＋5年10月）から1年半を経過した以上，障害年金の受給資格が生じ得る。

③「離職の日以前の2年間」において，「被保険者期間」が「12ヶ月以上ある」こと（雇用保険法第 13 条）との要件は満たしているので，雇用保険の受給資格が発生し得る。また，精神障害者保健福祉手帳の取得により，就職困難者と認定されれば，受給期間が通常より延長される可能性もある。

④本件では，精神障害の発症，再発共に業務上と解され得るため，労災保険の適用も考えられる。労災保険の受給資格は，退職後も失われない。

⑤障害者総合支援法に基づき，外来通院で利用できる自立支援医療の受給資格が生じ得る（＊原則として本人1割負担となる。申請は市町村に行う）。

⑥障害者総合支援法第5条等に基づき，日常生活，服薬などの管理のために

実施される精神科訪問看護指導（＊有償だが諸種の保険適用範囲）。

⑦就業面と生活面の一体的支援を目的として，独立行政法人 高齢・障害・求職者雇用支援機構傘下の障害者職業支援センターが実施する職業準備支援，ジョブコーチ支援事業など。

⑧障害者総合支援法に基づく，就業困難な障害者の日中の活動をサポートする福祉施設である地域活動支援センターのフリースペース（＊生活リズムの安定化による服薬管理，社会性の維持等に役立つ可能性がある）。

⑨障害者総合支援法に基づく就労移行支援，就労継続支援 A 型・B 型などの制度による福祉的事業所等での就労訓練。

⑩ハローワークで実施されているトライアル雇用，ステップアップ雇用，ジョブコーチ支援などの雇用支援施策。

⑪要件は厳しいが，最終的には生活保護の活用も考えられる。

⑫仮に発達障害であれば，発達障害者支援センターも利用可能だが，地域によりサービス内容にばらつきがある。

⑬公的制度ではないが，精神科外来集団精神療法や，リワーク・デイケアを利用できれば，認知行動療法などが行われていることも多く，再発再燃防止効果が見込まれる。

⑭アルコール依存があれば，公的制度ではないが，AA（Alcoholics Anonymous）などの自助グループの利用も考えられる。

⑮その他，り患および快復経験者によるピア・サポートも考えられる。

4. 産業精神保健法学のあらまし

以下では，以上のような具体論を導く体系としての産業精神保健法学（職場のメンタルヘルスに関する法律学）のあらましを述べる。一般的な法学は，すでに生じた紛争や事件の事後的な解決や整理を目的とするが，この法学は，メンタルヘルス不調に関する問題の未然防止と生じた問題の適正な解決を通じ，個人と組織の成長と適応を支援することを最終的な目的とする。

(1) 産業精神保健法学の所掌

　この領域に関する理解を支援するため，筆者が作成した産業精神保健法の鳥瞰図を示す（図7-1）。ここでは，現在，国の職域メンタルヘルス対策は，労働法体系の「一部の一部の一部の一部」という位置づけに留められているものの，それに実質的に関わる法体系は幅広く，したがって，その成功がもたらす効果も幅広いことを一覧できるようにしている。このことは，国の発出する関連指針などが，かなり幅広い分野の法規に関連する内容となっていることからも，容易に看て取れる。

　まず，企業のガバナンスや会計などを司る商法・会社法，税法・会計法などは，メンタルヘルス不調の遠因となり得る。例えば，国際会計基準や外形標準課税の導入などによる企業経営への圧力はもとより，商法改正による分社化

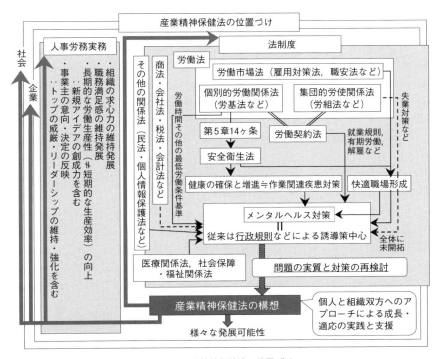

図7-1　産業精神保健法の位置づけ

がもたらした不調者に対して雇用上の責任を負う主体の変化などが挙げられる。民法は，加害者の過失責任のみならず，メンタルヘルスに関わる民事問題全般を取り扱い，同法や個人情報保護法，刑法・特別刑法等は，不調者の情報管理などに関わる。しかし，法の定め・趣旨を見誤った過剰反応は，却って適切な健康管理のみならず，個々人の人格的・社会的な成長の妨げとなりかねず，他方，偏見を招き易い関連情報の不適正な取扱いは，問題を悪化させることもあり得る（例えば，民間保険への加入や事故発生時の保険金受給への障害など）。医療関係法は，専門科間の関係を含め，医療機関や医療人の業務のありように関わり，社会保障・福祉関係法は，在職者，離職者の安心や復職に深く関わる。とりわけ，産業と福祉が乖離している現状（(i) 人材と情報の交流の断絶，(ii) 福祉対象者の一般就労機会の乏しさ，(iii) 福祉給付対象者の復職の困難さなど）の打開は，これらの法にも関わる喫緊の課題である。また，労働法の中でも，職場の秩序や具体的な労働条件（の他，人事労務管理の基本方針）を規定する就業規則を司る労働契約法は，職域メンタルヘルスと極めて深い関係を持つ。就業規則は，悪用すれば，使用者に過度な裁量を根拠づけ，労働者の恣意的な排除をもたらすが，適正に活用すれば，不調者への対応上の適正手続を明示したり，快適な職場環境形成にも貢献する。労働市場法も，労働者の横断的職務能力の形成や転職市場の開発などを通じ，現在所属する企業の組織風土に適応しにくい人物のメンタルヘルスなどに貢献する可能性がある。集団的労使関係法が司る労働組合や組合と使用者の関係は，未だメンタルヘルス領域では存在感が薄いが，本来，組合が貢献すべき余地は多くあり，その存在意義も示し得る。

(2)「切り分け」とは

　端的に言えば，「法的に適正な区分け」を意味する。ここで「法的に」という場合，そこには，組織経営，医療，心理，福祉など，様々な視点が含まれる。これは，一律的な発想で組織経営を制約する，ということではなく，メンタルヘルス法務という観点で，個人と組織のリスク・マネジメントと，成長・適応を支援する趣旨である。

　それを具体化したものが，図 7-2 と図 7-3 である。

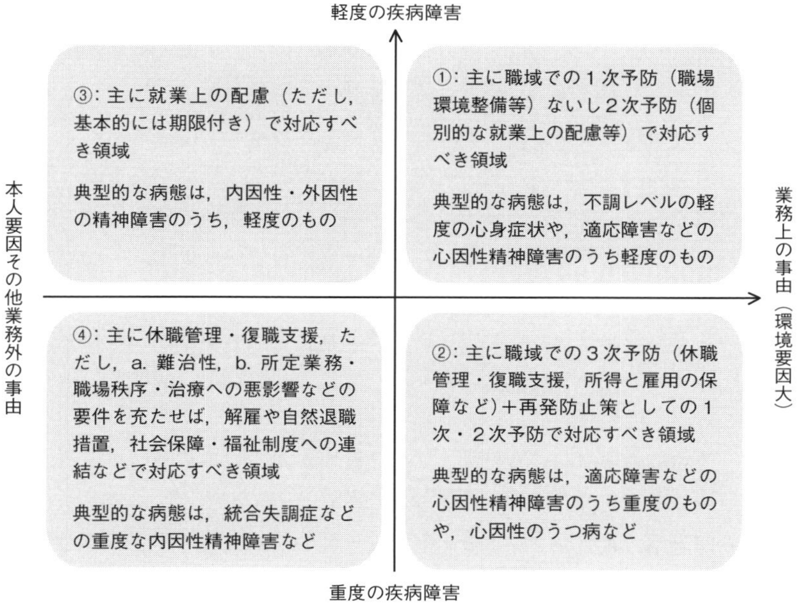

4. 産業精神保健法学のあらまし **117**

軽度の疾病障害

③：主に就業上の配慮（ただし，基本的には期限付き）で対応すべき領域

典型的な病態は，内因性・外因性の精神障害のうち，軽度のもの

①：主に職域での１次予防（職場環境整備等）ないし２次予防（個別的な就業上の配慮等）で対応すべき領域

典型的な病態は，不調レベルの軽度の心身症状や，適応障害などの心因性精神障害のうち軽度のもの

本人要因その他業務外の事由

業務上の事由（環境要因大）

④：主に休職管理・復職支援，ただし，a. 難治性，b. 所定業務・職場秩序・治療への悪影響などの要件を充たせば，解雇や自然退職措置，社会保障・福祉制度への連結などで対応すべき領域

典型的な病態は，統合失調症などの重度な内因性精神障害など

②：主に職域での３次予防（休職管理・復職支援，所得と雇用の保障など）＋再発防止策としての１次・２次予防で対応すべき領域

典型的な病態は，適応障害などの心因性精神障害のうち重度のものや，心因性のうつ病など

重度の疾病障害

図 7-2　メンタルヘルスという概念の守備範囲

　図7-2 は，横の軸と上下の軸で構成されている。横軸は，右が発症・増悪の事由が業務上に当たる疑いが濃い例，左が業務外に当たる疑いが濃い例，上下軸は，上が軽度の例，下が重度の例を指す。もっとも，特にメンタルヘルス不調について，業務上外を敢然と区分することは困難なので，あくまで蓋然性（高い可能性）レベルでの切り分けとならざるを得ない。また，症状の軽重も，単なる医学的な診断によるものではなく，行動上の制約（職域においては就業上の制約）の程度や改善・寛解までの期間などを加味して決定することになる。

　こうした軸を立てると，①〜④の４つのフィールドが形成される。

　①は，業務上の事由による発症・増悪の疑いが濃く，軽症レベルの不調者への対応領域なので，基本的に１次予防策（＊「風通しの良い職場環境形成」や「個々人のレジリエンスの維持増強」など，不調者を生じさせないための本質的対策）や，２次予防策（＊不調が生じつつあるところでの早期発見・早期介入策）で対応することが，（上に述べた意味で）「法的に」求められる。

②は，業務上の事由による発症・増悪の疑いが濃く，重症レベルの不調者への対応領域なので，基本的に3次予防対策（＊不調者の休職・復職管理と支援，再発防止策など）が法的に求められる。併せて，所得と雇用の保障も求められる。また，再発防止策は，翻って，①の措置を求めることになる。

③は，業務外の事由による発症・増悪の疑いが濃く，軽症レベルの不調者への対応領域である。業務外の事由による不調への対応領域ではあるが，安衛法第62条や第66条以下が示すように，人間を雇用している以上，所要のパフォーマンスがあがらないからといって，直ちに休職措置や退職措置などの不利益措置を講じるべきではなく，期限付きではあれ，専門医や産業医の判断，本人希望等を踏まえ，短時間勤務，勤務軽減，配置の変更などの就業上の措置で対応することが，法的に求められる。

④は，業務外の事由による発症・増悪の疑いが濃く，重症レベルの不調者への対応領域である。ここでも，解雇権濫用規制（労働契約法第16条）から導かれる解雇回避努力義務や，障害者の雇用促進等の信義則上の要請を果たすため，原則として，休職措置や復職支援は法的に求められるが，a.難治性，b.所定業務・職場秩序・治療への悪影響などの要件を充たせば，解雇や自然退職措置も正当化される。

しかし，ただ離職させてよしとすべきではなく，社会保障や福祉制度にスムーズに連結する方が，当事者や関係者の納得性を高め，司法を含めた第三者への説得性も増す。さらに，可能であれば，当該症例を単に福祉に受け渡すのではなく，「成長」や「生き直し」の視点を持つべきであろう。すなわち，先に述べた産業と福祉の乖離状況（(i) 人材と情報交流の断絶，(ii) 福祉対象者の一般就労機会の乏しさ，(iii) 福祉給付対象者の復職の困難さ等）を打開するためのバッファーとして，一定の事業性と自律性を持ち，一般就労機会を積極的に創出する企業合弁型授産施設などを創設し，福祉と産業の人材・情報の交流を図るとともに，継続雇用となる高齢者等も受け入れるなどの方策も考えられよう。イギリスの保護雇用（sheltered employment：産業と福祉の間をつなぐ準公的ないし公益的な仲介者として重要な役割を果たしており，近年，増加傾向にある）などの先駆例もあるので，日本の社会保障や福祉制度の実態を踏まえつつ，アイディアを出し，行動を起こす必要がある。もとより，メンタルヘル

4. 産業精神保健法学のあらまし　119

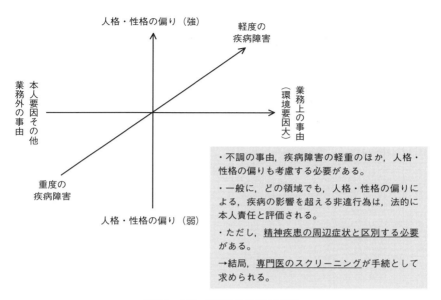

図7-3　人格・性格に偏りがある場合

ス対策では，「道なきところに道をつくる」「無いものは作れば良い」，という発想が求められる。

次に，図7-3を参照されたい。

これは，図7-2を横倒しにして，高さの軸として，いわゆるパーソナリティの偏りを考慮しようとしたものである。一般に，法律論上，疾病障害の場合，その性質や程度により，その影響下での非違行為は，責任能力や有責性がないとして，免責されたり，対抗的な不利益措置から救済されることがある。他方，パーソナリティの問題に起因する非違行為が法的に救済されることは，原則としてない。このことは，図7-2の4領域のいずれにも当てはまる。しかし，精神障害の場合，客観的にはパーソナリティの問題にも映る周辺症状などもあって，両者の切り分けは，実際には非常に難しく，現状，最終的には，経験値の高い専門医の判断に拠らねばならない。特に，業務上の事由と本人のパーソナリティの双方が不調に寄与した場合などには，「どこまでが疾病障害の影響で，どこからが『わがまま』か」を，専門医に切り分けてもらう必要性が生じる。よ

って，法的に適正な対応に際しても，然るべき専門医などとのネットワーク形成が重要な意味を持つことになる。

　もっとも，実際のところ，以上のような「法的切り分け」は容易ではなく，その実践は，適切な専門家や当事者・関係者の意見を踏まえて練られた合理的な手続きとその公正な運用（「手続的理性」）をもって初めて実現される。

5. おわりに

　産業精神保健法学は，最終的に現場的，社会的課題の解決を目的としているため，学際，国際，理論，現場のすべてを重視する。その開発を図るための情報交換と専門家間の交流，人材育成のプラットフォームとして 2015 年 2 月に設立されたのが，産業保健法学研究会である。関心のある方は，その WEB サイト（http://www.oshlsc.or.jp/app/）をご参照いただきたい。

引用文献

三柴丈典. 職場のメンタルヘルスと法　キャリアナウ メールマガジンおよびWEB サイト
　　Retrieved from http://www.javada.or.jp/mm/index_cn.html（2015 年 7 〜 9 月）中
　　央職業能力開発協会
三柴丈典. 職場のメンタルヘルスと法　予防医学, 57, 17-24.（2015）神奈川県予防医学協会

第8章

組織的ストレス要因と組織行動

櫻井研司

　本章では，①長時間労働，②組織公平性，③対人逸脱行動という3つの組織的ストレス要因に焦点を絞り，これらが労働者の態度や行動に及ぼす影響について概説する。長時間労働に関しては，日本で働く人々の労働時間の推移と現状を報告したうえで，安全衛生と就労態度との関連性について説明する。組織公平性についてはその多面的概念を概説し，組織逸脱行動と呼ばれる組織にとって好ましくない行動との関連性について説明する。対人逸脱行動については，職場の暴力，侮辱的管理，および職場不作法という3タイプに分類し，それらが被害者の勤労態度や職務行動へ及ぼす否定的な影響について説明する。

1. 組織的ストレス要因

　組織的ストレス要因とは，労働者の身体，精神，あるいは行動に影響を及ぼす可能性を有する職場の物理的および社会的環境である。例示的に述べるならば，長時間労働，仕事の要求度，雇用の不安といったものが挙げられよう。一般的に，ストレスという言葉は否定的なニュアンスで使われることが多いため，上記のストレス要因に対して悪い印象を抱く読者が多いかもしれない。しかし，人々が職業生活を送るうえでストレス要因は少なからず経験するものであり，必ずしも否定的にとらえることはない。むしろストレス要因のない仕事，例えば要求度が低すぎる仕事は，労働者の能力や技術を十分に活かす機会を与えず，退屈な仕事であるとも考えられる。

　もちろん，人は機械ではないため体力が永遠に続くわけではない。またストレス要因に対する耐性も完璧ではない。したがって，過度なストレス要因を経験したり，その状態が長らく継続したりすると，好ましくない身体，精神，あるいは行動的なストレス反応が起こることもある。本章では，実証研究を通して

122 第 8 章　組織的ストレス要因と組織行動

明らかになった組織的ストレス要因が労働者のストレス反応に及ぼす影響，特に職場での態度や行動面の変化に焦点を当てて概説していく。

2. 長時間労働

(1) 現　　状

　労働者に影響を及ぼす組織的ストレス要因として，最も理解しやすいのが長時間労働であろう[1]。その理由は，我々の体力が働く時間に比例して消耗し，また仕事で拘束される時間が長いほど睡眠や余暇に費やせる時間が短縮することから，疲労回復が困難になるためである。実証研究を見ても，長時間労働が疲労蓄積症状の要因となることは明らかである（Sasaki et al., 2007）。さらに慢性的な長時間労働は，心血管疾患（Uehata, 1991）や精神疾患（Cooper & Roden, 1985）といった，より深刻な身体的ストレス反応を高めるリスク要因として作用することも明らかになっている。

　長時間労働がストレス要因として作用し得るという事実を踏まえれば，日本の労働者の労働時間に関する実態やその背景を把握することは重要であろう。図 8-1 には過去 35 年をさかのぼった日本の労働者の年間平均労働時間の推移，およびその比較対象として OECD（Organization for Economic Co-operation and Development）加盟 34 か国の年間平均労働時間を表記した。

　同図からは，日本の労働者の年間平均労働時間が 1980 年の 2,110 時間から減少を続け，2014 年には 1,700 時間まで短縮していることが分かる。この 410 時間の短縮は，1 日の労働時間を 8 時間として計算するならば，年間 51 日もの労働日数が減少したことに匹敵する。また OECD34 か国と比較した場合，1990年代後半までは日本の平均労働時間の方が上回っていたが，2009 年以降はむしろ海外の労働者の平均労働時間が長いことが分かる。これらの統計をもとに，

　1）もちろん，長時間労働とは抽象的な表現であり，具体的に何時間以上を超えれば「長時間」である，あるいは何時間以内であれば「安全な範囲の労働時間」とみなすような明確な基準は存在しない。しかし労働安全衛生規則第 52 条の 3 ならびに第 66 条の 8 に基づけば，一月あたり 100 時間以上の時間外・休日労働時間は過重労働とみなされ，脳・心臓疾患予防の観点から，医師による労働者本人との面接指導，ならびにそれに準じた措置を講じることを企業は求められる。

2. 長時間労働

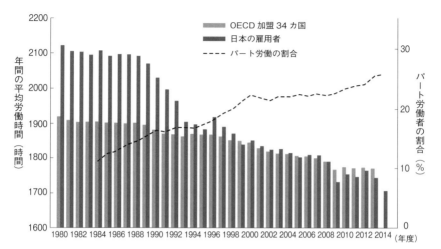

注）役職者は除く；雇用者＝雇用期間が30日以上の常用雇用者；パート労働＝週間就業時間35時間未満の者
出所）総務省統計局「労働力調査」、「毎月勤労統計調査」；OECD StatsExtracts.

図 8-1　日本と OECD 加盟 34 か国平均に見る，年間平均労働時間の推移

我が国の長時間労働問題が改善されて来たのだと理解する読者もいるかもしれないが，その解釈は正しくない。なぜなら，図 8-1 の折れ線グラフ（点線）が示すように，我が国の総労働人口に占めるパート労働者の割合は 1984 年の 11% から 2014 年の 26% まで急速に増加している。労働時間の短いパート労働者が右肩上がりに増加したならば，日本の被雇用者全体で見た労働時間の平均が減少するのは当然のことである。実際，年間総労働時間を一般労働者とパート労働者とで分けてみた場合，一般労働者の労働時間は過去 20 年の間約 2,000 時間とほぼ変わっていない（総務省，2015）。

日本の労働者の労働時間についてもう 1 つの特徴は，性別による労働時間の二極化が存在することである。図 8-2 に表記しているように，1999 年以降，男性の年間総労働時間は 1,900～2,000 時間であるのに対し，女性の場合は 1,500 時間前後と，500 時間ものひらきがある。また，週当たり 60 時間以上（1 日 4 時間程度の時間外労働に相当）働いている者の割合で見ても，男性は 13% 前後，女性は 3% 前後と，4 倍以上の性差があることが分かる。総じて，日本人の労働

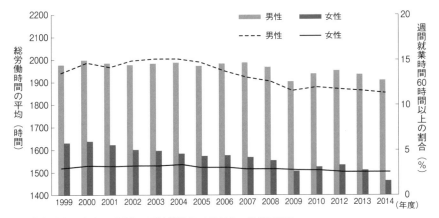

注）役職者は除く；雇用者＝雇用期間が30日以上の常用雇用者
出所）総務省統計局「労働力調査」，「毎月勤労統計調査」

図 8-2　男女別に見た，総労働時間および60時間以上の週間労働の割合

時間の特徴は，①平均的に見れば減少傾向にあるが，その背景にはパート労働者の急速な増加がある，②一般労働者の年間平均労働時間は依然2,000時間を超えており，③特に男性の労働時間が長い，と言える。

(2) 長時間労働と労働者のストレス反応

依然として長時間働く人が多い日本の労働環境であるが，長時間労働は職場での行動や態度へどのような影響を及ぼすのだろうか。前者に関して言えば，判断力や集中力の低下を招き，作業事故のリスクを高めることが示されている（Dembe et al., 2005）。例えば，東京の製造工場で働く労働者を対象に行った調査では，1日あたりの平均労働時間が10時間を超える者の作業事故のリスクは，平均労働時間が8時間未満の者と比較して1.48倍高かった（Nakata, 2011）。さらに興味深いことに，1日10時間以上働く者の中でも，睡眠時間が6時間以下と十分な休息を取っていない場合，作業事故のリスクが1.72倍とより顕著になっていた。一方，1日10時間以上働く者のうち睡眠を6時間以上とっている者の場合，事故のリスクが1.26倍とやや低くなる傾向があった。この調査結果が示すのは，作業事故のリスクを軽減していくうえで労働時間の管理など組織

2. 長時間労働　**125**

的な取り組みのみならず，労働者自身が健康管理に気をつかい十分な休息を取ることも重要だということである。

　職務態度への影響に関して言えば，長時間労働は労働者の仕事に対する熱意や，職務動機の指標の一つである継続性を低下させる傾向がある（Sonnentag & Fritz, 2007; Sonnentag & Niessen, 2008）。さらに，勤務時間が長い労働者ほど，イライラや憂うつ感といったネガティブ情動を職場内外で経験しやすくなる（Rau & Triemer, 2004; Van Wijhe et al., 2011）。ネガティブ情動の高まりは，対人場面における非友好的，あるいは攻撃的な表情，態度，口調として表出し（Hatfield et al., 1994; Sy et al., 2005），結果的には同じ集団に属する人々（例：同僚，部下）へも同様の情動が伝搬・拡散する傾向がある（Barsade, 2002）。集団内でネガティブ情動が高まることの問題性は，職場の対人逸脱行動など意図的な対人攻撃が起こりやすくなることであろう（Ng & Feldman, 2008）。興味深いことに，野地・板東（2013）が日本の労働者 9,900 名以上を対象に調査をした結果，ストレスの原因として最も頻繁に挙げられていたのが職場の対人逸脱行動であった。憶測であるかもしれないが，長時間労働が多い日本の労働環境において，対人問題で頭を悩ます人が多いという調査結果は，全く偶然に併発していることではないのかもしれない。

　次に，多くの読者が意外に思うかもしれないが，先行研究を見る限り，労働時間の長さと仕事に対する満足感や人生の幸福感との間には一貫した関連性がない（Spector et al., 2004）。例えば日本の労働者のデータで見てみると，民間企業の従業員にとって月平均の時間外労働が長いほど，職務満足感が低い傾向があったが，小・中・高等学校の教員にとって同じことは言えなかった（高原, 2014）。また，佐野・大竹（2007）は労働者約 8,000 名の人生の幸福感を 11 段階で測定した（0 = 非常に不幸〜 10= 非常に幸福）。これら 8,000 名の労働者を週あたりの平均労働時間で 4 グループ（40 時間以下，40 時間以上〜 70 時間以下，70 時間以上〜 90 時間以下，90 時間以上）に分け，人生の幸福感を比較した結果，グループ間の平均値はほぼ同等であった（グループ間の最大差は 0.35 点！）。

　なぜ労働時間の長さは，労働者の仕事に対する満足感や人生の幸福感と関連性が乏しいのだろうか。研究者たちの間で意見が一致しているとは言い難いが，

一つの見解としては，客観的な労働環境と主観的に認識される労働環境は同一ではないということが考えられる。例えば，「満足感」や「幸福感」は主観的な認識であるため，複数の個人が同じ仕事を同じ時間こなしたとしても，仕事に対する満足感は異なるという意見である。この意見を直接検討した研究を筆者は知らないが，給与の満足感に関して言えば，客観的な指標である「給与額」よりも，周りの人々の給与と自己の給与を相対的に比較した「優劣性」認識の方が，より大きな影響を及ぼすという実証的な根拠がある（Brown et al., 2005）。また佐野・大竹（2007）の調査においては，日本の人々（特に女性）の幸福感は，職場の同僚や近隣住人の生活水準と比較した場合の優劣感に左右されることが示されている。したがって労働時間に関しても，単純に何時間働いているかではなく，知人や同僚といった周りの人々と比較した場合に認識される労働時間の長さの方が，仕事の満足感とより関連性が強いという可能性もある。別の見解として，ひとえに長時間労働と言っても，従業員が希望する長時間労働と，そうでない長時間労働とでは意味合いが異なる。前者は，仕事が生きがいで長時間労働を苦としない者や，時間外労働で割増賃金を稼ぎたい者などが含まれる（Oates, 1971）。一方後者には，所定時間内でこなせないほどの仕事が与えられたり，雇用の不安から不本意な時間外労働を受けざるを得なかったりする者が含まれる。驚くことではないが，長時間労働が仕事の満足感や疲労感へ及ぼすネガティブな効果は，前者よりも，後者の人々に対してより大きい傾向が示されている（Beckers et al., 2008）。

（3）長時間労働を抑制するための課題

　長時間労働を抑制するうえで，企業およびその従業員はどのような工夫をすればよいのだろうか。本節では，労働時間削減のみに焦点を当てるのではなく，組織，組織と関わる人々，あるいはその両方の利益を高める目標と並行した取り組みが，労働時間削減のカギとなることを提言する。

　実際の企業の成功事例を紹介すると，東京都西部でガス供給事業を営む武陽ガスでは，保安のため24時間365日体制の業務をする必要があり，もともと従業員の時間的な負荷が高かった。しかし，経営陣が残業削減を経営目標の1つとして取り入れ，従業員の作業状況を社内横断的に閲覧できる管理システムを

導入することによって大幅な作業効率化を達成した。外回り作業員にとっては，出向先からでも携帯端末を通して受注や入金情報を入力することが可能になったため，会社に戻ってから紙ベースの伝票を作成する作業に煩わされることがなくなった。一方内勤の職員は，従来は外回り作業員が戻ってくるまで彼・彼女らの予約の空き時間が確認できず，注文があっても顧客への対応は翌日に持ち越すことが多かった。しかし新システムでは外回り作業員の作業進行状況を把握し，適時作業依頼の入力が可能となったことから顧客への対応時間も短縮した。これらの取り組みの結果，同社では従業員の月平均の残業時間が52%削減された（労務行政，2014）。この成功事例の背景には，従業員の職務負荷軽減，顧客への対応速度の向上，および時間外労働に伴う割増賃金の削減といった有益性があったため，従業員と経営陣がともに労働時間を減らす目標に向けて取り組むことができたと言える。企業とは基本的に営利組織であるため，長時間労働を抑制するための介入を成功させるには，その介入が組織や組織と関わる人々に対してどのような有益性があるのかを明確にすることが重要なのである。

　またマクロ的な話となるが，尾畠（2014）によれば日本企業の多くはバブル経済が崩壊した1990年代初頭から，恒久的な人件費の増加につながる基本給を抑制してきた。さらに景気が回復し始めた2000年以降においても，経常利益の増加を基本給のベースアップとしてではなく，仕事量の増加に伴う残業代によって従業員たちに還元する傾向が強かった。これと関連して，我が国の労働者には，残業や休日出勤をすることに対して，「上司の好感度が高くなる」，「人事考課で評価される」といった肯定的な認識を持つ者が多い（内閣府，2014）。上記2つの情報から見えてくることは，日本の企業組織において労働者はなかなか上がらない給与を残業代で補うという構造上の問題を抱え，また残業や休日出勤をすることにメリットがあるという認識が醸成されているため，労働時間を削減するのが困難な状況にあると言える。繰り返しとなるが，企業組織において介入を成功させるためには，その介入達成と，組織と組織に属する人々の利益が同じ方向を向いていることが好ましい。

3. 組織公平性

　米国商工会議所（Bureau of National Affairs, 1992）の推算によれば，米国企業は従業員の窃盗によって年間24兆円を失っており，またその損失を埋め合わせるため消費者は一人当たり年間約3万円の余分な商品代を支払わされている。一方日本において，従業員の窃盗に関する調査研究は極めて乏しいが，Checkpoint Systems（2015）が小売業界の窃盗を売り上げロスに基づいて推算したところ，被害総額は1131億3792万円にのぼっていた。また窃盗に限った話ではないが，筆者が2015年に750名以上の労働者を対象に匿名調査を行ったところ，職場で窃盗，贈収賄，職務逃避，顧客に対する逸脱行為を過去1年間の間に"実際に目撃した"，あるいは"会社が公に処罰を行ったことから発覚した"と回答した人の割合は，それぞれ10.7%，14%，84.6%，14%であった。組織研究において，上記のように従業員が組織の利益を自発的に害する行為を組織逸脱行動と呼ぶ。

（1）組織公平性

　経営者を含む多くの人々は，組織逸脱行動を行う人々には人格上の問題，あるいは経済的な事情があるのだと考えるのではないだろうか。もちろん，これらのことも要因となり得るだろうが，先行研究をレビューしてみると，従業員の組織逸脱行動の背景には「組織公平性」という組織的ストレス要因が関わっている（Berry et al., 2007; Cohen-Charash & Spector, 2001; Colquitt et al., 2001）。組織公平性とは，従業員の人事処遇，および礼節的な扱いに関する公平性認識である（Cropanzano et al., 2007）。組織公平性という概念はさらに細かく①分配，②手続き，③対人，および④情報という4つの下位次元に分類されるため（Greenberg, 1993a; Colquitt & Zipay, 2015），これらの概念を順に説明する。分配公平性とは給与，人事配置，昇格・昇給といった，人事処遇の「結果」についての公平性認識である。例えば，ある従業員の給与が世間一般的に高くとも，自分の組織への貢献度と照らし合わせて不相応な結果だと判断するならば，分配公平性の認識は低くなる。次に，手続き公平性とは上記のような人事処遇の結果にたどり着く「過程」についての公平性認識である。例えば，

人事評価基準の適切さ，人事評価の一貫性，評価者による差別やひいきのなさなどが含まれる。対人公平性とは組織の「人間的」な側面についての公平性であり，いわば従業員が職場の上司や同僚から一人の人間として尊重されているかどうかの認識である。最後に，情報公平性とは人事処遇の過程や結果について組織から根拠のある説明を受ける程度についての公平性である。

　組織公平性と従業員の組織逸脱行動に関連性があるとすれば，その論理的根拠はどのようなものがあるだろうか。社会的交換理論（Blau, 1964）によると，従業員と組織は，経済的（例：金銭），および非経済的な資源（例：忠誠心）を与え合う互恵の原理によって，信頼関係を維持・発展させる。つまり，従業員は時間や労力などの資源を費やして組織の収益に貢献する一方，組織はその貢献に見合った報酬を与え，従業員の安全衛生や福利を保全するという互恵の関係に基づいて成り立つ（Cropanzano & Mitchell, 2005）。ルソー（Rousseau, 1996）によると，従業員はこのような互恵関係を認識し，自分の貢献に見合うような待遇が与えられれば組織への忠誠心を高め，組織との関係発展のためさらなる資源（例：努力）を投入する意欲を高める（Bowling et al., 2010）。一方，自分の貢献に見合う返報を組織が行わないと認識する場合，従業員は仕事を怠けるなどして組織への貢献を意図的に減らし，実際に（自主退職），あるいは象徴的に（遅刻や欠勤）組織との関係を放棄するようになる。また場合によって，不公平さを認識した従業員は，組織に不利益を与えることによってバランスのとれた互恵関係を回復しようとする者もいる。例えば2013年に，大阪市営バスの運転手は乗客が大人料金を支払っても，小児ボタンを押して差額を着服するという不正を繰り返していた。事件の発覚後，警察が運転手に事情聴取をしたところ，犯行の動機は給与が下がったことへの報復対応であった。

　実証研究においても組織公平性と組織逸脱行動の関連性は多く示されている。例えば実験研究において，研究者が意図的に報酬を不公平に割り当てた実験参加者は，そうでない実験参加者と比べて金銭を盗む割合が高くなる（Greenberg, 1993a; Umphress et al., 2008）。また，過去25年間の組織公平性の調査結果をまとめたメタ分析において，分配的公平性（$rc = -0.30$），手続き的公平性（$rc = -0.31$），対人的公平性（$rc = -0.35$），および情報的公平性（$rc = -0.33$）は，それぞれ組織逸脱行動との間に有意な負の相関が認められた

（Colquitt et al., 2001）。

（2）組織逸脱行動を管理するための課題

　欧米の組織研究において公平性認識が組織逸脱行動の要因となり得ることは広く認められており，またそれに関する実証研究も広く行われてきた。しかし我が国においては，同様の観点から組織逸脱行動を調査する研究の数が乏しく，これらの研究から得られる学術的な知見が労働の現場へ十分に浸透しているとは言えない。従来，日本の組織逸脱行動（あるいは“倫理違反行為”）に関する実証研究で着目されてきたのは，組織の内部統制，倫理規定，あるいはそれらを推進するための倫理教育といった制度面である（小森，2000; 久保田，2009; 山下，2010）。論理的に考えれば，これらの倫理環境が従業員の規範ある行動を促すうえで重要なのは自明なことと言える。しかし重要なのは，倫理制度は抑止のための制度であり，従業員が組織逸脱行動を行う動機そのものに焦点を当てない。また実証的な研究結果を見てみれば，倫理制度やその取り組みの有無自体は，従業員の組織逸脱行動の分散を説明するうえで信頼性が乏しい予測要因であることがたびたび指摘されてきた（e.g., Davidson & Stevens, 2013; Ethics Resource Center, 2005; Kish-Gephart et al., 2010; Yallop, 2012）。さらに複雑なことに，倫理規定の存在は時として従業員の逸脱行動を高める作用があることも実証されている。例えば実験研究において，アンフレス（Umphress et al., 2008）は分配公平性の高低と，倫理規定の有無を操作し，実験参加者を4つのグループに分けて窃盗金額を比較した。分析の結果，最も窃盗を行う頻度が高かったのは倫理規定が与えられ，分配公平性が低いグループであった。この結果が示唆するのは，組織が規範のある行動を従業員に求めつつ公平な人事処遇を行わない職場においては，従業員はより強い不公平さを感じ，組織逸脱行動を行う動機が高まる可能性がある。したがって，組織逸脱行動を管理するうえで倫理制度の効用を過信せず，組織公平性の重要性についても認知し配慮することが重要であろう。

　次に，4タイプの組織公平性は経験上異なるだけではなく，従業員はそれぞれに対して敏感に反応する。例えば，1つのタイプの公平性が低くとも，同時に他のタイプの公平性が高くなることは論理的に十分可能である（例：“人事

処遇の結果は納得いかないが，その手続きについては理解する”）。重要なことに，組織公平性の研究者はこのような組織公平性の特徴を，組織逸脱行動を抑制する手段として労働現場に応用し成果を上げている（Greenberg, 1990, 1993b）。例えばグリーンバーグ（Greenberg, 1990）は，得意先から契約を打ち切られたため，やむを得ず人件費を 10 週間の間 15%削減する必要に迫られた複数の製造工場で介入を行った。第一工場では，給与削減をするという事実とその経緯についての簡潔な説明が労働者たちに伝えられた（分配，手続き公平性がともに低い条件）。一方，第二工場においては，給与削減については第一工場と全く同じ内容で伝えたが，手続き公平性が高くなるよう経営者自らが給与削減に至った説明を加え，従業員の生活や家庭への負担を案じていることを伝え，さらには従業員が意見を述べる時間を与えた（分配公平性は低いが手続き公平性は高い）。そして給与が削減された 10 週間の間，在庫ロスをもとに窃盗被害を比較したところ，前者と比べて後者の工場においては窃盗被害が 50%も低くなっていた。

4. 対人逸脱行動

（1）対人逸脱行動とは何か？

　対人逸脱行動とは，職場で起こる様々な対人攻撃の総称であり，「従業員が他の組織成員の福利を害する自発的行為」と定義づけされる（Bennett & Robinson, 2000）。厚生労働省が 2012 年に実施した大規模アンケート調査によると，仕事に関する強い悩みやストレスを感じる労働者は 6 割近くにのぼっていたが，その原因として最も頻繁に挙げられていたのが同僚や上司からの対人逸脱行動であった（野地・板東，2013）。また同年，全国の労働相談署へ寄せられた相談のうち，いじめや嫌がらせなどの対人逸脱行動に関する内容は最も多く，その数は過去最高の 5 万 1670 件であった（田中・吉谷，2013）。さらに，職場のストレスに起因する労働災害の申請件数は近年右肩上がりに増加しており，その原因の内訳を見てみると約 2 ～ 3 割は対人逸脱行動が占めている（厚生労働省，2015）。これらの調査は，対人逸脱行動が現代社会で働く人々にとって大きなストレス要因となっており，さらには精神疾患の要因となり得ること

を示唆している。

（2）対人逸脱行動が従業員の態度や行動に及ぼす影響

　前節でも紹介した社会的交換理論（Blau, 1964）によると，組織と従業員の関係は，互いの利益を保全しあう互恵の原理で成り立っている。同理論に従えば，職場で暴力・暴言，性的ハラスメントなどの対人逸脱行動が起こる状況とは組織が十分な管理監督を行っておらず，従業員の安全衛生と福利を保全するという互恵義務に違反すると考えられる。このような状況のもと，被害に遭う従業員は組織への信頼を失い，組織との関係を維持するための資源（例：仕事への熱意や組織コミットメント）を費やす意欲が低下することが予測される。実際，実証研究を見ると対人逸脱行動を経験する頻度が多いほど，組織コミットメント（Djurkovic et al., 2008），仕事に対するモティベーション（Sakurai & Jex, 2012），および組織の利益に関心を失い（Wilkerson et al., 2008），また自主退職意図が高くなる傾向が示されている（Harvey et al., 2007）。また興味深いことに，対人逸脱行動を目撃する従業員も，間接的に同様の影響を受ける。例えば，（特に同性の）同僚に対する上司からの暴言は，それを目撃する従業員によるリーダーシップ評価（Low et al., 2007），仕事に対するモティベーション（Miner & Eischeid, 2012），および組織の利益に対する関心を低下させる（Pearson & Porath, 2009; Harris et al., 2013）。この結果は，対人逸脱行動は直接経験しなくとも，組織は従業員の安全衛生や福利を十分に考慮しないという理解につながり，結果的には従業員の否定的な職務態度を引き起こすのだと解釈できる。

　次に，感情中心モデル（Spector & Fox, 2002）によると，ネガティブな感情（例：恐怖，不安，怒り）は，自身の福利に脅威が迫っていることを知らせるために発達した自己防衛反応である。そして人々がそのネガティブな感情を解消・抑制するためにとる行動とは，自身にせまる脅威に対する対処であり，また環境適応のための行動でもある（例：逃避，反撃）。職場においても，対人逸脱行動は傷害や精神不全の原因となり得ることから（LeBlanc & Kelloway, 2002; Djurkovic et al., 2008; Mikkelsen & Einarsen, 2002; Sakurai et al., 2014），個人の福利を脅かす対人ストレス要因であることに疑いはない。スペクターとフォックス（Spector & Fox, 2002）によると，対人逸脱行動に対する被害者の

対処行動は，時として組織の利益を害する。例えば，対人逸脱行動の経験頻度が多いほど加害者への報復行為（櫻井，2015），加害者を避けるための無断欠勤や遅刻（Sliter et al., 2012），転職先探し（Palanski et al., 2014），および3年以内の自主退職（O'Reilly et al., 2015）が多くなることが報告されている。また興味深いことに，対人逸脱行動の被害者は，組織の利益を意図的に阻害する組織逸脱行動を行う傾向もある。例えば，対人逸脱行動を頻繁に経験する従業員ほど，意図的に作業を遅く進めたり，会社の備品や金銭を窃盗したりする（Berry et al., 2007; Penney & Spector, 2005）。この一見不可解な対人逸脱行動と組織逸脱行動の関連性については，感情中心モデルと社会的交換理論の組み合わせから理解ができる。つまり，上司や同僚は組織の構成員であるため，これらの人々から危害を加えられると，被害に遭う従業員は監督責任を有する組織に"報復"することによって怒りや不満を解消することが可能である（櫻井，2011，2015）。

(3) 対人逸脱行動についての留意点

最後に，職場の対人逸脱行動に取り組んでいくうえでの留意点を，実務的なものと学術的なものについて1つずつ述べる。第一に，管理職の役割とは一般的に1）多様な価値観や性格を持った部下たちをまとめ健全な人間関係を職場で構築し，2）部下の能力を踏まえたうえで職務を公正に割り当て，3）業績目標を達成させることである。しかし本節の冒頭でも述べたように，職場の対人逸脱行為が原因でストレスを抱える人々の数が近年増大している。さらに組織研究の文献をレビューしてみると，本来部下に対して模範となる管理職の人々が，対人逸脱行動の加害者となっている場合が極めて多い（Pearson & Porath, 2009; Samnani & Singh, 2012）。さらに管理職の人が特定の人物に対して対人逸脱行動を行うと，他の部下たちも模倣的にその人物に対する対人逸脱行動を行う傾向が強いこともよく知られている（Samnani & Singh, 2012）。これらのことを踏まえると，対人逸脱行動について最も関心を持ち，真剣に取り組まねばならないのは管理職の人々なのかもしれない。

次に，対人逸脱行動の研究を展開していくうえで，研究者は"職場の対人逸脱行動とは何か？"という極めて基本的な質問を問う必要があると考える。な

ぜなら，職場で"対人問題"を抱える人々は，危害を加えてくる相手との職位差，攻撃の深刻度（例：身体的暴力の有無），攻撃の内容（例：加害意図・性的動機の有無）によって，対人問題を質的に異なるものと認識する（櫻井，2014）。さらに，それらの行為は起こる頻度のみならず，加害者の動機も同一ではないという実証的根拠がある（Greenberg & Barling, 1999; 櫻井，2014）。このような対人逸脱行動の多様性を考慮しないと，いくつかの弊害が起こりかねない。例えば，内藤（2010）が対人逸脱行動に関わる労災申請の内容分析をしたところ，暴力，暴言，性的ハラスメントといった深刻な行為を含まない比較的深刻度が低い対人逸脱行動についての申請件数が実際にはとても多かった。同研究所によると，これらの対人逸脱行動が裁判にあがってくることは稀なものの，被害者にとっては深刻なストレス要因として作用し，実際に精神不全につながっている事案も少なくない。したがって，メディアや一部の研究者らが職場で起こる様々な対人逸脱行動を"いじめ"や"ハラスメント"と一括りにしたり，あるいはそれらが世間一般に浸透したりすると，暴力や性的ハラスメントよりも印象の弱い軽度な対人逸脱行動の問題性が忘れ去られてしまう可能性がある。また，対人逸脱行動の種類によって加害者の動機が異なるということは，それらを抑制する効果的な手段も異なる可能性がある。これらのことから，研究者らが対人逸脱行動を一括りにせず，対人逸脱行動の内容や職位差を踏まえて測定し，それらの個別の規定要因や抑制方法を探っていくことが望ましいと考える。したがって以下，職場で起こる多様な対人逸脱行動の概念についての説明を加える。

　職場の暴力とは，直接攻撃，他者の所有物を破壊する行為，および不安や恐怖心を喚起させるため攻撃行為を行うと示唆する言動である（Rogers & Kelloway, 1997）。例えば，上司が部下を蹴る，人事評価で恨みを持った部下が上司に危害を加えると脅すといった言動が含まれる。また，米国では毎年約 700 人の労働者が職場で殺害されるが，こういった極端で身体的な危害が及ぶ行為も職場の暴力に含まれる。職場の暴力の特徴は，加害者が危害を加えようとする意図が明白であり，被害者もその攻撃意図を認識できる点である（図8-3 参照）。また，職場の暴力は対人逸脱行動の中で最も攻撃性が強く，その深刻さを連続線上で表現するならば，深刻度が高い方の末端に職場の暴力が位置

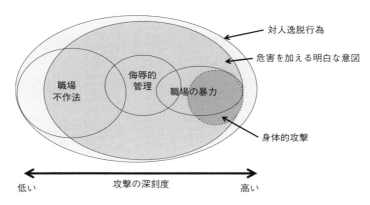

図8-3 組織内で起こる様々な対人逸脱行為の概念（櫻井, 2014をもとに筆者が作成）

し，反対線上の末端には職場不作法が位置する（Schat & Kelloway, 2005）。さらに先進諸国では，職場の暴力に対する厳しい罰則があり，我が国においても身体暴力を含む職場の暴力は刑事犯罪として取り扱われる。身体暴力を含まない暴力，例えば脅迫などの場合は懲戒解雇の正当な理由となり得る。したがって職場の暴力は，加害者にとって懲罰のリスクが極めて高いため，他の対人逸脱行動と比較して抑制動機が最も高い対人逸脱行動と考えられる。

職場不作法とは，職場の暴力など他の対人逸脱行動と比較して，攻撃性の深刻度が低い対人逸脱行動である（Andersson & Pearson, 1999）。また職場不作法は，加害者の危害を加える意図が必ずしも明白ではない。例えば，ある上司が部下の容姿に関する不適切な冗談を言った場合，この上司は部下への嫌悪感を表明している場合もあれば，不適切という自覚はなく，一種のユーモアだと信じている場合もある。しかしピアソンとポラス（Pearson & Porath, 2009）が行った大規模なインタビュー調査の結果からも明らかになったように，職場不作法の被害者の多くは，加害者の行為に困惑する一方，強い不快感を覚える。つまり，職場不作法のように加害者の攻撃意図が曖昧な言動は，問題の原因帰属が困難になるだけではなく，行為再発の予測が困難になるため，非常に不快な対人ストレス要因として作用する（Clay, 2013）。さらに職場不作法は，他の対人逸脱行動と比較して最も加害者の抑制動機が低い行為であると考えられる。例えば，危害を加える意図が明白な対人逸脱行動（例：暴力行為など）は，被

害者から報復を受けやすく，また法的あるいは組織の規範を逸脱した責任を回避することも困難になる。一方，嫌悪感を抱く相手へダメージを与えつつ，自身へのリスクを最小限に抑える職場不作法は，最も論理的な対人攻撃の手段となり得る。実際，櫻井（2014）の調査によれば，日本の職場において最も頻繁に起こる対人逸脱行為が職場不作法である。

侮辱的管理（Tepper, 2000）とは，上司が継続して行う，言語的・非言語的な敵意のある攻撃行動である。例えば，部下を怒鳴り自主退職を迫る，自分の失敗を部下に押し付ける，といった言動は侮辱的管理に含まれる。侮辱的管理には2つの代表的な特徴があり，その第一が加害者と被害者の職位差である。侮辱的管理は職位の高い組織成員から職位の低い成員に対して行われる対人逸脱行動に限定され，同僚，部下，あるいは顧客からの対人逸脱行動は含まない。ロジャースとケロウェイ（Rogers & Kelloway, 1997）によれば，加害者の職位を上司に限定するのは，上司からの対人逸脱行動が，同僚や部下などから加えられる対人逸脱行動とは異なった意味合いを持つためである。実際，労働者は同僚からの言語的な攻撃よりも，上司からの言語的攻撃に対して不安や恐怖感を強く感じる傾向があり（Cleveland & Kerst, 1993），また使用者である組織に対するコミットメントの低下や報復動機も高まりやすい（Chang & Brent, 2012）。第二に，侮辱的管理は部下に対する敵意が明白である一方，身体攻撃は含まれない。したがって図 8-3 にも表記しているように，侮辱的管理は職場の暴力よりは軽度であるが，職場不作法よりは攻撃性が重度である。

以上をまとめると，被害者に対する攻撃の深刻度が最も高い対人逸脱行動は職場の暴力であり，深刻度が最も低いのが職場不作法である。また，加害者の攻撃意図が明白な対人逸脱行動は，職場の暴力と侮辱的管理だが，身体的攻撃を含む対人逸脱行動は職場の暴力のみである。さらに，侮辱的管理の加害者は上司に限定されているが，他の対人逸脱行動のタイプにおいてこの限りはない。最後に，加害者にとって，対人逸脱行動を抑制する動機が最も低いと考えられるのは法や組織の規範による規制が及ばず，また被害者からの反撃も比較的起こりにくい職場不作法である。今後の対人逸脱行動研究においては，上記のように対人逸脱行動が攻撃内容や加害意図によって理論的に分類され，規定要因や抑制方法を探る研究が盛んに行われることが望まれる。

引用文献

Andersson, L. M., & Pearson, C. M. (1999). Tit for tat? The spiraling effect of incivility in the workplace. *Academy of Management Review, 24*, 452–471.

Barsade, S. G. (2002). The ripple effect: Emotional contagion and its influence on group behavior. *Administrative Science Quarterly, 47*, 644–675.

Beckers, D. G. J., Van der Linden, D., Smulder, P. G. W., Kompier, M. A. J., Taris, T. W., & Geurts, A. E. (2008). Voluntary or involuntary? Control over overtime and rewards for overtime in relation to fatigue and work satisfaction. *Work & Stress, 22*, 33–50.

Bennett, R. J., & Robinson, S. L. (2000). Development of a measure of workplace deviance. *Journal of Applied Psychology, 85*, 349–360.

Berry, C. M., Ones, D. S., & Sackett, P. R. (2007). Interpersonal deviance, organizational deviance, and their common correlates: A review and meta-analysis. *Journal of Applied Psychology, 92*, 410–424.

Blau, P. (1964). *Exchange and power in social life.* New York: Wiley.

Bowling, N. A., Eschleman, K. J., Wang, Q., Kirkendall, C., & Alarcon, E. (2010). A meta-analysis of the predictors and consequences of organization-based self-esteem. *Journal of Occupational and Organizational Psychology, 83*, 601–626.

Brown, G. D. A., Gardner, J., Oswald, A., & Qian, J. (2005). Does wage rank affect employees' wellbeing? *Institute for the Study of Labor- A Discussion Paper No. 1505.*

Bureau of National Affairs (1992). DOD provides many opportunities for employees to steal, GAO find. *Government Employee Relations Report, 30*, 568.

Chang, C. H., & Brent, J. L. (2012). Not all aggressions are created equal: A multifoci approach to workplace aggression. *Journal of Occupational Health Psychology, 17*, 79–92.

Checkpoint Systems (2015). The new barometer: A study of the cost of merchandise theft and merchandise availability for the global retail industry (2013-2014). 2015 年5月 Retrieved from http://netmap.com.au/files/Global%20Retail%20Theft%20 Barometer%202014. pdf (2015年8月23日)

Clay, R. A. (2013). That's just rude: Psychologists are finding that boorish behavior can have a lasting effect on well-being. *Monitor on Psychology, 44*, 34–37.

Cleveland, J. N., & Kerst, M. E. (1993). Sexual harassment and perceptions of power: An under- articulated relationship. *Journal of Vocational Behavior, 42*, 46–67.

Cohen-Charash, Y., & Spector, P. E. (2001). The role of justice in organizations: A meta-analysis. *Organizational Behavior and Human Decision Processes, 86*, 278–321.

Colquitt, J. A., Conlon, D. E., Wesson, M. J., Porter, O. L. H., & Ng, K. Y. (2001). Justice at the millennium: A meta-analytic review of 25 years of organizational justice research. *Journal of Applied Psychology, 86*, 425–445.

Colquitt, J. A., & Zipay, K. P. (2015). Justice, fairness, and employee reactions. *Annual Review of Organizational Psychology and Organizational Behavior, 2,* 75–99.

Cooper, C. L., & Roden, J. (1985). Mental health and satisfaction among tax officers. *Social Science and Medicine, 21,* 747–751.

Cropanzano, R., Bowen, D. E., & Gilliland, S. W. (2007). The management of organizational justice. *Academy of Management Perspectives, 21,* 34–48.

Cropanzano, R., & Mitchell, M. S. (2005). Social exchange theory: An interdisciplinary review. *Journal of Management, 31,* 874–900.

Davidson, B. I., & Stevens, D. E. (2013). Can a code of ethics improve manager behavior and investor confidence? An experimental study. *The Accounting Review, 88,* 51–74.

Dembe, A. E., Erickson, J. B., Delbos, R. G., & Banks, S. M. (2005). The impact of overtime and long work hours on occupational injuries and illnesses: New evidence from the United States. *Occupational and Environmental Medicine, 62,* 588–597.

Djurkovic, N., McCormack, D., & Casimir, G. (2008). Workplace bullying and intention to leave: The moderating effect of perceived organizational support. *Human Resource Management Journal, 18,* 405–422.

Ethics Resource Center. (2005). National Business Ethics Survey 2003: How Employees View Ethics in Their Organizations-1994–2005 Retrieved from www.ethics.org/resource/2005-national-business-ethics-survey (2015 年 8 月 23 日)

Greenberg, J. (1990). Employee theft as a reaction to underpayment inequality: The hidden cost of pay cuts. *Journal of Applied Psychology, 75,* 561–568.

Greenberg, J. (1993a). The social side of fairness: Interpersonal and informational classes of organizational justice. In R. Cropanzano (Ed.), *Justice in the workplace: Approaching fairness in human resource management* (pp. 79–103). Hillsdale, NJ: Erlbaum.

Greenberg, J. (1993b). Stealing in the name of justice: Informational and interpersonal moderators of theft reactions to underpayment inequality. *Organizational Behavior and Human Decision Processes, 54,* 81–103.

Greenberg, L., & Barling, J. (1999). Predicting employee aggression against coworkers, subordinates and supervisors: The roles of person behaviors and perceived workplace factors. *Journal of Organizational Behavior, 20,* 897–913.

Harris, K. J., Harvey, P., Harris, R. B., & Cast, M. (2013). An investigation of abusive supervision, vicarious abusive supervision and their joint impacts. *Journal of Social Psychology, 153,* 38–50.

Harvey, P., Stoner, J., Hochwarter, W., & Kacmar, C. (2007). Coping with abusive supervision: The neutralizing effects of ingratiation and positive affect on negative employee outcomes. *The Leadership Quarterly, 18,* 264–280.

Hatfield, E., Cacioppo, J., & Rapson, R. (1994). *Emotional contagion*. New York: Cambridge University Press.

Kish-Gephart, J. J., Harrison, D. A., & Trevino, L. K. (2010). Bad apples, bad cases, and bad barrels: Meta-analytic evidence about sources of unethical decisions at work. *Journal of Applied. Psychology, 95*, 1–31.

小森　茂 (2000). グローバル・ビジネスの内部監査と企業倫理　日本経営倫理学会誌, *7*, 241–249.

厚生労働省 (2015). 平成26年度過労死等の労災補償状況 Retrieved from http://www.mhlw.go.jp/file/04-Houdouhappyou-11402000-Roudoukijunkyokuroudouhoshoubu-Hoshouka/h26seishin_1.pdf (2015年8月23日)

久保田潤一郎 (2009). 内部統制と企業倫理の関係性　日本経営倫理学会誌, *16*, 173–182.

LeBlanc, M. M., & Kelloway, K. (2002). Predictors and outcomes of workplace violence and aggression. *Journal of Applied Psychology, 87*, 444–453.

Low, K. S. D., Radhakrishnan, P., Schneider, K. T., & Rounds, J. (2007). The experiences of bystanders of workplace ethnic harassment. *Journal of Applied Social Psychology, 37*, 2261–2297.

Mikkelsen, E. G., & Einarsen, S. (2002). Basic assumptions and post-traumatic stress among victims of workplace bullying. *European Journal of Work and Organizational Psychology, 11*, 87–111.

Miner, K. N., & Eischeid, A. (2012). Observing incivility toward coworkers and negative emotions: Do gender of the target and observer matter? *Sex Roles, 66*, 492–505.

内閣府 (2014). ワーク・ライフ・バランスに関する個人・企業調査報告書　内閣府男女共同参画局 Retrieved from http://wwwa.cao.go.jp/wlb/research/wlb_h2511/9_insatsu.pdf (2015年8月23日)

内藤　忍 (2010). 個別労働関係紛争処理事案の内容分析―雇用終了, いじめ・嫌がらせ, 労働条件引下げ及び三者間労務提供関係―　労働政策研究所 Retrieved from http://www.jil.go.jp/institute/reports/2010/0123.htm (2015年8月23日)

Nakata, A. (2011). Effects of long work hours and poor sleep characteristics on workplace injury among full-time male employees of small-and medium-scale businesses. *Journal of Sleep Research, 20*, 576–584.

Ng, T. W. H., & Feldman, D. C. (2008). Long work hours: A social identity perspective on meta-analysis data. *Journal of Organizational Behavior, 29*, 853–880.

野地祐二・板東　昭 (2013). 平成24年労働衛生特別調査の概況 Retrieved from http://www.mhlw.go.jp/toukei/list/dl/h24-46-50_05.pdf (2015年8月23日).

Oates, W. E. (1971). *Confessions of a workaholic*. Nashville, TN: Abingdon.

尾畠未輝 (2014). 長時間労働と残業代の実態―新たな労働時間制度の導入―　三菱UFJリサーチ&コンサルティング調査レポート Retrieved from http://www.murc.jp/

thinktank/economy/analysis/research/report_140626（2015 年 8 月 23 日）

Organization for Economic Cooperation and Deveopment (2015). Average annual hours actually worked per worker OECD. StatExtracta Retrieved from https://stats.oecd.org/Index.aspx?DataSetCode=ANHRS（2015 年 5 月 11 日）

O'Reilly, J., Robinson, S. L., Berdahl, J. L., & Banki, S. (2015). Is negative attention better than no attention? The comparative effects of ostracism and harassment at work. *Organizational Science, 26,* 774–793.

Palanski, M., Avey, J. B., & Jiraporn, N. (2014). The effects of ethical leadership and abusive supervision on job search behaviors in the turnover process. *Journal of Business Ethics, 121,* 135–146.

Pearson, C. M., & Porath, C. (2009). *The cost of bad behavior: How incivility is damaging your business and what to do about it.* New York: Penguin Group.

Penney, L. M., & Spector, P. E. (2005). Job stress, incivility, and counterproductive work behavior: The moderating role of negative affectivity. *Journal of Organizational Behavior, 26,* 777–796.

Rau, R., & Triemer, A. (2004). Overtine in relation to blood pressure and mood during work, leisure, and night time. *Social Indicators Research, 67,* 51–73.

Rogers, K., & Kelloway, E. K. (1997). Violence at work: Personal and organizational outcomes. *Journal of Occupational Health Psychology, 2,* 63–71.

労務行政（2014）. 労働時間削減と生産性向上事例　労務時報, *3873,* 59–66.

Rousseau, D. M. (1996). *Psychological contracts in organizations: Understanding written and unwritten agreements.* Newbury Park, CA: Sage.

櫻井研司（2015）. 職場不作法が被害者の対人・組織逸脱行動，および感情的ウェルビーイングへ及ぼす影響―対人ユーモアスタイルの交互作用―　経営行動科学, *27,* 193–208.

櫻井研司・ジェックス, S.・ギレスピー, M.（2011）. 同僚からの職場不作法がネガティブ感情及び職務満足感・職務逃避行動に及ぼす影響　産業・組織心理学研究, *25,* 13–23.

櫻井研司（2014）. 対人逸脱行動の分類から見た職場不作法　経済集志, *84,* 63–81.

Sakurai, K., & Jex, S. M. (2012). Coworker incivility and incivility targets' work effort and counterproductive work behaviors: The moderating role of supervisor social support. *Journal of Occupational Health Psychology, 17,* 150–161.

Sakurai, K., Nakata, A., Ikeda, T., Otsuka, Y., & Kawahito, J. (2014). Employment type, workplace interpersonal conflict, and insomnia: A cross-sectional study of 37,646 employees in Japan. *Archives of Environmental & Occupational Health, 69,* 23–32.

Samnani, A., & Singh, P. (2012). 20 years of workplace bullying research: A review of the antecedents and consequences of bullying in the workplace. *Aggression and Violent Behavior, 17,* 581–589.

佐野晋平・大竹文雄（2007）．労働と幸福度　日本労働研究雑誌, *558*, 4-18.

Sasaki, T., Iwasaki, K., Mori, I., Hisanaga, N., & Shibata, F. (2007). Overtime, job stressors, sleep/rest, and fatigue of Japanese workers in a company. *Industrial Health*, *45*, 237-246.

Schat, A. C. H., & Kelloway, E. K. (2005). Workplace aggression. In J. Barling, E. K. Kelloway, & M. R. Frone (Eds.), *Handbook of work stress* (pp. 189-218). Thousand Oaks, CA: Sage.

Sliter, M. T., Sliter, K. A., & Jex, S. (2012). The employee as a punching bag: The effect of multiple sources of incivility on employee withdrawal behavior and sales performance. *Journal of Organizational Behavior*, *33*, 121-139.

Sonnentag, S., & Fritz, C. (2007). The recovery experience questionnaire: Development and validation of a measure for assessing recuperation and unwinding from work. *Journal of Occupational Health Psychology*, *12*, 204-221.

Sonnentag, S., & Niessen, C. (2008). Staying vigorous until work is over: The role of trait vigour, day-specific work experiences and recovery. *Journal of Occupational and Organizational Psychology*, *81*, 435-458.

総務省（2015a）．労働力調査 E-Stat 政府統計の統計窓口 Retrieved from http://www. e-stat.go.jp/G1/estat/GL08020101.do?_toGL08020101_&tstatCode=000000110001&re questSender=dsearch（2015 年 5 月 11 日）

総務省（2015b）．毎月勤労統計調査 E-Stat 政府統計の統計窓口 Retrieved from http:// www.e-stat.go.jp/SG1/estat/L08020101.do?_toGL08020101_&tstatCode=00000101179 1&requestSender=search（2015 年 5 月 11 日）

Spector, P. E., Cooper, C. L., Poelmans, S., Allen, T. D., O'Driscoll, M., Sanchez, J. I., Siu, O., Dewe, P., Hart, P., & Lu, L. (2004). A cross-national comparative study of work-family stressors, working hours, and well-being: China and Latin America versus the Anglo world. *Personnel Psychology*, *57*, 119-142.

Spector, P. E., & Fox, S. (2002). An emotion-centered model of voluntary work behavior: Some parallels between counterproductive work behavior and organizational citizenship behavior. *Human Resource Management Review*, *12*, 269-292.

Sy, T., Cote, S., & Saavedra, R. (2005). The contagious leader: Impact of the leader's mood on the mood of group members, group affective tone, and group process. *Journal of Applied Psychology*, *90*, 295-305.

高原龍二（2014）．日本における公立学校教員の年齢・職務満足感関係：教員労働組合員と民間労働組合専門職労働者の比較検討　産業衛生学雑誌, *56*, 91-101.

田中仁志・吉谷真治（2013）．平成 24 年度個別労働紛争解決制度施行状況報告書 2012 年 5 月 31 日 Retrieved from www.mhlw.go.jp/stf/houdou/2r985200000339uj-att/2r9852 000 00339w0.pdf（2015 年 8 月 23 日）

Tepper, B. J. (2000). Consequences of abusive supervision. *Academy of Management Journal, 43,* 178-190.

Uehata, T. (1991). Long working hours and occupational stress-related cardiovascular attacks among middle-aged workers in Japan. *Journal of Human Ergology, 20,* 147-153.

Umphress, E. E., Ren, L. R., Bingham, J. B., & Gogus, C. T. (2008). The influence of distributive justice on lying for and stealing from a supervisor. *Journal of Business Ethics, 86,* 507-518.

Van Wijhe, C. I., Peeters, M. C. W., & Schaufeli, W. B. (2011). To stop or not to stop, that's the question: About persistence and mood of workaholics and work engaged employees. *International Journal of Behavioral Medicine, 18,* 361-372.

Wilkerson, J. M., Evans, W. R., & Davis, W. D. (2008). A test of coworkers' influence on organizational cynicism, badmouthing, and organizational citizenship behavior. *Journal of Applied Social Psychology, 38,* 2273-2292.

Yallop, A. C. (2012). The use and effectiveness of code of ethics: A literature review. *Marketing from Information to Decision, 5,* 502-514.

山下祐介 (2010). 企業倫理実践における制度化の要件 駒沢大学経済学論集, *42,* 57-65.

第9章

労働者のキャリアとメンタルヘルス

大庭さよ

　労働者のメンタルヘルスを考える際にキャリアの視点は欠かせない。なぜなら，キャリアはすべての労働者にとって課題となる可能性があり，彼らのメンタルヘルスに大きく影響を与えるからである。本章では，キャリアの視点を持つために必要な理論やアプローチを紹介する。そして，キャリアとメンタルヘルスの関連について述べたうえでメンタルヘルス予防としてのキャリア支援について解説する。

1. キャリアとは

(1) キャリアの定義

　「キャリア」という言葉は何を意味するのだろうか。川喜多（2014）によれば，キャリアの語幹はラテン語の「車輪のついた乗り物」「荷車」である。その語源から「俊敏に，途切れることなく，動く」という意味も生まれ，19 世紀前半には，「立身出世コース」を意味するようになっていく。キャリアという言葉には，目的の前進，目的への乗り物，決まったコースなどの意味がつきまとっている（川喜多，2004）。

　心理学領域における「キャリア」の変遷については，渡辺（2014）に詳しい。渡辺（2014）によれば，日本におけるキャリア支援活動の大半はアメリカにおける職業行動に関する援助プログラムを紹介することに始まった。アメリカの心理学領域におけるキャリア研究は「働くという行動パターンの連続性」を発達心理学，差異心理学，社会心理学，パーソナリティ心理学の視点に立って始められているため，キャリアの解釈もそれぞれの理論の理念と特徴を反映することに留意する必要がある，という。

　例えば，キャリアは他者との関係の中でたがいに学びあうことで形成され

るとする関係アプローチ（Relational Approach）をとるホール（D. T. Hall）は，「キャリア」という言葉が使われる際に意味するものを4つに分類している。それは，①昇進，②専門職，③生涯通じた職務の連続，④生涯を通じた役割に関する経験の連続，である。そのうえでキャリアを次のように定義している（Hall, 2002）。

＊キャリアとは成功や失敗を意味するのではなく，「早い」昇進や「遅い」昇進を意味するものではない。

＊キャリアにおける成功や失敗はキャリアを歩んでいる本人によって評価されるのであって，研究者・雇用主・配偶者・友人といった他者によって評価されるわけではない。

＊キャリアは行動と態度から構成されており，キャリアをとらえる際には，主観的なキャリアと客観的なキャリア双方を考慮する必要がある。

＊キャリアはプロセスであり，仕事に関する経験の連続である。

文部科学省から2004年に公表された「キャリア教育の推進に関する総合的調査研究協力者会議報告書」においては，キャリアは次のように定義されている（渡辺，2007）。

「キャリアは『個人』と『働くこと』との関係の上に成り立つ概念であり，個人から独立して存在しえないということである。……個々人が生涯にわたって遂行するさまざまな立場や役割の連鎖およびその過程における自己と働くこととの関係づけや価値づけの累積」（2004, p.7）

さらに，渡辺（2007）は，キャリアの多数の定義を分析した結果，キャリアという言葉が共通して内包している意味を次のように整理した。

①人と環境の相互作用の結果：個人から環境の働きかけや個人と環境の関係性に焦点をあて，キャリアは個人と環境の相互作用の結果として生じると考えている。

②時間的流れ：キャリアは一時点での出来事や行為，現象を表す言葉ではな

く，「時間的流れ」「時の経過」が内包されている。

③空間的広がり：個人の行動は真空地帯で行われるのではなく，具体的な空間を舞台として繰り広げられるものである。

④個別性：自立性，主体性の生かされる働き方，自己決定，自己選択のできる働き方をキャリアと呼んできた。

すなわち，「キャリア」とは，単なる職務の連続を指すのではない。時間的な流れの中で，個人と環境がどのように相互作用していくのか，個人の役割がどのように関係しあい，変化していくのか，といった時間と空間の関係性に焦点を当て，個人の主体性を尊重する概念である。

(2) キャリア発達論からのアプローチ

働く人のキャリアを理解しようとする際に，理論的な拠り所となるのがキャリア発達論である。キャリア発達論は，キャリア行動に関する研究成果の蓄積であり，主として職業心理学ならびにカウンセリング心理学の分野で発展してきた。そして，「何に焦点を当てるか」によって，いくつかのアプローチに分類できる。「働く人のキャリアをどのように理解し支援していったらよいか」という臨床的観点からは，次の5つのアプローチが主要なものである，と筆者は認識している（表9-1）。ここでは，各アプローチを紹介していき，それぞれが支援の現場でどのように役に立つかについても触れていく。

1) 個人−環境適合アプローチ

働く人が抱えるキャリアの課題を個人と環境とのマッチングの観点から理解する際に役に立つアプローチが個人−環境適合（Person-Environment fit）アプローチである。個人−環境適合アプローチは，個人と環境の相互作用に焦点を当て，両者のマッチングをダイナミックなプロセスとしてとらえようとする。

表9-1　キャリア発達理論に基づく主要なアプローチ

個人−環境適合アプローチ：個人と環境との相互作用に焦点

ライフスパン・ライフスペースアプローチ：時間的流れと空間的広がりに焦点

組織内キャリア発達アプローチ：組織内における時間的流れ（発達）に焦点

トランジションアプローチ：人生上の転機をどのように乗り越えていくかに焦点

キャリア構築理論からのアプローチ：キャリアが主観的にどのように構築されるかに焦点

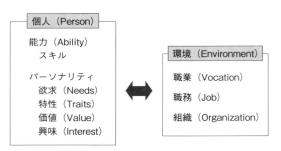

図9-1 個人–環境適合のモデル

当アプローチでは，次の3つの前提にたっている。

①個人は自分の特性に合った環境を探し求める。

②個人と環境の一致の程度が，個人と環境双方にとっての重要な結果と関連する。すなわち，両者の適合が大きければ大きいほど，よりよい結果がもたらされる。

③個人と環境の一致は双方向的なダイナミックなものである。すなわち，個人が環境に働きかけることによって環境を変化させることもあれば，環境が個人に働きかけることによって個人を変化させることもある。

個人–環境適合アプローチでは，個人側の特性のどの側面に焦点を当てるか，環境のどのレベルに焦点を当てるかによって図9-1のように整理できる。

個人–環境適合アプローチの代表的なモデルがホランド（Holland, 1997）の6角形モデルである。6角形モデルでは，個人の「興味」の側面と環境のレベル「職業」との適合に焦点を当てている。ホランドは個人の職業興味をパーソナリティと位置付けており，次の4つの仮定に基づいている。

①我々の文化圏において，大多数の人は，現実型，研究型，芸術型，社会型，起業型，慣習型の6つのパーソナリティのうちの1つに分類され得る。

②我々の生活環境は6つのパーソナリティタイプに支配されており，したがって，環境の特徴は現実的，研究的，社会的，起業的，慣習的という6つの環境モデルで説明され得る。

③人々は自分の持っている技能や能力が生かされ，価値観や態度を表現でき，自分の納得のできる役割や課題を引き受けてくれるような環境を求める。

表 9-2　ホランドのパーソナリティタイプ

現実的（Realistic）：機械や物を対象とする具体的で実際的な仕事や活動
研究的（Investigative）：研究や調査などのような研究的，探索的な仕事や活動
芸術的（Artistic）：音楽，美術，文芸など芸術的領域での仕事や活動
社会的（Social）：人に接したり，奉仕したりする仕事や活動
起業的（Enterprising）：企画や組織運営，経営などのような仕事や活動
慣習的（Conventional）：定まった方式や規則に従って行動するような仕事や活動

　④人の行動（様々な選択行動，職業的安定性，業績，実力，社会的行動パターン，影響の受けやすさなど）はパーソナリティと環境との相互作用によって決定される。

　パーソナリティと環境を表す6つのタイプの概要は表9-2の通りである（日本労働研究機構，2002）。これらの6つのパーソナリティタイプは，ホランドにより開発されたVPI（Vocational Preference Inventory，日本版の名称はVPI職業興味検査）で測定可能である。

　ホランドの6角形モデルをはじめとして個人−環境適合モデルは，個人と環境の関係性および相互作用に焦点を当てているため，労働者が現在の環境に違和感を持っている場合など，環境への適応に課題を感じている場合に，その課題の理解と支援に役に立つ。例えば，「今の仕事が合わない」と感じ，仕事に対するモチベーションが落ちたり，なんとなく不調を感じている労働者を支援する場合に，個人のどの側面と環境のどのレベルが合わないと感じているのか，それはなぜ生じているのか，を明確にすることによって，個人が環境にどのように働きかけていけばよいのか，環境をどのように選び取っていけばよいのか，を支援していくことができる。「今の仕事が合わない」と訴える中途入社者においては，個人の能力と職務が求める能力は一致しているものの，個人が有している価値観と組織が有している価値観が相容れず，思うように能力が発揮できていない場合がある。これは，能力と職務との適合は悪くないものの，個人と組織の適合が悪いため，適応が妨げられている，ということである。そのような場合，個人と環境の適合を獲得していくために，様々な対処戦略を考えていくことになる。その対処戦略には，転職というかたちで環境自体を新しくするという方法のみならず，今の環境に働きかけ今の環境を変化させていく方法，

個人が環境の影響で変わっていく方法などがある。

2）ライフスパン・ライフスペースアプローチ

個人を発達的観点から理解し，時間軸の中でその役割がどのように影響しあうか，どのように変化していくか，に焦点を当てているのが，スーパー（D. E. Super）によって提唱されたライフスパン・ライフスペースアプローチである。すなわち，ライフスパン・ライフスペースアプローチでは，キャリア発達を役割の視点（ライフスペース）と時間の視点（ライフスパン）からとらえている。ライフスペースとは，個人が置かれている状況的側面に注目した概念で社会的な立場や役割のことである。これらには，「子ども」「学ぶことに従事する者」「余暇を過ごす者」「市民」「労働者」「家庭人」「その他」があると考えられている。ライフスパンとは，ライフスペースにおける役割（特に仕事役割）を選択し，その役割に適応していく発達的なプロセスに焦点を当てた概念である。ライフスパン・ライフスペースアプローチでは，複数の役割が生涯を通じてそのバランスを変えながら重なりあって変化していくと考えられており，この様子を絵にしたものが図9-2に示した「ライフ・キャリア・レインボー」である。

当アプローチは，労働者が複数の役割を担い，それらが影響しあい，生涯の中で変化していくことに焦点を当てているため，ライフサイクルの変化によっ

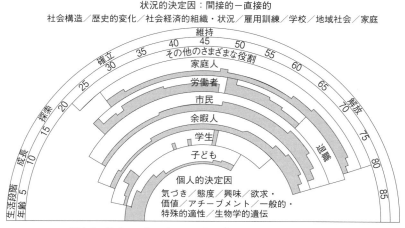

図9-2　ライフ・キャリア・レインボー（Nevill & Super, 1986）

て，仕事役割とその他の役割（例：育児，家事，看護，介護の家庭役割など）の間で葛藤を抱えていたり，バランスをとりあぐねている労働者を支援する際に役に立つ。例えば，育児休暇明けに職場復帰した女性が思うように仕事ができない，仕事と家族のことで疲弊している，というような場合には，仕事役割や家庭役割にどの程度時間を割き，どの程度心理的に関与しているのか，といったことをともに考えることによって，ワーク・ライフ・バランスをうまくとり，メンタルヘルスを改善していくことが可能となる。

3）組織内キャリア発達アプローチ

会社などの組織において，個人の主観的なキャリアがどのように発達していくのか，を理解しようとしたのが，組織心理学者であるシャイン（E. H. Schein）である。シャインは，人が生きている領域を大きく3つのサイクル，「生物学的・社会的」「家族関係」「仕事・キャリア」に分け，それらが相互に影

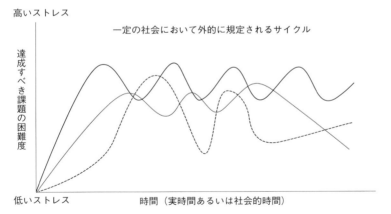

図9-3　3つのサイクルの相互作用モデル（Schein, 1978）

150　第9章　労働者のキャリアとメンタルヘルス

響しあって人の人生をつくっていると考えている。そのことを示唆したものが
図9-3である。各サイクルにおける達成すべき課題の困難度は，年齢および社
会的年齢によって変わり，重なりあう。個人によってどの段階にいるのか，課
題の困難度はそれぞれ異なるため，この図はあくまでも目安としてとらえるべ
きである。

　シャインは，キャリアを「外的キャリア」と「内的キャリア」の2つの軸か
らとらえている。

　「外的キャリア」は客観的なキャリアであり，「階層」「職能」「中心性」の3
次元から成ると考えられている。「中心性」とは，組織の中での重要性が増すこ
と，すなわち組織の中で機密が高い情報に触れたり，重要性の高い業務に携わ
ることが多くなることを意味する。すなわち，「外的キャリア」とは組織内にお

表9-3　キャリアアンカーの概要

TF（Technical/Functional Competence）　専門・職能別コンピタンス 特定の仕事に対する自分の才能を発揮し，専門家であることを自覚して満足感を覚える。
GM（General Managerial Competence）　全般管理コンピタンス 経営管理そのものに関心を持ち，組織の階段を上り，責任ある地位につきたいという強い願望を抱いている。重い責任，統合的仕事を好む
AU（Autonomy / Independence）　自律・独立 どんな仕事に従事している時でも自分のやり方，自分のペース，自分の納得する仕事の標準を優先させる。
SE（Security/Stability）　保障・安定 安全で確実と感じられ，将来の出来事を予測することができることを最優先する。仕事そのものの性質よりも条件などに関心。
EC（Entrepreneurial Creativity）　起業家的創造性 自分が新しく事業を起こすことができるということをとにかく試してみたいという熱い思いを抱いている。
SV（Service/Dedication to a Cause）　奉仕・社会貢献 自分の実際の才能や有能な分野よりも価値観によって方向付けられている。なんらかのかたちで世の中をもっとよくしたいという欲求に基づいている。
CH（Pure Challenge）　純粋な挑戦 不可能と思えるような障害を克服すること，解決不能と思われてきた問題を解決することを成功と感じる。
LS（Lifestyle）　生活様式 生活様式全体を調和させることが大事。個人のニーズ，家族のニーズ，キャリアのニーズをうまく統合させる方法を見出すことを望む。

いて個人が階層や職能を上げていくにしたがって，組織の中での重要な立場になっていくことである。

一方，「内的キャリア」は個人が主観的に体験するものである。内的キャリアを発達させる際に拠り所になるものとして，シャインはキャリアアンカーを導き出した。キャリアアンカーは，キャリアにおける自己が異変であり，自覚された「才能と能力」「動機と欲求」「価値」により構成される。そして，個人のキャリアを導き制約し安定させる働きを持つ。シャインにより提示されたキャリアアンカーは表9-3の通りである（Schein, 1990）。

シャインの組織内キャリア発達アプローチは，個人が組織の中で外的キャリア，内的キャリアをどのように発達させていくか，に焦点を当てているため，労働者が組織の中での地位，役割をどのように考えているか，そしてそれは自己概念とどのように関係しており主観的なキャリアをどのように作り上げていきたいと思っているのか，を理解するのに役に立つ。また，キャリアアンカーは自分がキャリアを発達させていくうえで何を拠り所にしていったらよいのか，に関して一定の枠組みを与えてくれるため，キャリア上での意思決定の際に何を選び，何をあきらめていくのか，を考えていく際に役に立つ。

4）トランジションアプローチ

個人が人生の中で転機に直面した際に，転機を理解し，乗り越えるための支援を行う際に役に立つアプローチがトランジションアプローチである。トランジションは，人生の中で生じる「転機」を意味するが，心理学においては，2つのとらえ方がある。1つは発達論的な視点から見たトランジションであり，もう1つは人生上の出来事という視点から見たトランジションである。発達論的な視点から見たトランジションは，人生上にはある一定のキャリア発達段階がある，という前提に立ち，次の発達段階に行くための発達課題や移行期を指す。

一方，人生上の出来事という視点から見たトランジションとは，結婚，転職など個人における独自の出来事を指す。これらのうちのいくつかは人生において大きな影響を及ぼす出来事となる。シュロスバーグ（N. K. Schlossberg）は，トランジションを自分の役割，人間関係，日常生活，考え方を変えてしまうような人生上の出来事ととらえ，その対処に焦点を当てている。トランジションには，「予測していた転機」「予測していなかった転機」「期待していたものが

起こらなかった転機」の3つのタイプがあり，転機の始まり，最中，終わりの
プロセスをたどると考えられている。トランジションへの対処として，シュロ
スバーグは4Sモデルを提唱している。4Sとは，状況（Situation　引き金，タ
イミング，期間，過去経験），自己（Self　人口統計的特徴，心理的特性），支
援（Support　サポート資源の量，質，クライアントの認知），戦略（Strategies
転機を変化させるような行動）である。これらの自分が有している資源を活用
し，強化することによって対処をしていくことが有効である。

　シュロスバーグのトランジションへのアプローチは，転機となる出来事への
対処に焦点を当てているため，転機に直面しそれを乗り越える必要がある労働
者を支援する際に役に立つ。例えば，メンタルヘルスの不調によって会社を休
まざるを得なくなった労働者の復職を支援する場合に，会社を休むことを「転
機」すなわちトランジションとしてとらえ，このトランジションを乗り越えて
いく際に使える資源にはどのようなものがあるかを洗い出し，どのように乗り
越えていくか，を考えていくことができるであろう。

5）キャリア構築理論からのアプローチ

　サビカス（M. L. Savickas）のキャリア構築理論は，スーパーのライフスパ
ン・ライフスペースアプローチと社会構成主義を理論的背景に持ち，カウンセ
ラーとしてのサビカスの実践経験に基づいて確立された。ライフスパン・ライ
フスペースアプローチは先述の通りであるが，社会構成主義とは，自然や自己
についての「正確」で「客観的」な説明というものは，実は社会過程の産物で
あり，人々の間で構成されたものである，という考え方である。すなわち，キ
ャリア構築理論では，サビカスが「意味を運ぶものとしてのキャリア」と表現
したように，キャリアを主観的なものとしてとらえている。すなわち，キャリ
ア構築理論は，どのような解釈や対人関係のプロセスを通じて個人が職業行動
を意味づけたり，方向づけたりするのか，を説明している。

　キャリア構築理論は，職業パーソナリティ，キャリア・アダプタビリティ，
ライフテーマという3つの主要概念から成り立っている。職業パーソナリティ
は，どんな職業が自分に合っているのかという職業行動における「what」の側
面を意味しており，キャリアに関連した能力，欲求，価値観，興味によって定
義される。そして，キャリア構築理論の立場から次の点を提唱している。

＊職業的な興味は社会的に構成されたものである。

＊職業の社会的な分類を示す枠組みとして活用できるホランドの理論を使うことによって，クライアントは自分が何者で，何を求めているのかについて，6つのタイプというシンプルな言葉で表現することができる。

キャリア・アダプタビリティとは，現在および今後のキャリア発達課題，職業上のトランジション，そしてトラウマに対処するためのレディネスおよびリソースを意味する心理社会的な構成概念であり，キャリアにおける「how」の側面のことである。キャリア・アダプタビリティは表9-4にあるように，四次元から構成されている。

関心：自らの職業上の未来に関わる関心であり，未来に備えることが重要であるという感覚

統制：自らのキャリアを構築する責任は自分にあると自覚し確認すること

好奇心：自分自身と職業を適合させるために職業に関わる環境に興味を持ち探索すること

自信：進路選択や職業選択を行う際に必要となる一連の行動を適切に実行できるという自己効力感

そして，これら4次元に基づき，キャリア・アダプタビリティがある人とは次のような人だと考えられている。

表9-4　キャリア・アダプタビリティの次元（Savickas, 2005）

キャリア質問	キャリア問題	アダプタビリティ次元	態度と信念	能力	対処行動	関係性の見方	キャリア介入
私に未来はあるのか？	無関心	関心	計画的	計画能力	認識，関与，準備	依存	方向づけの学習
誰が私の未来を所有しているのか？	不決断	統制	決断的	意思決定能力	主張，秩序，意志	自立	意思決定訓練
私は自らの未来をどうしたいのか？	非現実性	好奇心	探究的	探索能力	試行，リスクテーキング，調査	相互依存	情報探索活動
私はそれを実現できるか？	抑制	自信	効力感	問題解決能力	持続，努力，勤勉	対等	自尊心の確立

1. 職業人として，自らの未来について「関心」を持っていること
2. 職業上の未来に対して，自らが「統制」をしていること
3. 自らの可能性と未来のシナリオを探索することに，「好奇心」を発揮していること
4. 自らの願望を実現するために，「自信」を持っていること

ライフテーマは，なぜそのような職業を選択するのか，働くのかといった職業行動の「why」の側面を説明するものである。個人が直面した発達課題や職業上のトランジションなどが語られたものはキャリアストーリーと呼ばれ，なぜ個人がそのような行動をとるのか，またそのように行動することの個人的な意味が含まれている。キャリアストーリーを語ることは，個人にとっての意味を作りだし，将来を形作るための能動的な試みである。

そして，キャリアストーリーにまとまりを与えるものがライフテーマであると考えられている。ライフテーマは個人にとって「重要なこと」に関係しており，個人が何のために行動するか，行動する意味は何か，ということを表すと同時に社会に貢献するために何に取り組むか，ということも表している。

キャリア構築理論は，キャリアにおける「what」「how」「why」の3側面を総合的にとらえているため，労働者がどの側面でキャリア上の課題を抱えているのか，を明確にする際に役に立つ。そのうえで，課題を抱えている側面に焦点を当てて，職業パーソナリティ，キャリアダプタビリティ，ライフテーマの概念を用いて意思決定を支援していくことができるであろう。

2. メンタルヘルス不調の予防としてのキャリア支援

（1）キャリアとメンタルヘルスの関連性

労働者のメンタルヘルスとキャリアは密接に関連しあっている。メンタルヘルスとキャリアの関連性には2つの方向性が考えられる。1つはキャリアに関する問題がストレスの原因となり，メンタルヘルスを悪化させる場合である。もう1つは，メンタルヘルスの悪化に伴い，キャリアに関する問題を考えざるを得ない場合である（大庭，2008）。

キャリアに関する問題は，マッチングに関する問題，ライフキャリアに関す

る問題，トランジションに関する問題に大別できる。マッチングに関する問題とは，個人特性と仕事特性や組織特性とのミスマッチからくる問題である。先述の個人－環境適合アプローチからとらえると，能力，興味，価値観といった個人特性のいずれかの側面と職務，職業，組織といった環境のいずれかのレベルの間に不適合が生じている際に，マッチングに関する問題が生じる。

　ライフキャリアに関する問題とは，役割と時間軸の視点からとらえられる。ライフスパン・ライフスペースアプローチで説明したように，役割には仕事役割だけでなく，生活空間によって様々な役割がある。ライフキャリアに関する問題の中には，「管理職に昇進したがうまくこなせない」といった問題のように，同一役割内の時間軸に伴う変化によって問題が生じる場合もあれば，子どもが産まれたり，親が介護を必要とするようになったことにより職業人としての役割と家庭人としての役割のバランスが変化しそのバランスを再設定しなければならないような生活上の複数の役割間の問題が生じる場合もある。

　トランジションに関する問題とは，人生の移行期に生じる問題や人生において大きな転機となるような出来事に関する問題である。これらのキャリアに関する問題は，ストレス原因となり，メンタルヘルスを悪化させることがある。

　ここでは，キャリアに関する問題がストレスの原因となりメンタルヘルスに影響を及ぼしている実例としてある一企業の高ストレス職場でストレスチェックを行った結果を紹介したい（大庭ら，2006）。ストレスチェックは一企業（以下 A 企業とする）の顧客からの問い合わせや苦情に対応する職場（以下 B 職場とする）から，B 職場の社員たちのメンタルヘルス改善のためにセルフケア研修をしてほしい，というニーズからスタートした。B 職場の現状を把握し，効果的なセルフケア研修を行うためにストレスチェックを実施することとなった。ストレスチェックの結果を分析すると，「常連のクレーマーからの電話を受ける」などの顧客対応ストレスがストレス症状を高めてメンタルヘルスの状態を悪化させていることが分かった。この結果は，当初の予想通りとも言える結果であったが，「キャリアアップしていると感じられない」「今後のキャリアの方向性が定まらない」「現在の業務に適性がない」といったキャリアへの不満が高くなると組織から大事にされていないという感覚が高まり，その結果としてストレス症状が高まりメンタルヘルスを悪化させていることも明らかになった。

これらの結果から，セルフケア研修では顧客対応ストレスへの対処方法を身につけることを目的として実施された。また，キャリアへの不満に対しては，社内カウンセリングでキャリアカウンセリングを行い個別に対応するだけでなく，ジョブローテションなどB職場からのキャリアパスの整備によりメンタルヘルス改善を目指すこととなった。

　一方，メンタルヘルスの悪化によりキャリアの問題を考えざるを得ない場合も存在する。その典型的な事例がメンタルヘルスの悪化によって会社を休まざるを得なくなった場合である。メンタルヘルス悪化により休職に至った場合には，休職によって中断されたキャリアを復職後どのようにつなげていくのか，復職するにあたっては「どんな仕事にどのように戻るのか」「今後どのような働き方をすれば再びメンタルヘルスを悪化させないのか」といった復職後のキャリアプランについて考えることが不可欠となる。

(2) メンタルヘルス不調の予防としてのキャリア支援
1) キャリアカウンセリングとは

　メンタルヘルス不調の予防としてのキャリア支援は，先の実例にあるようにキャリアパスを整備するなど組織に介入する方法と個を対象にするキャリアカウンセリングがあるが，ここではキャリアカウンセリングについて述べることとする。

　個人の「キャリア」に焦点を当てたカウンセリングをキャリアカウンセリングと呼び，詳細な定義は以下の通りである（大庭・渡辺，2000）。

　＊対象とするのは，キャリアに関する問題を抱えた「個人」である。キャリアに関する問題とは，仕事とのマッチングだけではなく，ライフキャリア上の役割に関するすべての問題が含まれる。

　＊キャリア問題に付随する情緒的問題（不安，うつ状態など）や行動上の問題（暴力行為など）も援助の対象となる。

　＊キャリアカウンセリングの目標は，クライアントが意思決定過程に必要な能力を発達させて自立的に行動し，社会の中でより有能に機能できるようになることである。

　＊キャリアカウンセリングは，カウンセラーとクライアントの信頼関係・協

力関係が前提である。

＊キャリアカウンセリングは個人カウンセリング，集団カウンセリングどちらにも応用される。

＊キャリアカウンセラーはクライアントの援助のために多様な行動レパートリー専門的能力）を有している必要がある。

2）メンタルヘルス不調の予防としてのキャリアカウンセリングの実際

メンタルヘルス予防は，1次予防（こころの健康保持増進），2次予防（早期発見，早期治療），3次予防（再発予防）に分けられる。キャリアカウンセリングの場面において，メンタルヘルス不調に気づき，治療に早めにつなげられることにより2次予防になることもあるが，この場合には，キャリアカウンセリングよりも治療が優先されることになるため，ここでは，1次予防としてのキャリアカウンセリングと3次予防としてのキャリアカウンセリングの実際について紹介したい。

1次予防としてのキャリアカウンセリングを行った事例として著者が外部EAPのカウンセラーとして関わった森田（2014）がある。森田（2014）では，新入社員全員を対象に人材育成部門が行う新入社員フォロー研修に加えて看護職・カウンセラーによる健康・適応支援を目的とした全員に対するフォロー面談を行った。この面談では，キャリアカウンセリングの立場から作成されたOSI職業ストレス調査票（Occupational Stress Inventory）が用いられた。OSI職業ストレス調査票は，ストレス原因，ストレス反応，ストレス対処の3側面を自己記入，採点式で測定できる心理テストである。カウンセラーから看護職に対してOSIを用いたキャリアカウンセリングの教育を行い，入社9か月後に面談は実施された。健康状態の悪化により産業医につなぐケース，すなわち2次予防を必要とするケースはなく，軽度の不調者および適応が阻害されている新入社員に対して引き続きフォローを行うとともに人材開発との連携が必要と思われるケースに関しては，本人の了解を得てフォローを行った。本事例のように，キャリアの節目においてキャリアカウンセリングを行うことは1次予防の効果があると考えられる。特に自ら相談することが難しいと思われる新入社員や中途入社者においては，このような機会を設けることで彼らのキャリア開発とメンタルヘルス不調の予防の双方が促進されると思われる。

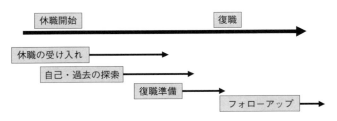

図 9-5　休職から復職へのプロセス（大庭，2004）

　3次予防としてのキャリアカウンセリングは，復職支援を目的としたキャリアカウンセリングである。休職者は先述の2つの方向性のキャリアに関わる問題，すなわちメンタルヘルス悪化による休職の原因としてのキャリアの問題と休職によって生じた復職後のキャリアの問題の双方を抱えていることとなる。復職支援を目的としたキャリアカウンセリングは，治療先である医療機関のカウンセラー，復職支援プログラム担当カウンセラー，事業場内産業保健スタッフとして復職支援を担当するカウンセラー，それぞれにより行われる場合がある。カウンセラーがどのような立場であるかにかかわらず，「休職」という出来事を休職者のキャリア上の転機としてとらえる必要がある（図 9-5 参照）。そのためには，自らが休職に至った経緯を振り返る必要があり，休職者自身が休まざるを得なくなったストーリーを紡ぐ必要がある。そうする中で，休職の原因としてのキャリアの問題が明らかになってくることが多い。例えば，適性の問題，役割への適応の問題などである。振り返りにより，メンタルヘルス不調の背景にあるキャリアの問題を明確にするだけでなく，これまでの人生においてどのように困難に対処してきたのか，人生の節目においてどのように意思決定をしてきたのか，何を大事にしているのか（価値観）などが明確にする。その結果，今の「転機」への対処への乗り越え方が分かり，復職後のキャリアを考えていくこととなる。復職後は，「早くみんなに追いつかなければ」と焦燥感にかられることも多いため，短期的な視野に陥りがちな復職者に時間的展望を持たせ，長期的なキャリアにおいて今何をすべきか何を優先すべきかを確認していくこととなる。

　ここでは1次予防としてのキャリアカウンセリング，3次予防としてのキャリアカウンセリングの実際について紹介したが，今後は働く人々や働き方が多

2. メンタルヘルス不調の予防としてのキャリア支援　　**159**

様化し，個々人が抱えるキャリアの問題も多様化していくことが想像され，キャリアの問題とメンタルヘルスの関連性はますます強くなるであろう。そして，メンタルヘルス不調に陥る前に自らの働き方や適性を考える 1 次予防としてのキャリアカウンセリングの重要性が高まると考えられる。

引用文献

Hall, D. T. (2002). *Careers in and out of organizations.* Thousand Oaks, CA: Sage.

Holland, J. L. (1997). *Making vocational choice: Theory of vocational personalities and work environments* (3rd ed.). Odessa, FI: Psychological Assessment Resources.

川喜多　喬 (2004). 人材育成論入門　法政大学出版局

川喜多　喬 (2014). キャリア　日本キャリアデザイン学会（監修）　キャリアデザイン支援ハンドブック（pp. 3-4）　ナカニシヤ出版

文部科学省 (2004). キャリア教育の推進に関する総合的調査研究協力者会議報告書

森田美保子 (2014). OSI を用いた看護職・カウンセラーによる新入社員フォロー面談の取り組み　産業精神保健研究, *5*, 6-10.

Nevill, D. D., & Super, D. E. (1986). *The values scale manual: Theory, application, and research.* Palo Alto, CA: Consulting Psychologist Press.

日本労働研究機構 (2002). VPI 職業興味検査（第 3 版）手引き　雇用問題研究会

大庭さよ (2008). 職場メンタルヘルス支援活動とキャリアカウンセリング　産業ストレス研究, *15*, 139-144.

大庭さよ (2004). 職場復帰へ向けての心理的援助　産業精神保健, *12* (4), 322-325.

大庭さよ・坂井一史・島　悟 (2006). 1 企業における高ストレス職場への介入研究（1）（2）　産業精神保健学会第 13 回大会抄録集

大庭さよ・渡辺三枝子 (2000). キャリアカウンセリングの課題と展望　現在のエスプリ, *402*, 177-183.

Savickas, M. L. (2005). The theory and practice of career construction. In S. D. Brown, & R. W. Lent (Eds.), *Career development and counseling: Putting theory and research to work* (pp. 42-70). Hoboken, NJ: John Willy & Sons.

Schein, E. H. (1978). *Career dynamics: Matching individual and organizational needs.* Reading, MA: Addison-Wesley.（シャイン，E. H.　二村敏子・三善勝代（訳）(1991). キャリア・ダイナミクス―キャリアとは生涯を通しての人間の生き方・表現である　白桃書房）

Schein, E. H. (1990). *Career anchors: Discovering your real values* (Revised ed.). San Francisco, CA; Jossey Bass/Pfeiffer.（シャイン, E. H.　金井壽宏（訳）(2003). キャリア・アンカー ―自分の本当の価値を発見しよう　白桃書房）

渡辺三枝子（2007）．キャリアとは　渡辺三枝子（編著）　新版 キャリアの心理学（pp. 5-16）　ナカニシヤ出版

渡辺三枝子（2014）．キャリア　日本キャリアデザイン学会（監修）　キャリアデザイン支援ハンドブック（pp. 5-6）　ナカニシヤ出版

II

産業保健心理学のトピック

第10章

職場外の要因とメンタルヘルス

1. 睡眠，休養と健康

高橋正也

（1）はじめに

　健康で働きがいを持って働きたいというのは労働者すべての願いではなかろうか。この願いを叶えるには実は，多くの方策があるはずである。にもかかわらず，仕事の話題となると，働き方をどう修正するかにとかく偏りがちである。もちろん，通勤や残業を含めれば，労働に関わる時間が1日の中で最も長くなるため，その時間帯をいかに快適に過ごすかは中核的な課題と言える。しかし，働いていない時間帯も同じようにレベルアップしなければならない。こうした視点はなにより大事であり，我が国の労働安全衛生に関して向こう5年（2013（平成25）年度から2017（平成29年）度）にわたって重点的に取り組む事項を定めた第12次労働災害防止計画でも示されている（厚生労働省，2013）。労働時間外で重視すべき活動は長さという点でも，質という点でも，睡眠にほかならない（高橋，2016）。したがって，睡眠を良好にする努力が優先されてよい。

　本章では，睡眠や休養に関する我が国の現状を踏まえてから，良好な睡眠のために労働時間の中で改善すべきこと，およびその外で留意すべきことを解説する。

（2）睡眠は生活の土台である

1）睡眠が短くなっている

　この10年来の国民・健康栄養調査ではほぼ毎年，睡眠の状況を調べている。図10-1左のとおり，労働者人口に対応する20歳から59歳の集団では睡眠6時間未満者の割合が緩やかに増えている。一方，労働者を対象に5年ごとに行

1. 睡眠，休養と健康　163

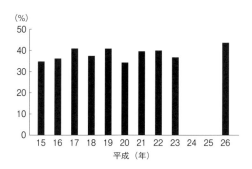
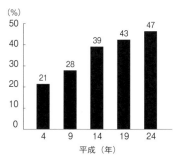

図 10-1　我が国における睡眠 6 時間未満者の割合（左：厚生労働省国民健康・栄養調査）と平日の睡眠が 6 時間未満である労働者の割合（右：厚生労働省労働者健康状況調査）
左：対象は 20 歳から 59 歳の男女。平成 24，25 年度は当該質問が調査項目に含まれなかった。
右：対象は各種産業に属する常用労働者 10 人以上を雇用する民営事業所で雇用されている常用ならびに派遣労働者。調査は 5 年ごとに実施。

われる労働者健康状況調査によれば，直近の 2012（平成 24）年の睡眠 6 時間未満者の割合は 47％であった（図 10-1 右）。この値は 1992（平成 4）年に比べて 2.2 倍，2002（平成 14）年に比べて 1.2 倍も増えていることが分かる。短い睡眠しかとらない労働者がこのように単調に増えている現状をまず直視しなければならない。睡眠中には心身にとって重要な過程がいくつも進むため，睡眠が短くなれば，そうした過程が完遂できなくなる。

　睡眠の量（時間）という面だけでなく，睡眠の質という面ももちろん大切である。睡眠の長さと違って，その内容をどう評価するか（質問するか）によって回答は大きく変わる。これまでに睡眠の質に関する全国調査が行われていないわけではないけれども，そのような理由から各年の値を充分に比較できていない。

2）充分な休養がとれていない

　もし良好な睡眠がとれたら，疲労回復は完全となり，休養効果がしっかり得られるはずである。ところが，「睡眠で休養が充分にとれない」と感じる者の割合はこの 10 数年の間で少なくとも 70％であり，直近では 80％を超えている（図 10-2）。休養が不充分となる背景には睡眠の問題だけでなく，複数の要因が関わっている。とは言え，働く世代の大半がこのような状態にあるのは決して

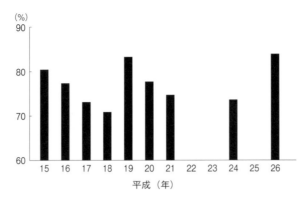

図 10-2　睡眠で休養が充分とれていない者の割合（厚生労働省国民健康・栄養調査）
対象は 20 歳から 59 歳の男女。平成 22，23，25 年度は当該質問が調査項目に含まれていなかった。

望ましくない。

3）過労死等が増えている

　心身の疲労回復が破綻した結果，過労死等（業務における過重な身体的若しくは精神的な負荷による疾患を原因とする死亡［自殺による死亡を含む］又は当該負荷による重篤な疾患）が起こると考えられる（過労死等防止対策推進法，2014）。過労死等は図 10-3 に示す通り，脳・心臓疾患（上段）と精神障害（下段）に分けられる。脳・心臓疾患の事案は近年，一年当たりおよそ 800 件が請求され，およそ 300 件が業務上と認定される。このうち，死亡は 100 件を超える。対照的に，精神障害の事案はまさにうなぎ登りに請求が増え，直近では 1,500 件に近づいている。業務上と認定される約 400 件のうち，自殺はおよそ 100 件という実態である。2014（平成 26）年 11 月に施行された上記の法律に基づいて，我が国全体として過労死等を防いでいかなくてはならない。

4）睡眠が妨げられると健康が保たれない

　仕事などの他の活動が優先され，睡眠は結局犠牲になることが日常生活ではよくある。それが繰り返されて，私たちの健康に有益なことは一つもない。睡眠は健康に不可欠と認識はされてきたが，近年は定量的なデータによって，その事実が支えられるようになっている。

　身体面で見ると，短時間睡眠や低質な睡眠は心臓病（Strand et al., 2016），高

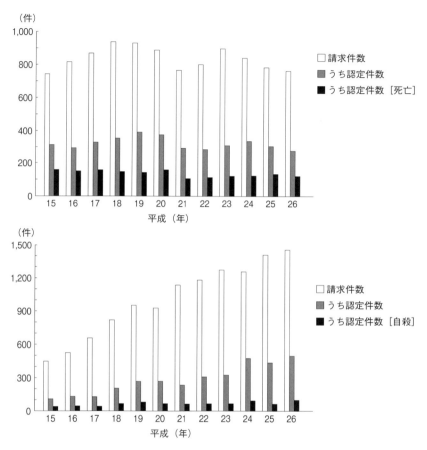

図 10-3　過労死等の労災補償状況（厚生労働省，2003-2014）
上段：脳・心臓疾患，下段：精神障害

血圧（Jackowska & Steptoe, 2015），糖尿病（Ferrie et al., 2015），メタボリック症候群（Kim et al., 2015），肥満（Xiao et al., 2013）などになる危険性が高まる。精神面では，脳卒中（Pan et al., 2014），認知機能低下や認知症（Chen et al., 2016; Hahn et al., 2014），自殺（Kodaka et al., 2014; Woosley et al., 2016）などが起こりやすくなる。

(3) 労働時間内では何を目指したらよいか

「(1) はじめに」で述べた通り，労働時間の内外双方を改善することによって，健康を保ちながらイキイキと働けるようになる。これを逆手にとるかたちで，労働時間の中での"べからず"を図10-4にまとめた。

過剰に長い労働時間が当たり前の職場は残念ながら，我が国には少なくない。ここで，長すぎる労働時間を定義するならば週当たり55から60時間以上と言える（Kivimäki et al., 2015）。長時間の残業によって帰宅が遅くなると，睡眠に費やす時間が減る。そうなると，疲労回復のための時間が不足してしまう。

仮に労働時間はそれほど長くなくとも，仕事の負荷が高すぎることがある。この場合，働いている時の疲労が大きくなり，次の勤務までに睡眠や休養をとっても，回復が充分に行われなくなる（Meijman & Mulder, 1998）。このような蓄積的な疲労は長期的には健康の悪化をもたらすはずである。

騒音があったり，危険な化学物質に囲まれたりしている職場はもとより，心理社会的な面で劣悪な労働環境が問題視されている。例えば，仕事の裁量権，なかでも勤務時間に対する裁量権が乏しいと，不眠症状が現れやすくなる（Takahashi et al., 2012）。同様に，同僚や上司からの社会的支援が少ない場合は不眠になりやすい（Parkes, 2016）。さらに，努力と報酬が釣り合わない状況や公正に欠ける組織で働くことも不眠につながる（Hayashi et al., 2015; Yoshioka et al., 2013）。職場での差別やハラスメントも睡眠を乱す（Slopen &

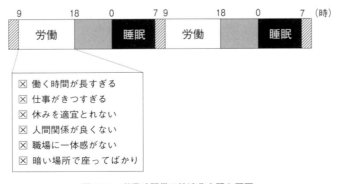

図10-4　労働時間帯の快適化を阻む要因

Williams, 2014)。

　近年の職場の特徴として，労働者同士のつながりが希薄であることが挙げられる。同じチームの一員として，相互に助けあったり，信頼しあったりするのが難しくなっている。このように職場の一体感が少ないと，不眠などの睡眠問題が頻発することが質問紙調査から明らかにされていた（Oksanen et al., 2013）。手首に着ける携帯型活動量計を利用して睡眠を客観的に測定し，職場の一体感との関連を検討した最近の研究結果によれば，職場の一体感が低いほど，睡眠時間は短く，睡眠効率（横になっている時間に占める実際の睡眠時間の割合）は悪く，睡眠中の動きも多かった（Takahashi et al., 2014）。

　外勤が多い仕事でなければ，1日の大半を屋内の職場で過ごすことになる。窓のない職場は多いし，たとえ窓があっても日光の届かない場所で働く場合もある。こうした職場の光環境と睡眠との関連が最近注目されている。

　典型的な例として，地下で働く労働者は地上で働く労働者に比べて，不眠や昼間の眠気の問題が多いことが示されている（Léger et al., 2011）。また，窓のある職場で働く群と窓のない職場で働く群とを比較した研究によれば，起床から勤務開始までの間に受けた光の量は両群に差がなかったが，活動量は窓あり群の方が多かった（Boubekri et al., 2014）。勤務中において受けた光の量，活動量ともに窓あり群で多かった。勤務終了から就床までの間ならびに休日についても同様の結果であった。睡眠の客観的な状況を調べると，窓あり群は窓なし群より平日で約40分，休日で約90分長く眠ったことが判明した。これらの成果から，昼間に職場で日光に充分に当たると快眠が得られると期待できる。

(4) 労働時間外では何を整えたらよいか

　労働時間の中に加えて，労働時間の外ではどのような工夫が必要になるだろうか。もちろん良好な睡眠が第一優先となるが，産業保健心理学の最近の成果から，帰宅してから就寝するまでの時間帯が疲労回復や快眠のカギとなることが明らかになっている。図10-5には眠るまでの間で望ましくない過ごし方をいくつかリストした。

　情報技術が急速に進んでいる現在では，大量の資料にアクセスしながら，帰宅した後も仕事を続けようと思えば可能である。抱えている仕事の進捗によっ

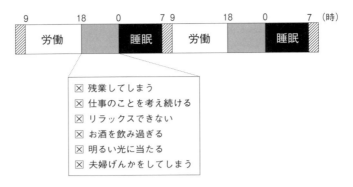

図10-5 帰宅から就寝までの時間帯の快適化を阻む要因

てはそうせざるを得ない場合もあるだろうが，自宅残業は避けた方が良い。仮にパソコンのキーを叩かずとも，頭の中で仕事のことを考え続けるのは疲労回復を妨げる（Ebert et al., 2015; Hahn et al., 2011; Shimazu et al., 2012）。働くことに誠実であるのは評価されるが，勤務が終わったら仕事に対して心理的に距離を置くこと（psychological detachment from work）が肝要である。

飲酒は1日の労働に対するご褒美で，リラックスに効果があるという考え方がある。そのような面がないことはないが，過度な飲酒を肯定することはできない。脳波や眼球運動（目の動き）など複数の生理指標を同時に測定する睡眠の客観的検査である終夜睡眠ポリグラフ検査によれば，過度のアルコール摂取によって寝付くまでの時間は短くなり，睡眠前半の深いノンレム睡眠が増えるものの，後半では睡眠が浅くなり，レム睡眠も減少する（Ebrahim et al., 2013）。当然，アルコールに関連した健康障害も懸念される。

我々の体内時計はいつ，どのような光に当たるか／当たらないかによって，正確に時を刻むことができる（Golombek et al., 2013）。就寝前に明るい環境で過ごすと，覚醒が高まったり，場合によっては体内時計が乱れたりする（Chang et al., 2015; Gooley et al., 2011; Gringras et al., 2015）。そうなると，良好な睡眠は得られない。

就寝前は物理的あるいは心理的な興奮材料をできる限り少なくする必要がある。カップルであれば，パートナーにいつも笑顔で接せられるとは限らない。

もしベッドに入る前，あるいは入ってから言い争いなどが起きたら，その晩の快眠はあきらめることになるだろう（El-Sheikh et al., 2015）。

（5）休養と睡眠に関する対策案を増やす

　本章では休養と睡眠に関する具体的な対策について詳しくは扱わない。けれども，有望な候補をいくつか紹介したい。その一つは，退勤から次の出勤までの時間間隔（勤務間インターバル）を一定時間定める制度である（European Parliament Council, 2003）。この制度によれば，休息のための時間が確保され，ひいては眠るための機会も守られると考えられる。交代勤務者については，この勤務（シフト）間インターバルの役割がしばしば検討されている（Barton & Folkard, 1993; Flo et al., 2014; Hakola et al., 2010; Vedaa et al., 2016）。それに対して，労働者の大半を占める日勤者についてはどういうわけか，ほとんど扱われていない（高橋, 2014）。今後，勤務間インターバル制度がどのくらい有効かを検証していくのが課題となっている。

　不眠については，薬物療法だけでなく，認知行動療法が注目されている（Trauer et al., 2015）。労働者を対象にした研究でも，認知行動療法の有用性が確かめられている（Järnefelt et al., 2014; Thiart et al., 2015）。このような睡眠問題への適切な対処を投資とみなすならば，その効果は充分に得られることが示されている（Wickwire et al., 2016）。

（6）おわりに

　本章では，働くことと同じ価値を持つ休むこと（眠ること）の重要性を述べた。現実の場面では，この重要性がなかなか伝わらないことが多い。いわば，労働と休養（睡眠）とは一枚のコインの裏表であるにもかかわらず，一方の面しか見ないようなものである。しっかり休み，ぐっすり眠ることがいかに大事かを，大病をしたり，大けがをしたりした後で分かってもあまり意味はない。

　いったん就職した限りは定年まで，健康で充実した労働生活を送りたいと誰しも願う。しかし，いくつかの追跡研究からは，寝付きが悪いなど睡眠問題を多く抱えている労働者はそうでない群に比べて，健康を害して就業不能となり，早期に退職しやすいことが示されている（Jansson et al., 2013; Lallukka et al.,

2011; Ropponen et al., 2013)。これは，労働者本人にとっても，家族にとっても，事業所にとっても受け入れがたい悲劇である。

疲労が充分に回復できるような労働，休養，そして睡眠の条件を明らかにするのは，産業保健心理学の大きな課題である。その成果は労働者，家族，事業所，そして国家の成長と利益に必ず資する。

引用文献

Barton, J., & Folkard, S. (1993). Advancing versus delaying shift systems. *Ergonomics*, *36*, 59–64.

Boubekri, M., Cheung, I. N., Reid, K. J., Wang, C. H., & Zee, P. C. (2014). Impact of windows and daylight exposure on overall health and sleep quality of office workers: A case-control pilot study. *Journal of Clinical Sleep Medicine*, *10*, 603–611.

Chang, A. M., Aeschbach, D., Duffy, J. F., & Czeisler, C. A. (2015). Evening use of light-emitting eReaders negatively affects sleep, circadian timing, and next-morning alertness. *Proceedings of the National Academy of Sciences*, *112*, 1232–1237.

Chen, J. C., Espeland, M. A., Brunner, R. L., Lovato, L. C., Wallace, R. B., Leng, X., Phillips, L. S., Robinson, J. G., Kotchen, J. M., Johnson, K. C., Manson, J. E., Stefanick, M. L., Sarto, G. E., & Mysiw, W. J. (2016). Sleep duration, cognitive decline, and dementia risk in older women. *Alzheimer's & Dementia*, *12*, 21–33.

Ebert, D. D., Berking, M., Thiart, H., Riper, H., Laferton, J. A. C, Cuijpers, P., Sieland, B., & Lehr, D. (2015). Restoring depleted resources: Efficacy and mechanisms of change of an internet-based unguided recovery training for better sleep and psychological detachment from work. *Health Psychology*, *34*, 1240–1251.

Ebrahim, I. O., Shapiro, C. M., Williams, A. J., & Fenwick, P. B. (2013). Alcohol and sleep I: Effects on normal sleep. *Alcoholism: Clinical and Experimental Research*, *37*, 539–549.

El-Sheikh, M., Kelly, R. J., Koss, K. J., & Rauer, A. J. (2015). Longitudinal relations between constructive and destructive conflict and couples' sleep. *Journal of Family Psychology*, *29*, 349–359.

European Parliament Council (2003). Directive 2003/88/EC of the European Parliament and of the Council of 4 November 2003 concerning certain aspects of the organisation of working time. *Official Journal of the European Union*, *L299*, 9–19.

Ferrie, J. E., Kivimäki, M., Akbaraly, T. N., Tabak, A., Abell, J., Davey Smith, G., Virtanen, M., Kumari, M., & Shipley, M. J. (2015). Change in sleep duration and type 2 diabetes: The Whitehall II study. *Diabetes Care*, *38*, 1467–1472.

Flo, E., Pallesen, S., Moen, B. E., Waage, S., & Bjorvatn, B. (2014). Short rest periods between work shifts predict sleep and health problems in nurses at 1-year follow-up. *Occupational and Environmental Medicine, 71*, 555–561.

Golombek, D. A., Casiraghi, L. P., Agostino, P. V., Paladino, N., Duhart, J. M., Plano, S. A., & Chiesa, J. J. (2013). The times they're a-changing: Effects of circadian desynchronization on physiology and disease. *Journal of Physiology-Paris, 107*, 310–322.

Gooley, J. J., Chamberlain, K., Smith, K. A., Khalsa, S. B., Rajaratnam, S. M., Van Reen, E., Zeitzer, J. M., Czeisler, C. A., & Lockley, S. W. (2011). Exposure to room light before bedtime suppresses melatonin onset and shortens melatonin duration in humans. *Journal of Clinical Endocrinology and Metabolism, 96*, E463–472.

Gringras, P., Middleton, B., Skene, D., & Revell, V. (2015). Bigger, brighter, bluer-better? Current light-emitting devices - adverse sleep properties and preventative strategies. *Frontiers in Public Health, 3*, 233.

Hahn, E. A., Wang, H.-X., Andel, R., & Fratiglioni, L. (2014). A change in sleep pattern may predict Alzheimer disease. *The American Journal of Geriatric Psychiatry, 22*, 1262–1271.

Hahn, V. C., Binnewies, C., Sonnentag, S., & Mojza, E. J. (2011). Learning how to recover from job stress: Effects of a recovery training program on recovery, recovery-related self-efficacy, and well-being. *Journal of Occupational Health Psychology, 16*, 202–216.

Hakola, T., Paukkonen, M., & Pohjonen, T. (2010). Less quick returns-greater well-being. *Industrial Health, 48*, 390–394.

Hayashi, T., Odagiri, Y., Takamiya, T., Ohya, & Y., Inoue, S. (2015). Organizational justice and insomnia: Relationships between justice components and insomnia symptoms among private company workers in Japan. *Journal of Occupational Health, 57*, 142–150.

Jackowska, M., & Steptoe, A. (2015). Sleep and future cardiovascular risk: Prospective analysis from the English longitudinal study of ageing. *Sleep Medicine, 16*, 768–774.

Jansson, C., Alexanderson, K., Kecklund, G., & Åkerstedt, T. (2013). Clinically diagnosed insomnia and risk of all-cause and diagnosis-specific disability pension: A nationwide cohort study. *Sleep Disorders, 2013*, 209832.

Järnefelt, H., Sallinen, M., Luukkonen, R., Kajaste, S., Savolainen, A., & Hublin, C. (2014). Cognitive behavioral therapy for chronic insomnia in occupational health services: Analyses of outcomes up to 24 months post-treatment. *Behaviour Research and Therapy, 56*, 16–21.

過労死等防止対策推進法（平成 26 年法律第 100 号）(2014). Retrieved from http://www.mhlw.go.jp/file/06-Seisakujouhou-11200000-Roudoukijunkyoku/0000061009.pdf.

Kim, J.-Y., Yadav, D., Ahn, S. V., Koh, S.-B., Park, J. T., Yoon, J., Yoo, B.-S., & Lee, S.-H. (2015). A prospective study of total sleep duration and incident metabolic syndrome: The ARIRANG study. *Sleep Medicine, 16,* 1511–1515.

Kivimäki, M., Jokela, M., Nyberg, S. T., Singh-Manoux, A., Fransson, E. I., Alfredsson, L., Bjorner, J. B., Borritz, M., Burr, H., Casini, A., Clays, E., De Bacquer, D., Dragano, N., Erbel, R., Geuskens, G. A., Hamer, M., Hooftman, W. E., Houtman, I. L., Jöckel, K.-H., Kittel, F., Knutsson, A., Koskenvuo, M., Lunau, T., Madsen, I. E. H, Nielsen, M. L., Nordin, M., Oksanen, T., Pejtersen, J. H., Pentti, J., Rugulies, R., Salo, P., Shipley, M. J., Siegrist, J., Steptoe, A., Suominen, S. B., Theorell, T., Vahtera, J., Westerholm, P. J. M., Westerlund, H., O'Reilly, D., Kumari, M., Batty, G. D., Ferrie, J. E., & Virtanen, M. (2015). Long working hours and risk of coronary heart disease and stroke: A systematic review and meta-analysis of published and unpublished data for 603,838 individuals. *The Lancet, 386,* 1739–1746.

Kodaka, M., Matsumoto, T., Katsumata, Y., Akazawa, M., Tachimori, H., Kawakami, N., Eguchi, N., Shirakawa, N., & Takeshima, T. (2014). Suicide risk among individuals with sleep disturbances in Japan: A case-control psychological autopsy study. *Sleep Medicine, 15,* 430–435.

厚生労働省　国民健康・栄養調査

厚生労働省　労働者健康状況調査

厚生労働省　脳・心臓疾患と精神障害の労災補償状況 2003-2014

厚生労働省（2013）. 第 12 次労働災害防止計画について Retrieved from http://www. mhlw.go.jp/bunya/roudoukijun/anzeneisei21/

Lallukka, T., Haaramo, P., Lahelma, E., & Rahkonen, O. (2011). Sleep problems and disability retirement: A register-based follow-up study. *American Journal of Epidemiology, 173,* 871–881.

Léger, D., Bayon, V., Elbaz, M., Philip, P., & Choudat, D. (2011). Underexposure to light at work and its association to insomnia and sleepiness. *Journal of Psychosomatic Research, 70,* 29–36.

Meijman, T. F., & Mulder, G. (1998). Psychological aspects of workload. In P. J. D. Drenth, H. Thierry, & C. J. de Wolff (Eds.), *Handbook of work and organizational psychology.* Vol.2: *Work psychology* (2nd ed., pp. 5–33). Hove, UK: Psychology Press.

Oksanen, T., Kawachi, I., Subramanian, S., Kim, D., Shirai, K., Kouvonen, A., Pentti, J., Salo, P., Virtanen, M., Vahtera, J., & Kivimäki, M. (2013). Do obesity and sleep problems cluster in the workplace? A multivariate, multilevel study. *Scandinavian Journal of Work, Environment and Health, 39,* 276–283.

Pan, A., De Silva, D. A., Yuan, J.-M., & Koh, W.-P. (2014). Sleep duration and risk of stroke mortality among Chinese adults: Singapore chinese health study. *Stroke, 45,*

1620–1625.

Parkes, K. R. (2016). Age and work environment characteristics in relation to sleep: Additive, interactive and curvilinear effects. *Applied Ergonomics, 54*, 41–50.

Ropponen, A., Silventoinen, K., Hublin, C., Svedberg, P., Koskenvuo, M., & Kaprio, J. (2013). Sleep patterns as predictors for disability pension due to low back diagnoses: A 23-year longitudinal study of Finnish twins. *Sleep, 36*, 891–897.

Shimazu, A., Sonnentag, S., Kubota, K., & Kawakami, N. (2012). Validation of the Japanese version of the recovery experience questionnaire. *Journal of Occupational Health, 54*, 196–205.

Slopen, N., & Williams, D. R. (2014). Discrimination, other psychosocial stressors, and self-reported sleep duration and difficulties. *Sleep, 37*, 147–156.

Strand, L. B., Tsai, M. K., Gunnell, D., Janszky, I., Wen, C. P., & Chang, S.-S. (2016). Self-reported sleep duration and coronary heart disease mortality: A large cohort study of 400,000 Taiwanese adults. *International Journal of Cardiology, 207*, 246–251.

高橋正也 (2014). 余暇の過ごし方と労働安全衛生 労働安全衛生研究, *7*, 23–30.

高橋正也 (2016). 睡眠と労働生活の向上 産業医学レビュー, *28*, 183–208.

Takahashi, M., Iwasaki, K., Sasaki, T., Kubo, T., Mori, I., & Otsuka, Y. (2012). Sleep, fatigue, recovery, and depression after change in work time control: A one-year follow-up study. *Journal of Occupational and Environmental Medicine, 54*, 1078–1085.

Takahashi, M., Tsutsumi, A., Kurioka, S., Inoue, A., Shimazu, A., Kosugi, Y., & Kawakami, N. (2014). Occupational and socioeconomic differences in actigraphically measured sleep. *Journal of Sleep Research, 23*, 458–462.

Thiart, H., Lehr, D., Ebert, D. D., Berking, M., & Riper, H. (2015). Log in and breathe out: internet-based recovery training for sleepless employees with work-related strain - results of a randomized controlled trial. *Scandinavian Journal of Work, Environment and Health. 41*, 164–174.

Trauer, J. M., Qian, M. Y., Doyle, J. S., Rajaratnam, S. M. W., & Cunnington, D. (2015). Cognitive behavioral therapy for chronic insomniaa systematic review and meta-analysiscognitive behavioral therapy for chronic insomnia. *Annals of Internal Medicine, 163*, 191–204.

Vedaa, Ø., Harris, A., Bjorvatn, B., Waage, S., Sivertsen, B., Tucker, P., & Pallesen, S. (2016). Systematic review of the relationship between quick returns in rotating shift work and health-related outcomes. *Ergonomics, 59*, 1–14.

Wickwire, E. M., Shaya, F. T., & Scharf, S. M. (2016). Health economics of insomnia treatments: The return on investment for a good night's sleep. *Sleep Medicine Reviews, 30*, 72–82.

Woosley, J. A., Lichstein, K. L., Taylor, D. J., Riedel, B. W., & Bush, A. J. (2016). Insomnia complaint versus sleep diary parameters: Predictions of suicidal ideation. *Suicide and Life-Threatening Behavior, 46*, 88–95.

Xiao, Q., Arem, H., Moore, S. C., Hollenbeck, A. R., & Matthews, C. E. (2013). A large prospective investigation of sleep duration, weight change, and obesity in the NIH-AARP Diet and Health Study cohort. *American Journal of Epidemiology, 178*, 1600–1610.

Yoshioka, E., Saijo, Y., Kita, T., Satoh, H., Kawaharada, M., & Kishi, R. (2013). Effect of the interaction between employment level and psychosocial work environment on insomnia in male Japanese public service workers. *International Journal of Behavioral Medicine, 20*, 355–364.

2. ワーク・ライフ・バランス

島津明人

（1）はじめに

　近年の労働者を取り巻く社会経済状況は，大きく変化している。産業構造の変化（サービス業の増加），働き方の変化（裁量労働制など），情報技術の進歩に伴う仕事と私生活との境界の不明確化，少子高齢化，共働き世帯の増加など枚挙にいとまがない。こうした変化を受け，職場のメンタルヘルス活動においても，視野の拡大が必要になっている。従来のメンタルヘルス対策では職場内の要因（就業状況，職場環境，働き方）に注目した活動が主に行われてきたが，これからの活動は，職場外（家庭，余暇など）の要因も視野に含めないと，労働者のこころの健康を支援することが難しくなってきた。本章では，仕事と仕事外の要因（家庭生活，余暇）とのバランスをワーク・ライフ・バランスとしてとらえ，労働者のワーク・ライフ・バランスに注目したメンタルヘルス支援のあり方に言及する。

（2）ワーク・ライフ・バランスの考え方

　ここ10年で，ワーク・ライフ・バランスという言葉が様々なところで聞かれるようになった。しかし，その意味については，いまだ誤解が多い。よく聞かれる誤解は，「ワーク・ライフ・バランス＝子育てをしている女性の育児支援」や「仕事と仕事以外への時間配分を50：50にすること」というものである。

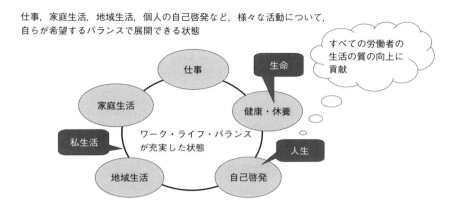

図 10-6　内閣府のワーク・ライフ・バランスの考え方
(2007年7月男女共同参画会議・仕事と生活の調和(ワーク・ライフ・バランス)に関する専門調査会報告)

たしかに，育児中の女性従業員のサポートはワーク・ライフ・バランス施策を進めるうえで重要だが，それがすべてではない。また，仕事と仕事以外への時間配分を 50% ずつにしなければならないわけでもない。

　内閣府では，ワーク・ライフ・バランスを「老若男女誰もが，仕事，家庭生活，地域生活，個人の自己啓発など，さまざまな活動について，自ら希望するバランスで展開できる状態」と定義している（図 10-6)。この定義が意味しているのは，ワーク・ライフ・バランスの対象が育児中の女性社員に限らないこと，仕事と家庭生活だけでなく，地域生活，個人の自己啓発，健康や休養などの多様な生活領域を含めて考えること，仕事とそれ以外への時間やエネルギーの配分を自分の希望で調整できること，の重要性である。

(3) ワーク・ファミリー・バランスとメンタルヘルス

　ワーク・ライフ・バランスのうち，最初に注目したいのが仕事と家庭生活とのバランス，いわゆる「ワーク・ファミリー・バランス」である。ワーク・ファミリー・バランスの考え方は，女性の社会進出やシングルマザーの増加など家族の多様化が日本より早く始まったとされる欧米の社会的背景の中で生まれた（渡井ら, 2006)。日本では，1986年に施行された雇用機会均等法に伴う女性の社会進出，2004年に施行された次世代育成支援対策推進法による少子化対

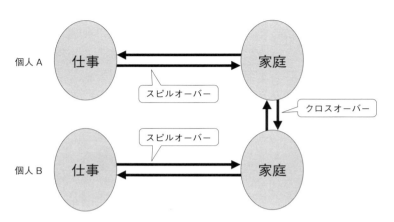

図10-7　スピルオーバーとクロスオーバーの関連

策などを背景に，この概念が注目されるようになった。

　では，ワーク・ファミリー・バランスのあり方は，私たちの（家庭）生活にどのような影響を及ぼし，その影響はどのようなプロセスを経て現れるのだろうか？　日常生活での負担や負担に伴うストレス反応が，ある領域から別の領域へと持ち越されるには，2つの経路がある（Bakker et al., 2013）。そのうちの1つがスピルオーバー（流出効果），もう1つがクロスオーバー（交差効果）である（図10-7）。

1）スピルオーバー

　スピルオーバーは，一方の役割での状況や経験が，他方の役割での状況や経験に影響を及ぼすことを言う。例えば，残業続きで余暇の時間がとれない状態，仕事で不公平なことを経験して帰宅後もイライラが収まらない状態，などがその例である。このように，スピルオーバーの影響は，「仕事から家庭へ」の方向に多くの注目が集められているが，「家庭から仕事へ」の方向にもスピルオーバーの影響は認められる。例えば，家事や育児に追われて仕事に十分な時間がとれない状態，出勤前の夫婦げんかのために不快な気分で仕事に向かう状態，などがその例である。スピルオーバーでは，複数の役割に従事することによるネガティブな状態のほか，ポジティブな状態にも焦点を当てている（McNall et al., 2010; 島田・島津, 2012）。例えば，「仕事がうまくいったので家でも気分が

良い」「家族と楽しい週末を過ごせたので仕事に多くのエネルギーを注ぐことができる」などがその例である。このように，スピルオーバーの影響を考える際には，流出の方向性（仕事→家庭，家庭→仕事）と内容（ネガティブ，ポジティブ）の2つの視点からとらえることが重要になる。

2）クロスオーバー

　ある生活領域で経験したストレス反応などの状態が，その人と密接な関わりのある他の人に伝播されることをクロスオーバー（交差効果）と言う（Westman, 2001）。例えば，慢性的な疲労を感じ，仕事の意義について「冷めて」きた人は，そのような気分や姿勢を，パートナーとの会話を通じて「うつして」しまうことがある。実際，バーンアウトした（燃え尽きた）パートナーと頻繁に接していると，自分自身もバーンアウトしてしまうことが示されている（Demerouti et al., 2005; Westman et al., 2001）。逆に，パートナーのワーク・エンゲイジメント（島津，2014：仕事で活力を得ていきいきした状態）が高いと，自分自身のワーク・エンゲイジメントも高くなることも分かっている（Bakker et al., 2011）。クロスオーバーに関する研究は，これまで夫婦関係や上司−部下関係を中心に行われてきた。しかし，少子高齢化・核家族化が急速に進み，育児や介護の問題が重要になっている我が国では，育児や介護に伴うストレスや生活上の充実が，子どもへの養育態度や親の介護の質にどのような影響を及ぼすのかなど，世代間のクロスオーバー効果についても知見の集積が望まれている。

3）スピルオーバー−クロスオーバーモデルと我が国での実証研究

　ワーク・ファミリー・バランスに関して，上述した2つのプロセスを統合したモデルがスピルオーバー−クロスオーバーモデル（Bakker et al., 2013：図10-7）である。このモデルでは，仕事に関連して生じた経験が家庭領域に流出（スピルオーバー）し，社会的相互作用を通じて家族メンバー（主にパートナー）に伝播（クロスオーバー）することを想定している。

　筆者らは，スピルオーバー−クロスオーバーモデルを実証的に明らかにすることを目的に，未就学児を持つ共働き夫婦を対象とした TWIN study（Tokyo Work-life INterface Study）という大規模な追跡調査プロジェクトを立ち上げた。TWIN study は大きく TWIN study I と II とに分けることができる。

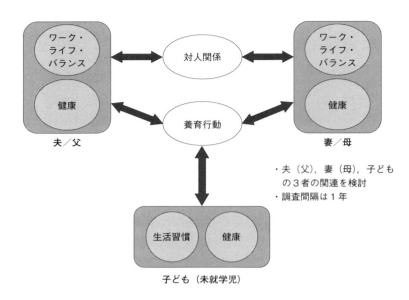

図 10-8 TWIN study（Tokyo Work-family INterface study）II の概要

　TWIN study I では，2008-2009 年にかけて，都内某区の区立・私立保育園に子どもを通わせている共働き夫婦を対象に夫婦それぞれのワーク・ライフ・バランスと健康（自分，配偶者）との関連を 2 年間にわたって追跡した。ベースラインの 2008 年調査では，約 1,500 世帯（約 3,000 名）から回答が得られた。TWIN study II（図 10-8）では，2010 − 2013 年にかけて，都内某区の区立・私立保育園に子どもを通わせている共働き夫婦とその子どもを対象に調査を行い，労働者自身の仕事・家庭状況，ワーク・ライフ・バランスや健康に加えて，子どもの生活習慣，健康状態，養育行動について尋ねた。いずれも年 1 回ずつ調査を行った。

　TWIN study ではこれまでに，(1) ワーカホリックな働き方をすると，自分自身の仕事→家庭ネガティブ・スピルオーバーと心理的ストレス反応を経験しやすいこと，さらに，ワーカホリックな妻をもつ夫は，家庭→仕事ネガティブ・スピルオーバーを経験しやすいこと（Shimazu et al., 2011），(2) ワーク・エンゲイジメントは，自分自身の仕事→家庭ポジティブ・スピルオーバーを通

じて生活満足度を高め，さらにパートナーの生活満足度も高めること（Bakker et al., 2014），（3）父親のワーカホリズム傾向が高いほど，子どもの肥満につながりやすいこと（Fujiwara et al., 2016），（4）父親が（仕事の要求度とコントロールがともに高い）アクティブな就業状況で働いていると，次子の出生につながりやすいこと（Eguchi et al., 2016），などを明らかにしてきた。TWIN study の詳細についてはホームページ（http://wlb.umin.jp/index.html）を参照されたい。

（4）余暇とメンタルヘルス

　製造業が主体で，働き方も今ほど多様でなかった時代では，仕事と仕事以外の時間，つまり「オンとオフ」の時間をうまく区別することができた。ところが，サービス業が台頭し24時間365日切れ目なくサービスを提供する時代に移行した現在では，そこで働く人々とサービスの受け手を限りなく「オン」の状態に移行させ，「オフ」の時間を減らすようになった。また，情報技術の進歩によって，いつでもどこでも「仕事ができる」ようになり便利になる一方で，いつでもどこでも「仕事をしなければいけなく」なった。このように，働く人たちを取り巻く環境の変化や働き方の変化が大きく変化するのに伴い，メンタルヘルス対策においても，「いかに働くか」に注目した対策のほかに，「いかに休むか」に注目した対策も重要になってきた。

　以下では，余暇（長期休暇，週末）とリカバリー経験に注目しながら，労働者のメンタルヘルス支援について言及する。余暇（vacation）は「仕事から離れて仕事以外のこと（休息やレクリエーションなど）に従事できる自由時間」（Lounsbury & Hoopes, 1986）と定義されている。ウェストマンとエデン（Westman & Eden, 1997）によると，余暇は，仕事のストレスによる心理社会的資源（エネルギーや仕事への意欲など）の低下を止め，低下した資源の補充と新たな資源の獲得に向かうための休息の機会を提供する役割を持っているとされている。

1）長期休暇

　余暇と聞いて最もイメージしやすいのは，夏休みなどの長期休暇である。海外では，長期休暇の効果を実証的に検討した研究がいくつかある。例えば，ウ

ェストマンとエデン（Westman & Eden, 1997）は，2週間の夏休みの取得前後で，バーンアウトの値がどのように変化するかを，76名の労働者を追跡して確認した。その結果，夏休みが始まった直後にバーンアウトの値が急激に低下したものの，夏休みが終わって3日後にはバーンアウトの値が再び上昇し，3週間後には夏休みが始まる前の水準にまで値が逆戻りした。この結果は，2週間前後の休暇を取り仕事から離れることでリラックスし，精神的健康が「一時的に」向上したものの，その効果は3週間しか維持されなかったことを意味している。

2）週末の休息効果

フリッツとゾンネンターク（Fritz & Sonnentag, 2005）は，週末の過ごし方と週明け（月曜日および火曜日）のストレス反応およびパフォーマンスとの関連について検討した。その結果，仕事外のストレッサー（家族とのトラブルなど）を経験した場合には，週明けのストレス反応が上昇しパフォーマンスが低下するのに対して，社会的活動（職場以外の友人や知人と会うなど）に従事した場合には，ストレス反応が低下しパフォーマンスが上昇することが明らかになった。週末の社会的活動が，なぜ週明けの健康やパフォーマンスに良い影響を及ぼすのだろうか？　その理由について彼女らは，次の3点を指摘している。

①仕事以外の活動に関わることで仕事のストレス要因から離れられること。

②職場の人間関係に比べて感情のコントロールに向ける努力が少なくてすむこと。

③周囲からの様々な援助が得られる機会となること。

これらの点が，平日に蓄積したストレスからの回復を促進し，翌週のパフォーマンスの向上につながると考えられている。なお，興味深い結果として，週末に仕事の肯定的な振り返りをした場合には，翌週の学習への動機づけ（新しいことを学ぼうとする意欲）が上昇していた。つまり，週末に仕事のことを考えてもよいが，仕事のことを考える際には，その週に「何ができなかったか」ではなく「何ができたか」を肯定的に振り返ることが，意欲の向上には重要なことを示唆している。

3）リカバリー経験

就業中のストレスフルな体験によって生起した急性ストレス反応や，それら

の体験によって消費された心理社会的資源を，元の水準に回復させるための活動を，リカバリー経験と言う（Geurts & Sonnentag, 2006; Meijman & Mulder, 1998; Sonnentag & Fritz, 2007）。リカバリー経験には，「心理的距離」「リラックス」「熟達」「コントロール」の4種類がある。「心理的距離」は仕事から物理的にも精神的にも離れている状態であり，仕事のことや問題を考えない状態（例：仕事のことを忘れる），「リラックス」は心身の活動量を意図的に低減させている状態（例：くつろいでリラックスする），「熟達」は余暇時間での自己啓発（例：新しいことを学ぶ），「コントロール」は余暇の時間に何をどのように行うかを自分で決められること（例：自分のスケジュールは自分で決める）を言う（Sonnentag & Fritz, 2007）。

　島津ら（Shimazu et al., 2012）は，日本人の労働者2,520人を対象に，リカバリー経験と心身の健康，ワーク・エンゲイジメント，仕事のパフォーマンスとの関連を検討した。その結果，リカバリー経験の種類にかかわらず，リカバリー経験が多いほど，心理的ストレス反応や身体愁訴が低く，ワーク・エンゲイジメントやパフォーマンスが高いことが明らかになった。仕事の後，仕事と心理的な距離をとり，リラックスし，自己啓発をし，自分の時間を自分でコントロールできている人ほど，心身の健康度が高く，いきいきと働き，パフォーマンスも高くなるのである。これらの結果は，労働者のメンタルヘルスを支援するうえで，仕事後の過ごし方に注意を向ける重要性を示していると言える。

4）職場外の人間関係がリカバリー経験を促す

　では，どのような要因がリカバリー経験を促すのだろうか？　島津ら（Shimazu et al., 2014）は，リカバリー経験のうち，心身の健康により大きな役割を果たすと言われている心理的距離に注目し，その促進要因について，日本人労働者2,520人を対象とした調査データをもとに検討した。その結果，家族や友人からのサポートが多いほど心理的距離の得点が高くなり，職場以外の人間関係が充実しているほど，仕事と心理的な距離が取りやすくなることが示唆された。ところが，興味深いことに，職場の同僚からのサポートは，心理的距離の高さと統計的に無関係であった。つまり，職場の人間関係が良好であっても，心理的距離を高めることにはつながらなかったのである。この結果は，人間関係のネットワークを考えるうえで，興味深い示唆を与えてくれる。健康を

維持し，パフォーマンスを上げるには，職場の人間関係はもちろん重要であるが，それがすべてではないようである。家族や友人との良い関係がリカバリー経験を促し，心身の健康やパフォーマンスの向上につながるのである。平日は仕事で遅く帰宅しても，せめて週末は家族や友人と過ごす時間を工夫することが，リカバリーを促し，より良い健康とより高いパフォーマンスにつながると思われる。

(5) おわりに

　本章では，近年の労働環境の変化に伴う労働者のメンタルヘルス対策について，ワーク・ライフ・バランスに注目しながら言及した。近年，労働者のメンタルヘルス対策に関しては，より積極的なメンタルヘルス（ワーク・エンゲイジメントなど）の向上を目的としたポジティブ心理学や，こころと体の総合的な健康の促進を目的としたヘルス・プロモーション，組織のマネジメントや経営との協働が強調されるようになってきた。今後，労働者のメンタルヘルスの問題を，家庭生活や余暇など仕事以外の要因も含めて包括的にとらえることによって，より効果的な援助が可能になると思われる。

引用文献

Bakker, A. B., Demerouti, E., & 島津明人 (2013). スピルオーバー‐クロスオーバーモデル　産業ストレス研究, *20*, 253–265.

Bakker, A. B., Shimazu, A., Demerouti, E., Shimada, K., & Kawakami, N. (2011). Crossover of work engagement among Japanese couples: Perspective taking by both partners. *Journal of Occupational Health Psychology, 16*, 112–125.

Bakker, A. B., Shimazu, A., Demerouti, E., Shimada, K., & Kawakami, N. (2014). Work engagement versus workaholism: A test of the spillover-crossover model. *Journal of Managerial Psychology, 29*, 63–80.

Demerouti, E., Bakker, A. B., & Schaufeli, W. B. (2005). Spillover and crossover of exhaustion and life satisfaction among dual-earner parents. *Journal of Vocational Behavior, 67*, 266–289.

Eguchi, H., Shimazu, A., Fujiwara, T., Iwata, N., Shimada, K., Takahashi, M., Tokita, M., Watai, I., & Kawakami, N. (2016). The effects of workplace psychosocial factors on whether Japanese dual-earner couples with preschool children have additional children: A prospective study. *Industrial Health, 54* (6), 498–504.

Fritz, C., & Sonnentag, S. (2005). Recovery, health, and job performance: Effects of weekend experiences. *Journal of Occupational Health Psychology, 10,* 187–199.

Fujiwara, T., Shimazu, A., Tokita, M., Shimada, K., Takahashi, M., Watai, I., Iwata, N., & Kawakami, N. (2016). Association of parental workaholism and body mass index of offspring: A prospective study among Japanese dual workers. *Frontiers in Public Health, 4,* 41. doi: 10.3389/fpubh.2016.00041

Geurts, S. A. E., & Sonnentag, S. (2006). Recovery as an explanatory mechanism in the relation between acute stress reactions and chronic health impairment. *Scandinavian Journal of Work and Environmental Health, 32,* 482–492.

Lounsbury, J. W., & Hoopes, L. L. (1986). A vacation from work: Changes in work and nonwork outcomes. *Journal of Applied Psychology, 71,* 392–401.

McNall, L. A., Nicklin, J. M., & Masuda, A. D. (2010). A meta-analytic review of the consequences associated with work-family enrichment. *Journal of Business Psychology, 25,* 381–396.

Meijman, T. F., & Mulder, G. (1998). Psychological aspects of workload. In P. J. D. Drenth & H. Thierry (Eds.), *Handbook of work and organizational psychology.* Vol. 2: *Work psychology* (pp. 5–33). Hove, England: Psychology Press.

島田恭子・島津明人 (2012). ワーク・ライフ・バランスのポジティブ・スピルオーバーと精神的健康　産業精神保健, *20,* 271–275.

島津明人 (2014). ワーク・エンゲイジメント：ポジティブメンタルヘルスで活力ある毎日を　労働調査会

Shimazu, A., De Jonge, J., Kubota, K., & Kawakami, N. (2014). Psychological detachment from work during off-job time: Predictive role of work and non-work factors in Japanese employees. *Industrial Health, 52,* 141–146.

Shimazu, A., Demerouti, E., Bakker, A. B., Shimada, K., & Kawakami, N. (2011). Workaholism and well-being among Japanese dual-earner couples: A spillover-crossover perspective. *Social Science & Medicine, 73,* 399–409.

Shimazu, A., Sonnentag, S., Kubota, K., & Kawakami, N. (2012). Validation of the Japanese version of Recovery Experience Questionnaire. *Journal of Occupational Health, 54,* 196–205.

Sonnentag, S., & Fritz, C. (2007). The recovery experience questionnaire: Development and validation of a measure for assessing recuperation and unwinding from work. *Journal of Occupational Health Psychology, 12,* 204–221.

渡井いずみ・錦戸典子・村嶋幸代 (2006). ワーク・ファミリー・コンフリクト研究の動向―日本人を対象とした研究を中心に―　産業精神保健, *14,* 299–303.

Westman, M. (2001). Stress and strain crossover. *Human Relations, 54,* 717–751.

Westman, M., & Eden, D. (1997). Effects of a respite from work on burnout: Vacation relief and fade-out. *Journal of Applied Psychology, 82*, 516–527.

Westman, M., Etzion, D., & Danon, E. (2001). Job insecurity and crossover of burnout in married couples. *Journal of Organizational Behavior, 22*, 467–481.

第11章

職場の諸問題への対応

1. 職場のいじめ

津野香奈美

(1) 職場のいじめとは

1) 職場いじめの労災認定

　職場のいじめが着目されるきっかけとなった出来事に，静岡労基長（日研化学）事件がある。1990年に医薬品販売会社に入社し医療情報担当者（MR）となった男性が，約13年間何ら問題なく勤務していたところ，2002年に赴任してきた係長から，たびたび厳しい叱責を受けるようになった。その際の発言は「存在が目障りだ，いるだけでみんなが迷惑している。おまえのカミさんも気がしれん，お願いだから消えてくれ」「お前は会社を食いものにしている，給料泥棒」「お前病気と違うか」などという人格否定を含むものであり，その後この男性は自殺した。亡き男性の妻が訴訟を起こした結果，裁判所は，この男性が上司のいじめからうつ病を発症し自殺に至ったとして，2007年に初めて労働災害（労災）を認めたのである。

　その後，2009年の労災判断指針改定によって，精神障害・自殺の原因となりうる心理的負荷の中に「（ひどい）嫌がらせ，いじめ，又は暴行を受けた」という項目が追加され，2011年に認定基準が変更となってからも，この項目で労災が支給決定される件数は増え続けている。例えば，2009年には16件だったものが，2010年・2011年には39件・40件，2012年・2013年は55件，そして2014年以降は60件以上が認定されている（2014年69件，2015年60件，2016年74件）。

　「店長から，日常的に『バカ』『お前』などと言われ，精神的苦痛を感じており，店長に改善を求めて抗議をしたものの，店長は全く聞く耳を持たず，退職

に追い込まれた」「在職中に，支店長から『ミスを 3 回したらクビだ』と言われ，ミスしてはいけないと精神的に追い込まれたため体調を崩した。社内の相談窓口に相談するも改善がなかったため，退職せざるを得なかった」。これらは，全国都道府県の労働局に設置されている総合労働相談センターに寄せられた相談内容である。職場のいじめに関する事例を見ていると，退職勧奨・強要の手段として，あるいはその過程として行われていることが多い。また，精神的に追い詰められ，出勤できなくなってしまって休業に至るケースも多く報告されている。このことから，職場のいじめは，心の健康と労働生産性を考える産業保健心理学にとって，重要なトピックのひとつと言える。

2）職場のいじめの定義

日本語でいう「いじめ」は，広辞苑第 6 版によって「学校などで，弱い立場の生徒を肉体的または精神的に痛めつけること」と定義されているように，弱い者いじめという意味合いが強い。職場においては，「いじめ」という言葉が使われることも多いが，「パワーハラスメント（パワハラ）」という言葉も，同様の意味として使われることがある。パワハラは当初の定義に「職権等の乱用」という言葉が入っていたことから，以前は上司からの嫌がらせという印象が強

表 11-1　職場のいじめ・パワハラの定義

発表者（発表年）	用語	定義内容
Leymann（1996）	モビング（Mobbing）	1 人または複数の人が，個人に対して行う敵対的で非倫理的な意思伝達を含む心理的暴力であり，その結果，助けを呼ぶことができず防御手段がない状態に追い込まれ，それでもなお心理的暴力が続く状態。心理的暴力が過去 1 年の間に，少なくとも 1 週間に 1 回以上，最低 6 か月間続いたもの。
Einarsen et al.（2003）	ブリング（Bullying）	嫌がらせや，人を侮辱する，社会的に誰かを除外する，もしくは誰かの仕事に好ましくない影響を与える行為であり，繰り返し，定期的に（例えば週に 1 回など）起こり，一定の期間（例えば 6 か月間など）にわたって起こる行為。
厚生労働省　職場のいじめ・嫌がらせ問題に関する円卓会議ワーキンググループ（2012）	職場のパワーハラスメント	職場のパワーハラスメントとは，同じ職場で働く者に対して，職務上の地位や人間関係などの職場内の優位性※を背景に，業務の適正な範囲を超えて，精神的・身体的苦痛を与える又は職場環境を悪化させる行為をいう。 ※上司から部下に行われるものだけでなく，先輩・後輩間や同僚間などの様々な優位性を背景に行われるものも含まれる。

表 11-2　厚生労働省による職場のパワハラの分類（6 類型）

類型	内容例
（1）身体的な攻撃	暴行・傷害（殴る，蹴る，丸めたポスターで頭を叩く等）
（2）精神的な攻撃	脅迫・名誉毀損・侮辱・ひどい暴言（同僚の目の前で叱責する，必要以上に長時間にわたり，繰り返し執拗に叱る等）
（3）人間関係からの切り離し	隔離・仲間外し・無視（1 人だけ別室に席をうつす，強制的に自宅待機を命じる，送別会に出席させない等）
（4）過大な要求	業務上明らかに不要なことや遂行不可能なことの強制，仕事の妨害（新人で仕事のやり方も分からないのに，他の人の仕事まで押しつけ，同僚は先に帰る等）
（5）過小な要求	業務上の合理性なく，能力や経験とかけ離れた程度の低い仕事を命じることや仕事を与えないこと（運転手なのに営業所の草むしりだけを命じる，事務職なのに倉庫業務だけを命じる等）
（6）個の侵害	私的なことに過度に立ち入ること（交際相手について執拗に問う，妻に対する悪口を言う等）

かったが，近年では同僚間のいじめ・嫌がらせ行為も含むような定義に変わっている。厚生労働省（2012）が「職場のパワーハラスメント」という用語を用いて定義したものは，国外で使用されている職場のいじめの定義にも近い（表11-1）。

　国外の研究では，主に「ブリング」「モビング」「モラル・ハラスメント（モラハラ）」などと呼ばれ，主要な研究者であるレイマン（Leymann, 1996）とアイナルセンら（Einarsen et al., 2003）らの定義が広く用いられている。両者の定義に共通するのは，1 回限りで終わる行為ではなく，一定期間以上にわたって継続する行為を指すという点である。これによって，日常的に起こり得る衝突や対立などと区別されている。

　なお厚生労働省（2012）は，職場のパワハラを 6 つの種類に分けている（表11-2）。これらを見比べてみると，パワハラも「いじめ」を含む事象としてとらえられており，どの職場でも起こり得る行為を指していることが分かるだろう。

3）職場のいじめの実態

　2001 年 10 月から実施されている個別労働紛争解決制度のもとで，全国の都道府県労働局には労働者からの相談が寄せられているが，内容の中でも最も多いものが「いじめ・嫌がらせ」である。しかもその割合は年々上昇してお

り，この制度発足直後の 2002 年度と比較して見ると，他の事案が同程度の比率で推移しているのに対し，「いじめ・嫌がらせ」は 5.8%（2002 年）から 22.8%（2016 年）と，4 倍近くまで上昇している。退職勧奨や労働条件の引き下げに絡んで行われている職場のいじめがあることを考えると，実態はさらに多い可能性もある。

日本人を対象に行われた実証研究では，9.0 〜 15.5%の労働者が過去 6 か月間に職場で 1 つ以上のいじめ行為を週に 1 回以上の高頻度で経験していたと報告している（Asakura et al., 2008; Takaki et al., 2010; Tsuno et al., 2010）。また，全国の労働者代表サンプルを用いた調査では，6%の労働者が過去 1 か月以内にパワハラやセクハラを含む職場のいじめを経験していた（Tsuno et al., 2015）。ニールセンら（Nielsen et al., 2010）によるメタアナリシスでは，北欧を除く欧州では 15.7%の労働者が 1 つ以上のいじめ・パワハラ行為を週に 1 回以上の頻度で経験していたと報告しており，国内外ともに 1 割前後の労働者が職場のいじめの被害に遭っていることが共通している。

(2) 職場のいじめの構造

1) 職場のいじめの背景

近年，国内では職場のいじめに関する相談件数，ならびに労災の支給決定件数が増えているが，それはどういった背景があるのだろうか。まず考えられるのは，職場のいじめに関して企業や労働者の問題意識が高まったことで，より相談や労災請求に結びつきやすくなったということである。もう一つは，失われた 20 年と言われる我が国の不景気の中で，発生率が高まっているのではないかという説である。例えばクインラン（Quinlan, 2007）は，1 年間の追跡期間中，合併や人員削減が起きた企業ではいじめが増えたことを明らかにしている。我が国でも人手不足やストレス増加の中で余裕がなくなり，いじめが起きやすくなっている可能性があると言える。

一方で，今村（1994）は，排除や差別は，人々が社会生活を営む限り避けることのできない形で，人間の社会性の根源にどっしりとした根を持つものであると述べている。我が国は海に囲まれた島国であり，同じ「日本人」であることへの同質性が非常に高い。その結果，情報共有や助け合い，一斉に同じ方向

へ向く団結力は強いが，同時に異質なものを排除する力も強いと言える可能性がある。また，ゴッフマン（Goffman, 1984）が提唱した「全制的施設」という概念も，労働者が置かれた構造に少なからず当てはまる。全制的施設とは，社会から隔絶された空間において，個人の生活が大きな集団の中で行われるような施設を言う。その例として刑務所や精神病院などがあり，ここでは時間割などによって入所者の生活が統制され，社会化や再社会化が図られる。オフィスや工場もまた，刑務所ほどではないとしても，「社畜」という言葉があるように，特定の場所に集められて長時間拘束され，始業時間と終業時間が決まっており，集団生活の中に個人の生活が埋め込まれるという特徴を持っている。第3者の目があまり入らないこの場所こそが，「上司は絶対である」「社長には誰も逆らえない」という独特の風土を生み出し，その社風に馴染めない者や異質な者を排除するというエネルギーになりかねないのである。

2）社会的弱者が標的になる

職場のいじめは，誰もが被害に遭う可能性がある。しかし，加害者となる者は，被害者が持たない何らかのパワー（優位性）を持っていることがほとんどである。パワーとは，年齢，性別，学歴，勤続年数，職位，実績，知識，収入などを指す。逆に言えば，そういったパワーを持たない者が，被害者となりやすい。全国の労働者代表サンプルを用いた研究においても，派遣社員や学歴・収入が低い者など，社会的に弱い立場にある者がよりいじめの被害に遭っていた（Tsuno et al., 2015）。特に，契約更新しないことが容易な派遣社員，パート・アルバイト職員は，「仕事を失うかもしれない」という不安や恐怖により，いじめを受けても我慢しがちである。その結果，退職するまで行為がエスカレートしたり，退職後も対人恐怖によりひきこもってしまうことがある。

3）職場のいじめの発生と進行過程

職場のいじめは，最初から職場ぐるみで行われることもあるが，多くは何らかの些細なきっかけからスタートする（表11-3）。従業員間の意見の衝突などが，やがて周囲の人を巻き込んで，様々な嫌がらせ行為となり，さらにエスカレートしていく（水谷，2008）。職場のいじめは，組織にとって一種の癌細胞のようであり，最初は小さなものでも，気が付けば雪だるま式に急速に大きくなり，組織を破壊してしまうものになるとレイマンも指摘している。そのため，

190　第11章　職場の諸問題への対応

表11-3　職場のいじめの発生と進行過程（水谷, 2008）

段階	内容
段階1 「不和」の段階	従業員同士に仕事上の意思疎通などに関して様々な意見の衝突が発生する。
段階2 「攻撃的行為」の段階	従業員間に様々な攻撃的な加害行為が発生する。
段階3 管理者層が「加担」する段階	従業員間のいじめに管理者層が巻き込まれるようになる。管理者層がこれらの被害を放置したり，加害者のいじめ行為に加担したりして，被害が一層深刻化する。
段階4 被害者に対する「烙印」の段階	被害者は，今や「気難しい人」あるいは「精神疾患にかかっている人」との烙印を押されて，精神的に追い込まれる。
段階5 組織からの「排除」の段階	被害者は自主退職もしくは無断欠勤等を理由として解雇され，組織から排除される。

　段階2～3に行くまでに周囲がいかに止めに入るかが，いじめ防止に重要な施策となるのである。

(3) 職場のいじめがもたらす影響

1) 健康影響

　ニールセンとアイナルセン（2012）は，137の横断研究（対象者77,721名）と13の縦断研究（対象者62,916名）のデータを用いて，職場のいじめの健康影響に関するメタアナリシスを発表している。その結果から，職場のいじめは様々な健康影響と明確に関連することが示された。例えば，抑うつ・不安，心的外傷後ストレス，身体化障害，睡眠問題などである。下記に，具体的な研究内容について簡単に紹介する（詳細は津野（2013）を参照）。

①心的外傷後ストレス

　職場のいじめとストレスに関する研究としては，心的外傷後ストレスとの関連についての研究が最も古く，90年代から研究が進んでいる。例えば，職場のいじめ被害者を対象に調べた研究では，76％が心的外傷後ストレスを示す症状を呈しており，そのうち29％が精神疾患の診断基準であるDSM-IV-TRの診断基準をすべて満たしていた（Mikkelsen & Einarsen, 2002）。加えて，アイナルセン（Einarsen, 1999）の研究では，いじめが終了して5年経過後も，被害者の

65％が心的外傷後ストレスに関連する症状を持っていたと報告している。このことは同時に，被害者が一旦心に傷を負うと，長期間その影響が続く可能性があることを示している。

②抑うつ症状および心理的ストレス反応

2000年代に入ってからは，その他の健康影響についても検討が行われるようになってきた。例えば，フランスで行われた横断研究は，いじめを受けていると，受けていない人に比べ，8倍強も抑うつ症状の発症リスクが高いことを明らかにした（Niedhammer et al., 2006）。日本においても，自治体労働者を対象にした横断研究で，職場のいじめを受けていると，受けていない人と比べ，心理的ストレス反応が約8倍，心的外傷後ストレス症状の発症リスクが約11倍高かったことが明らかになっている（津野ら，2011）。また，いじめを受ける頻度が高いほど，また期間が長いほど，抑うつ症状のリスクが高いという関係も確認されている。さらに注目すべき点として，いじめを受けた本人だけでなく，目撃した人も，受けても目撃もしていない人に比べ，約3倍抑うつ症状を持っていたという報告がある。つまり，職場のいじめというのは，被害を受けた本人だけでなく，その周りの人の精神的健康にも悪影響を及ぼすのである。

近年では長期に労働者を追跡した縦断研究も行われるようになっており，職場のいじめとうつ病，精神疾患，睡眠障害との関連について報告されている（Kivimäki et al., 2003; Lahelma et al., 2012; Lallukka et al., 2011）。いずれの結果からも，いじめを受けていない場合に比べ，被害を受けていると疾病の発症リスクが1.7〜4.2倍高く，職場のパワハラが精神的健康に影響を与え，しかもその影響が長期間にわたって継続する可能性があることが示されている。

③身体的健康

職場のいじめは，精神的健康だけでなく，身体的健康へも悪影響を及ぼす。例えば，職場でいじめを受けた人は，受けていない人に比べ，虚血性心疾患と診断されるリスクが2.3倍，線維筋痛症と診断されるリスクが4.1倍高くなることが分かっている（Kivimäki et al., 2003, 2004）。

2）組織への影響

①疾病休業

研究において，いじめ被害者は共通して欠勤あるいは疾病休業の取得リスク

が高いという結果が得られており，いじめを受けた被害者は休みがちになる可能性が示唆されている。例えば，ベルギーやスウェーデンの労働者を対象に行われた研究では，初回調査時に職場でいじめを受けていた人は，1〜3年後に欠勤を繰り返すリスク（2.3倍）や年間28日以上の長期疾病休業を取得するリスク（1.5倍）が高かったことが明らかになっている（Godin, 2004; Vingård et al., 2005）。

②燃え尽き，離職

職場のいじめと燃え尽き，離職との関連も，複数の研究において明らかになっている。例えば，カナダの病院にて行われた横断調査では，職場のいじめと燃え尽きの下位概念である疲弊感，シニシズム，職務効力感とがそれぞれ関連していたことを報告している（Laschinger et al., 2010）。つまり，職場のいじめを受けることで疲弊感が増し，逃避的になり，職務効力感が低下する可能性があるのである。また，シモンズ（Simons, 2008）は，いじめを受ければ受けるほど，離職意思が高まる可能性を示唆している。休職という状態にならなくても，職場のいじめを受けることで燃え尽きの状態になり，離職に結びつく可能性が示されているのである。

3）社会への影響

職場のいじめ・ハラスメントがもたらす経済的損失についても，様々な報告がある。例えば，組織にいじめ被害者が一人いると，組織に対し年間約30,000ドルから100,000ドル（約330〜1,100万円）の費用を発生させると計算されている（Leymann, 1990）。被害者の数が多ければ経済的損失もさらに多くなるため，被害者が一人いるだけで他に従業員一人を雇用できる費用が余分に失われることになり，組織への影響は大きいと言えるだろう。また，ILO（国際労働機関）の報告書の中で，イギリスにおいては，いじめ・ハラスメントによる欠勤と引き継ぎ・交代のみで，年間130億ポンド（約2兆億円）の費用が発生していると報告されている（Hoel et al., 2001）。国レベルで考えると，想像がつかないほどの莫大な損失をもたらしていることが指摘されているのである。

（4）おわりに

職場のいじめは，被害者に対してうつ病・心的外傷後ストレス・燃え尽きな

どの精神的被害，あるいは虚血性心疾患・線維筋痛症等の身体的被害をもたらすだけでなく，周りでいじめを目撃した人，そして企業や組織に対してもダメージをもたらす。国内では職場のいじめ問題に関する認知度は向上したものの，未だ顕在化していない問題も多く，相談件数も増えている最中である。学校のいじめと同じく，職場においてもいじめは当然発生するものと考え，従業員や管理者それぞれが見て見ぬふりをしないこと，そしてお互いを尊重して気持ちよく働くことのできる環境をつくることが，誰にとっても働きやすい職場作りと生産性向上への近道であり，会社や組織，そして個人が担う使命のひとつである。この共通理解を改めて共有し，職場のいじめがもたらす健康影響の実状を頭に入れたうえで，今後も対応と対策を進めることが期待される。

引用文献

Asakura, T., Ando, M., & Giorgi, G. (2008). Workplace bullying in Japan: An epidemiological study. *Risorsa Uomo, 14*, 141–155.

Einarsen, S. (1999). The nature and causes of bullying at work. *International Journal of Manpower, 20*, 16–27.

Einarsen, S., Hoel, H., Zapf, D., & Cooper, C. L. (2003). The concept of bullying at work. In S. Einarsen, H. Hoel, D. Zapf, & C. L. Cooper (Eds.), *Bullying and emotional abuse in the workplace: International perspectives in research and practice* (pp. 3–30). London, UK: Taylor and Francis.

Godin, I. M. (2004). Bullying, workers' health, and labour instability. *Journal of Epidemiology and Community Health, 58*, 258–259.

Goffman, E. (1961). *Asylums: Essays on the social situation of mental patients and other inmates*. New York: Anchor Books.（ゴッフマン，E. 石黒 毅（訳）(1984). ゴッフマンの社会学3 アサイラム—施設被収容者の日常世界— 誠信書房）

Hoel, H., Sparks, K., & Cooper, C. L. (2001). *The cost of violence/stress at work and the benefits of a violence/stress-free working environment*. Geneva: International Labour Organization.

今村仁司（1994). 近代化の構造—「企て」から「試みへ」— 講談社

Kivimäki, M., Leino-Arjas, P., Virtanen, M., Elovainio, M., Keltikangas-Jarvinen, L., Puttonen, S., Brunner, E., & Vahtera, J. (2004). Work stress and incidence of newly diagnosed fibromyalgia: Prospective cohort study. *Journal of psychosomatic research, 57*, 417–422.

Kivimäki, M., Virtanen, M., Vartia, M., Elovainio, M., Vahtera, J., & Keltikangas-Järvinen,

L. (2003). Workplace bullying and the risk of cardiovascular disease and depression. *Occupational and Environmental Medicine, 60,* 779–783.

厚生労働省職場のいじめ・嫌がらせ問題に関する円卓会議 (2012). 職場のパワーハラスメントの予防・解決に向けた提言

Lahelma, E., Lallukka, T., Laaksonen, M., Saastamoinen, P., & Rahkonen, O. (2012). Workplace bullying and common mental disorders: A follow-up study. *Journal of Epidemiology and Community Health, 66,* e3.

Lallukka, T., Rahkonen, O., & Lahelma, E. (2011). Workplace bullying and subsequent sleep problems-the Helsinki Health Study. *Scandinavian Journal of Work, Environment & Health, 37,* 204–212.

Laschinger, H. K. S., Grau, A. L., Finegan, J., & Wilk, P. (2010). New graduate nurses' experiences of bullying and burnout in hospital settings. *Journal of Advanced Nursing, 66,* 2732–2742.

Leymann, H. (1990). Mobbing and psychological terror at workplaces. *Violence & Victims, 5,* 119–126.

Leymann, H. (1996). The content and development of mobbing at work. *European Journal of Work & Organizational Psychology, 5,* 165–184.

Mikkelsen, E. G. E., & Einarsen, S. (2002). Basic assumptions and symptoms of post-traumatic stress among victims of bullying at work. *European Journal of Work and Organizational Psychology, 11,* 87–111.

水谷英夫 (2008). 職場のいじめ・パワハラと法対策　民事法研究会

Niedhammer, I., David, S., & Degioanni, S. (2006). Association between workplace bullying and depressive symptoms in the French working population. *Journal of Psychosomatic Research, 61,* 251–259.

Nielsen, M. B., & Einarsen, S. (2012). Outcomes of exposure to workplace bullying: A meta-analytic review. *Work & Stress, 26,* 309–332.

Nielsen, M. B., Matthiesen, S. B., & Einarsen, S. (2010). The impact of methodological moderators on prevalence rates of workplace bullying. A meta-analysis. *Journal of Occupational and Organizational Psychology, 83,* 955–979.

Quinlan, M. (2007). Organisational restructuring/downsizing, OHS regulation and worker health and wellbeing, *International Journal of Law and Psychiatry, 30,* 385–399.

Simons, S. (2008). Workplace bullying experienced by Massachusetts registered nurses and the relationship to intention to leave the organization. *Advances in Nursing Science, 31,* E48–59.

Takaki, J., Tsutsumi, A., Fujii, Y., Taniguchi, T., Hirokawa, K., Hibino, Y., Lemmer, R. J., Nashiwa, H., Wang, D. H., & Ogino, K. (2010). Assessment of workplace bullying and harassment: Reliability and validity of a Japanese version of the Negative Acts Questionnaire. *Journal of Occupational Health*, *52*, 74–81.

津野香奈美 (2013). 職場のいじめ・パワーハラスメントの健康影響と組織への影響　産業ストレス研究, *20*, 207–216.

Tsuno, K., Kawakami, N., Inoue, A., & Abe, K. (2010). Measuring workplace bullying: Reliability and validity of the Japanese version of the Negative Acts Questionnaire. *Journal of Occupational Health*, *52*, 216–226.

Tsuno, K., Kawakami, N., Tsutsumi, A., Shimazu, A., Inoue, A., Odagiri, Y., Yoshikawa, T., Haratani, T., Shimomitsu, T., & Kawachi, I. (2015). Socioeconomic determinants of bullying in the workplace: A national representative sample in Japan. *PloS one*, *10*, e0119435.

津野香奈美・森田哲也・井上彰臣・安部陽子・川上憲人 (2011). 労働者における職場のいじめの測定方法の開発とその実態, 健康影響に関する調査研究　産業医学ジャーナル, *34*, 79–86.

Vingård, E., Lindberg, P., Josephson, M., Voss, M., Heijbel, B., Alfredsson, L., Stark, S., & Nygren, Å. (2005). Long-term sick-listing among women in the public sector and its associations with age, social situation, lifestyle, and work factors: A three-year follow-up study. *Scandinavian Journal of Public Health*, *33*, 370–375.

2.　職場の自殺予防対策

高橋祥友

　我が国では近年の深刻な自殺の現状を直視し，2006 年に自殺対策基本法が成立し，自殺予防は社会全体で取り組むべき課題であると宣言された。本論執筆中の警察庁による最新のデータでは，2016 年には 21,897 件の自殺が生じた。この数は交通事故死者数（3,904 件）の 5.6 倍に上る（警察庁，2017）。

　さらに，自殺未遂者数は少なく見積もっても既遂者数の 10 倍は存在すると推計されている。また，自殺や自殺未遂が 1 件生じると，強い絆のあった人々の 5 〜 6 人が深い心の傷を負うと考えられる。このように，自殺とは，一年に自ら命を絶つ約 22,000 人の問題にとどまらず，広く社会に影響を及ぼしている。

　そして，我が国では働き盛りの男性が自殺者の中で多数を占めていることも由々しい問題である。心の健康を保つための重要な原則として，①問題の早期認識と②適切な援助希求が指摘されているが，これは自殺予防にとっても肝要

である。特に中高年の男性は，何らかの問題を薄々感じていても，悩みを独り
で背負いこみ，他者に打ち明けようとする態度に出られないという傾向が強い。
そこで，早い段階で問題に気づき，適切に救いを求めることができるような雰
囲気を職場の中に作り上げることが，自殺予防につながる。

（1）自殺の危険因子

　自殺の危険が高まる可能性のある人の特徴とはどのようなものであるだろう
か？　以下のような点を検討して，自殺の危険をまず大きくとらえていく（表
11-4）。もちろん，自殺の危険を評価する際に，個々人の性格傾向，生育歴，社
会適応，葛藤状況，精神症状などを，危険因子とともに総合的に判断しなけれ
ばならないことは言うまでもない。

1）自殺未遂歴

　危険因子の中でも，これが最も重要である。自殺を図ったものの，幸い救命
されたとしても，適切なケアを受けられないままであると，その後，同様の行
為を繰り返して，結局自殺で死に至る危険が非常に高い。自殺未遂の意図，手
段，状況などについて十分に情報を得ておく。

2）精神障害

　紙幅の関係で，ここでは精神障害一般と自殺の危険の関連について簡単に触
れる。自殺者の大多数は最後の行動に及ぶ前に，気分障害（主にうつ病），薬物

表 11-4　自殺の危険因子（高橋，2014）

①自殺未遂歴	自殺未遂はもっとも重要な危険因子 自殺未遂の状況，方法，意図，周囲からの反応などを検討
②精神障害の既往	気分障害（うつ病），統合失調症，パーソナリティ障害，アルコール依存症，薬物乱用
③サポートの不足	未婚，離婚，配偶者との死別，職場での孤立
④性別	自殺既遂者：男＞女　　　自殺未遂者：女＞男
⑤年齢	特に中高年の男性の自殺率が高い
⑥喪失体験	経済的損失，地位の失墜，病気や怪我，業績不振，予想外の失敗
⑦他者の自殺の影響	精神的に重要なつながりのあった人が自殺で死亡
⑧事故傾性	事故を防ぐのに必要な措置を不注意にも取らない。慢性疾患への予防や医学的な助言を無視

乱用（主にアルコール依存症），統合失調症といった，何らかの精神障害の診断に該当していたことを WHO（世界保健機関）の調査が明らかにしている（図 11-1）。自殺前に精神障害の診断に該当していた人は 96％であり，「診断なし」はわずかに 4％に過ぎなかった。このように大多数が何らかの精神障害に罹患していたことが推定されるのだが，適切な治療を受けていた人となると 1～2 割程度に留まっていた。そこで，うつ病，統合失調症，アルコール依存症に対しては有効な治療があるので，これらを早期に診断し，適切に治療することによって，自殺率を低下させる余地は十分に残されていると，WHO は繰り返し強調している。

なお，アルコール依存症の診断基準に合致しないまでも，自殺を図る人の多くが自殺を図ろうとする際に酩酊状態にある点は，自殺予防の視点からは大いに注目される。飲酒をすると，一時的に気分が晴れることを経験しているために，抑うつ的になった人が，ついつい酒に手を伸ばすことがある。飲酒によって不眠が改善すると信じている人もいる。しかし，アルコールは中枢神経系を抑制する作用があり，長期的には抑うつを悪化させてしまう。また，酩酊状態で自己の行動をコントロールする力を失い，自殺行動に及ぶ人も多い。精神障害に対する治療を受けている間は原則として断酒すべきである。

3）周囲からのサポートの不足

未婚の人，離婚した人，何らかの理由で配偶者と離別している人，近親者の死亡を最近経験した人の自殺率は，結婚し，家族のいる人の自殺率よりも約 3

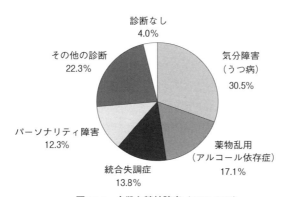

図 11-1　自殺と精神障害（WHO, 2004）

倍の高さを示す。また，家族が全員揃っていて，自殺の危険の高い患者の家族が一見して特に問題のないように見えることもある。しかし，詳しく検討すると，その中でもある特定の人が疎外されている状況が明らかになってくる場合も少なくない。

なお，働きざかりの世代については，単身赴任のために家族がそばにいないため，症状の増悪に気付かれなかったという事態が，自殺前に起きていることもめずらしくない。配置転換に伴う単身赴任は労働者にとってはよく経験する出来事だろうが，家族と別れての生活，新しい職場への適応，昇任に伴う責任の増大などが，ストレス状況として認められるので，この点についての注意も必要である。

4）性　別

自殺者の男女比はごく一部の例外を除いて，ほとんどの国で男性の方が高い。我が国の既遂自殺者の男女比は約 2.5 対 1 である。対照的に自殺未遂者は女性に多い。ただし，我が国でも自殺率は男性の方が高いのだが，他の国々に比べて女性の自殺率が高く，男女差が比較的接近しているのは我が国（そして，アジア）の自殺の一つの特徴である。

5）年　齢

第二次世界大戦直後には，我が国の自殺曲線は，若年成人期と老年期に２つのピークを描いていた。しかし，近年では，我が国の若年層の自殺率は欧米に比較して際立って高いわけではない。現在は，特に男性でその傾向が強いのだが，40 〜 50 歳代に最初のピークがあり，高齢者層に第二のピークを認める。今後，我が国では高齢化が急激に進んでいくことが予測されていて，この年代の自殺予防は重要な精神保健上の課題になっている。

6）喪失体験

各種の喪失体験として，経済的損失，地位の失墜，失職，病気や怪我，近親者の死亡，訴訟を起こされることなどが挙げられる。これらの喪失体験が，すべての人にとって同じ意味を持つわけではない。自殺を図る人にとって，どのような意味を持つかを十分に理解する必要がある。各種の喪失体験を，個々人の生活史に照らしあわせて，本人にとってどのような意味を持つのか理解していかなければならない。

7）他者の自殺の影響

家族の自殺や自殺未遂については注意深く聞き出さないと，本人が自発的に話し始めるということはあまり期待できない。うつ病を除外しても，同一家系に自殺が多発することがしばしば報告されており，遺伝が自殺に果たす役割さえ指摘されている。ただし，この点については異論も多く，近親者の自殺を経験することが一種のモデリングとなって，他の自殺を誘発すると主張する研究者もある。現段階では，そのどちらかが妥当な意見であるか結論は出ていないが，同一家系内に自殺者が多発する例はたしかに存在する。

さらに，他者の自殺が複数の自殺を引き起こす群発自殺（suicide cluster）という現象が知られている（高橋，1998）。特定の小さな職場で自殺が多発するということも時に起こり得る。家族歴以外にも親しい人や同僚の自殺，事故死，不審死を最近経験したことはないか，また，著名人の自殺報道に接して大きな影響を受けていないかなどという点にも注意する。

8）事故傾性

一般には，自殺はある日突然に何の前触れもなく生じると考えられがちであるが，実際には自殺に先行して自己の安全や健康を守れなくなることがしばしば認められる。自殺に先行するこのような現象は事故傾性（accident proneness）と呼ばれている。繰り返す事故は，無意識的な自己破壊傾向の現れとなっている。事故を起こす本人も，それは事故以外の何物でもないとしばしばとらえている。

これまでにも多くの事故を認める，事故を防ぐのに必要な処置を不注意にも取らない，慢性の病気に対して当然の予防をしなかったり，あるいは医学的な助言を無視したりするといった人については，自己破壊傾向の観点から検討する必要がある。自己の身体面での管理にまるで無関心で必要な処置を取らないことはないか，しばしば取るに足らない怪我で入院したり，職場を欠勤したり，失踪したりしてはいないかなどといった点に着目する。抑うつ的である人が失踪に及んだような場合には，それは自殺の代理行為として真剣にとらえる必要がある。本人の安全をまず確保したうえで，専門の精神科医の診察を受けるようにしなければならない。

以上，自殺の危険因子について解説してきた。自殺予防の第一歩は，自殺

200　第 11 章　職場の諸問題への対応

の危険を適切に評価することから始まる。危険因子を検討することによって，個々人の自殺の危険を判定していくのだが，これはあくまでもその危険性を判定する最初のスクリーニングの一つの手段でしかない。生活史上に認められた自己破壊傾向を評価しながら，危険因子を総合的に検討すれば，得られた情報は，自殺の予防のためにさらに有用なものとなるはずである。

(2) 職場における自殺予防体制

　前項で詳しく述べたように，自殺が生じる背景には様々な心理社会的問題が潜んでいる。厚生労働省は，メンタルヘルスケアを推進するための教育研修・情報提供を事業者は行うべきであると通達している。いわゆる4つのケアが適切に実施されるべきである。この点については本書の他の章で解説されているため，ここでは詳述しないが，4つのケアは自殺予防にとっても重要な柱となる（厚生労働省労働基準局安全衛生部労働衛生課，2006）。

　自殺に直結しかねない精神障害について，労働者個人が十分に理解できるように教育の機会を設ける。特に働き盛りの世代にとっては，うつ病とアルコール依存症に関する正しい情報の教育がその柱となるだろう。このような病気には今では効果的な治療法がある。精神障害は何らかの率でどの職場でも起こるという現実を直視して，そのような労働者を排除するのではなく，どのようにして能力を生かすことができるかという視点から職場環境を整えていく。

　得てして，働き盛りの世代の男性では，薄々問題を抱えていることに気付いていても，他者に相談しようという態度には出られない。「独力で解決すべきだ」「誰かに話したところで，解決にはならない」「弱音を吐くべきではない」といった発想に囚われている。しかし，メンタルヘルスの二大原則は，①問題の早期発見，②適切な援助希求ということである。早期の段階で問題に気付き，それを独りで抱えこむのではなく，適切に他者に相談するという態度を育む。問題が全くないのが理想的であるのではなく，問題に早い段階で気付いて，適切な解決に乗り出すことこそが求められる態度である。

　さらに，同僚や部下に自殺の危険に気付いた時の対応の原則（TALK の原則）についても触れておこう。TALK とは，tell, ask, listen, keep safe の頭字語である。

T：言葉に出して，相手のことを心配していると伝える。

A：自殺願望について質問する。真剣に聴くつもりであれば，自殺を話題にしても，危機を深刻化させる（背中を押す）ことにはならない。これは自殺の危険を評価する重要な第一歩となる。

L：傾聴である。健康な人にしてみれば，解決策は多数あるように思えるかもしれないが，自殺の危険の高い人は自殺こそが唯一の問題解決策であるといった発想に囚われ切っている。そこで，徹底的な傾聴こそが重要である。

K：危険であると感じたら，その人を独りにしないで，一緒にいてあげながら，外部から必要な支援を求める。直近の自殺未遂に気付いたら，確実に精神科受診につなげる。

　なお，治療中や退院後の労働者に対して職場ではどのように接したらよいかといった疑問も出てくるだろう。このような場合には，担当医の意見を参考にして，自殺の危険の高い労働者を守る必要がある。しかし，人事担当者，上司，産業医等は，あくまでも本人の同意を得たうえで，担当医に連絡してほしい。医師には守秘義務があるため，本人の同意なしに病状について問い合わせがあっても，答えることができない。職場の人々も担当医も患者を守るという共通の目的に沿って，情報を共有してほしい。

　ある程度病状が安定してくると，得てして，上司等から「いつまで服薬しているのだ」「薬に頼っていないで，精神力で治せ」といった言葉が発せられることがあるが，患者が安心して治療を継続できるような職場の雰囲気作りも欠かせない。あくまでも治療に責任を持つ担当医に治療方針を委ねてほしい。

（3）まとめ

　自殺予防の原則について簡潔に解説してきた。自殺の危険の背景にある心理社会的問題に早い段階で気付いて，適切な対応をすることが自殺予防につながる。そこで，何らかの問題が生じた際に，まず同僚や上司に率直に相談できるような職場の環境づくりが前提となるだろう。

　なお，本章では解説できなかったが，労働者の自殺が生じた際に，遺族や同僚といった身近な人々も心理的に深刻な打撃を受けることがある。このような

人々の心のケアを実施するポストベンション（postvention）の取り組みも，今後は職場で検討すべき課題だろう（高橋・福間，2004）。欧米では，postventionは将来に向けた prevention（予防）であるという言葉さえあるほどである。

引用文献

警察庁生活安全局地域課（2017）．平成 28 年中における自殺の概要資料　警察庁

厚生労働省労働基準局安全衛生部労働衛生課（2006）．労働者の心の健康の保持増進のための指針

高橋祥友（1998）．群発自殺　中央公論社

高橋祥友（2014）．自殺の危険―臨床的評価と危機介入―　第 3 版　金剛出版

高橋祥友・福間　詳（編）（2004）．自殺のポストベンション―遺された人への心のケア―　医学書院

WHO（2004）．Suicide rates（per 100,000），by country, year, and gender. Retrieved from http://www.who.int/mental_health/prevention/suicide/suiciderates/en/ （2017 年 7 月 1 日）

第12章

働き方の多様化と健康支援

1. 海外勤務者の健康支援

津久井　要

(1) はじめに

　海外勤務者の健康支援に心理職が関わる立場としては，社内産業保健スタッフとして，社外（外部）EAPスタッフとして，そして病院やクリニック内の医療チームの一員として，など考えられる。本節では，海外勤務者のメンタルヘルス支援に心理職が関わる際に，産業保健スタッフとして理解しておくべき事項について紹介したい。

(2) 海外勤務者とストレス

　著しい情報技術の発展に伴う社会経済のグローバル化を背景に，海外勤務は日常的勤務へと変化している。海外在留邦人数調査統計（外務省，2016）によれば，海外在留邦人は増加の一途であり，2005年に100万人を超え，2015年10月1日現在131万7078人に達し過去最多となっている。長期滞在者の内訳では，「民間企業関係者」が46万2462人と「留学生・研究者・教師」の17万8449人をおさえ最も多い。

　このように日常化しつつある海外勤務ではあるが，海外赴任に際しては，国内異動の時とは異なり，多種多様なストレッサーが短期間に集約的に加わり，赴任前に国内で機能していた社会的サポートシステムやストレス対処法は変化を余儀なくされるため，海外赴任当初をピークに高ストレス状態となる。

　こうした海外勤務に伴うストレス変化について，米国国立職業安全保健研究所（National Institute for Occupational Safety and Health; NIOSH）の職業性ストレスモデルに沿って整理してみる（図12-1）。まず海外勤務に伴い「仕事

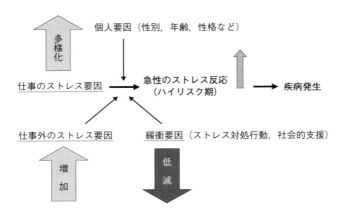

図 12-1　職業性ストレスモデルから見た海外勤務（Hurrell & McLaney, 1988）

のストレス要因」が多様化し，生活環境変化に伴い「仕事外のストレス要因」も増大する一方で，「ストレス対処行動」および「社会的支援」といったストレス「緩衝要因」は著しく低減するという"高ストレス状態"の構図が浮かびあがってくる。この結果，急性のストレス反応は生じやすく，適切な対処が施されないと，容易に疾病発生に直結しかねないハイリスク期にあると理解でき，海外勤務は「急性のストレス負荷モデル」とも考えられる。

(3) 海外勤務者のメンタルヘルスの現状
1) 海外法人援護統計から見たメンタルヘルス不調の実態

メンタルヘルス不調により海外において事例化（精神疾患のために職場や地域社会で不都合が生じ，社会的に問題化すること）したケースについて，2014年海外邦人援護統計（外務省，2015）を参考に考えてみる。

①身体疾患と精神疾患をめぐる援護人数の比較

在外公館による援助が必要とされた事例は，身体疾患によるものが761人，精神疾患が247人であり，精神疾患は身体疾患の3分の1にも達する。

②死亡件数

海外における邦人死亡総数は522人，うち身体疾患によるものが405人（78％）を占めている。これに続くのが自殺47人（9％），交通機関事故26人

（5%），犯罪被害 9 人（2%）となる。2010 年以降，自殺による死亡件数は年間 50 人前後で推移しているのに対し，交通事故死件数は 50 人台から 20 人台へと減じてきており，自殺死リスクは交通事故死を凌ぎ，犯罪被害や事故・災害リスクに比べ高い値を示している。

　これらデータからは，メンタルヘルス不調による事例化リスクは決して低くないと考え，支援対策を講じる必要があると言える。

2）海外勤務者のメンタルヘルス不調の特徴

　海外勤務者がメンタルヘルス不調時に呈する症状は，疲労時に見られる健康度の高いものから，常識では了解困難な言動を認める重症例まで，幅広い。

　稲村（1980），池田（1984），大西（1984, 1994），太田（1991），倉林（2016）らによる海外赴任者のメンタルヘルス不調に関する報告をまとめると，その特徴は①外国語能力が低く社会的基盤が不安定，②精神疾患の既往歴，③発症に先立つ過労・興奮といった心理的誘因の存在，④発症時における社会的孤立，⑤不適応の初期サインとしての身体症状の重要性，⑥うつ病が多く高率に認める自殺念慮，⑦帰国により得られる比較的良好な予後，等となる。大西（1996）は『急性錯乱状態，不安発作，自殺未遂，けいれん発作など派手な症状を呈するが，海外生活における急性のストレス反応として理解できる場合が多く，早期の帰国対処を含む適切な精神医学的治療により速やかに鎮静化することが多い』と報告している。海外勤務者のメンタルヘルス支援に際しては，緊急帰国を視野に入れた迅速な対応が重要なポイントである。

3）メンタルヘルス不調の要因

　海外勤務者を対象に GHQ（General Health Questionnaire：一般健康調査票）および CES-D Scale（the Center for Epidemiologic Studies Depression Scale）を実施した調査では，海外勤務者の約 40％で神経症圏，約 20％で抑うつ状態圏のスコアを認めている（津久井，2000, 2001）。海外勤務者が赴任前に健診等をクリアーした健康度が高い母集団であることを考慮すると，高い比率と解釈される。

　さらに上記メンタルヘルス不調の指標と関連が強い背景要因を検討したところ，以下の項目が報告されている（津久井，2000）。①業務上の低い満足度，②悲観的な思考パターン，③未婚者・単身赴任，④ストレス対処行動としての陰

性的情動発散行動（周囲を巻き込むかたちで怒り・不満などを処理する対処）や消極的逃避行動（問題解決に背を向け回避する対処），⑤配偶者や職場関係者などが社会的支援者として機能していないこと，等である。

鈴木ら（2003）は，海外派遣労働者の精神的健康度と関連が見られた要因として，①風俗習慣の違いによる不自由さ，②医師の指示理解能力のなさ，③現地人上司との関係の悪さ，④年休消化日数，⑤運動習慣，⑥喫煙習慣，⑦家族交流のなさ，⑧相談者の不在，⑨単身派遣，⑩現地交流のなさ，以上10項目を指摘し，中でも対人関係の重要性を指摘している。

予防的観点からは上述の項目について赴任前・赴任中にアセスメントし，健康支援の際に介入を試みることが推奨される。

4) 在外精神科医から見た邦人海外勤務者の特徴

本項では海外勤務者を取り巻く現状について，在外精神科医による報告（太田，2007, 2014）を参考に考えたい。太田氏は1984年以降，パリ邦人医療相談室を基点に欧州，アフリカ，中近東地域の邦人精神医療を30年以上担っている。

海外勤務者を取り巻く現状であるが，①海外勤務は病気休暇が容易にはとれず勤務しつつの治療となることが多い，②本社からの「職場復帰のプレッシャー」が強い，③過労による反応性うつ状態が多い，④人員削減により一人当たりの業務量が増大している，⑤派遣に際し企業サイドに『適材適所』配置の理念が機能していない，⑥少人数スタッフのため上司・同僚間で葛藤が生じると解決しにくく容易に消耗しやすい，といった諸点を挙げている。

症状としては，自律神経系の身体症状／睡眠障害／不安状態／うつ状態，の組み合わせが大半を占め，一過性に被害感情の高まりを認めることがあるものの，幻覚妄想状態を呈する勤務者は少ないとされる。

現地での治療上の留意点としては①症状を形成させている複合的な要因に対処しない限り復帰ケアの段階にさえ進めないケースが多いこと，②海外では最小限の休養もとりにくいこと（代行者の確保が困難），③このため「薬物療法」と「休養」による治療効果にあまり期待できないこと，が挙げられる。

よって，海外常駐の邦人精神科医が数少ない現状を勘案すると，ひとたび事例化してしまうと，現地での治療的対処は困難と考えざるを得ない。このため，“事例化させない”という1次予防が何よりも重要となってくる。

（4）海外勤務者のメンタルヘルスとコンプライアンス

1）海外勤務と業務起因性

　企業においてはコンプライアンスの視点も重要となる。海外勤務者の安全配慮義務をめぐっては，加古川労基署長（神戸製鋼）事件（神戸地判　平 8.4.26. 判決　労働判例 695 号 31 頁）が参考となる。

　これは，新入社員がインド出張中に自殺した事例で，現地での業務上トラブルにより反応性うつ病に罹患した結果であると判定され，行政訴訟において労災保険の適用が認められたケースである（岩出，2004）。

　精神障害の業務起因性が主な争点であったが，判決では業務起因性の判断根拠として，①一般論として海外渡航に伴うストレスが心因性精神障害の重要な要因となり得ること，②入社 1 年目社員の海外派遣，③派遣先環境が新人社員にとり過酷であった点，④孤立しがちな環境下にありサポート体制が不備であったこと，等を挙げている（宗万・川合，2000）。このように海外渡航に伴うストレスが，心因性精神障害の要因となり得るとして一般論にて司法上認容された点は，産業保健スタッフとしては把握しておく必要がある。

2）コンプライアンス上の注意点

　海外勤務者の自殺をめぐり労災認定された他事例を勘案すると，以下の点が認定上のポイントとなっている。①恒常的な長時間労働，②過重な責務の赴任者一人への集中，③困難なトラブル事案解決に対する期限設定，④本社サイドからのサポート体制の不備，⑤派遣先地域内におけるサポート体制の不備，⑥単身での単独業務，⑦企業内における危機管理体制の不備，⑧一般論としての海外赴任に伴うストレス。

　海外勤務では高ストレス状態となることを先に述べたが，コンプライアンス上も海外勤務自体をはじめとする上記項目が強いストレス要因として認定されている現状を理解したうえで適宜介入することが必要である。

（5）予防的アプローチ

　海外勤務が高ストレス状態であることを考慮すると，ストレス・マネジメントは，リスク管理の一環としても極めて重要である。心理職としては赴任前研修や面接などでの健康教育・予防的介入が要請されてくるが，その際は以下の

208　第12章　働き方の多様化と健康支援

情報提供を行いセルフケア能力の向上を図ることが重要となる。

1）セルフケア上の工夫

①症状の現れ方を知る

　セルフケア上，メンタルヘルス不調に対する「気付き」は重要である。初期兆候として原因のはっきりしない体の不調がまず生じること，次いで，不眠→不安→憂うつ→業務支障へと進展していくことを理解し，適宜自らを振り返ることが必要である。また，ストレスが高まった際はアルコールや喫煙が増えることも「気付き」の援助となる。

②趣味・スポーツ

　ストレスに対処するために，スポーツや趣味の時間を意識的に設ける必要がある。好きなことに熱中することが持つストレス解消効果は非常に大きい。選ぶ際は長続きするものが良く，集団でやるものと独りでできるもの，そして屋外でやるものと屋内でできるものの両者を持つことが推奨される（稲村，1980）。高ストレス状態に対処するためには「幾つもやって忙しい」くらいがよく，ゴルフなど趣味を頻回に楽しむことは決して贅沢ではなく必要であると考えるのが適切である（宝田，2007）。

　ただし，ストレス解消については，あくまで「一時しのぎ」であると位置づけ，ストレスがなくなるまで徹底的には追求はしない。なぜなら，ストレス解消をしても不満や不快の原因自体は解決しないことが多く，真の満足には到達できないため，とどめなく「はまって」しまう場合が少なくないからである。「いくつかの方法」を「ほどほどに」嗜むのがよい（中井，2006）。

③コミュニケーション

　他者と「言葉のやりとり」があることはメンタルヘルス上必須である。その際重要なのは，発言内容以上に相互に「言葉のやりとりがあること」である。「おはよう」「おはようございます」「今日は暑いね」「本当ですね」という特段の情報交換とも言えない一見単純なやりとりも，これがない状況を想定すると，いかに重要であるか想像に難くない。相手は職場関係者，現地の人，友人，家族，いずれでもよく，積極的に声をかけ，コミュニケーションをとるようにする。

　「語ること」のストレス解消作用には大きなものがあり，自分の気持ちのわだ

かまりも整理できる。一人駐在で周囲に誰もいない場合は，「今日は大変だったがよく頑張ったものだ」「今晩は〜を食べて，早く寝るとしよう，明日は〜があるからな」などの独り言も有益である（中井，2006）。情報交換目的以外の会話はしない，という一見合理的見解を聞く機会があるが，人間の本質を看過した考えと言える。

2）ストレス対処とポジティブメンタルヘルス

　海外勤務者の健康支援をめぐっては現地での治療には限界があるため，1次予防（発症予防）が最重要となる。心理職としては赴任前研修など健康教育の機会を活用し，海外勤務者のストレス対処能力・危機管理能力を高める予防的アプローチの啓発教育をする。その際は睡眠指導，認知行動療法（特に認知の歪み），さらには自己効力感，レジリエンス，ユーモア，"いかに休むか"という積極的気分転換などポジティブメンタルヘルス（島津，2015）の要素を研修内容に織り込むことが有益である。

（6）海外勤務者の健康支援

1）海外勤務者の支援体制の構築

　海外勤務者のメンタルヘルス支援は難しい。国内のそれと比較してみると分かりやすい（表12-1）。海外では事例の現状が把握しにくく，後手に回りがちである。さらに深刻な事態が生じると「海外赴任中の出来事である」という点

表 12-1　海外勤務者のメンタルヘルス支援：国内と海外との比較

区分	国内	海外
情報量	多い，得やすい	少ない，得にくい
事例性の把握	比較的容易	遅れがち
安全確保	可能	単身者では困難
代替要員の確保	可能	困難
精神科医療資源	あり	不十分
治療効果（薬物＋休養）	得られやすい	得られにくい
業務起因性の判断（法的リスク）	（−）〜（＋）	（＋＋＋）
機動性の要請	低〜中	高
スタッフの関与形態	直接的	間接的・遠隔操作

から業務起因性と司法判断される可能性が高く，自殺念慮を認めたり病識が希薄な場合は安全確保も困難となる。加えて，海外に滞在すること自体が症状形成要因となるため，一時帰国に向けた実務的かつ迅速な対応も要請されてくる。これには，海外の精神科医療資源が不十分であり，現地では治療効果が得られにくいことも影響している。

このため，国内支援対策の延長線上での対応には限界があり，別途組織づくりをすることが要請される。少ない（健康）情報を幅広いシステムで拾いあげ高い機動性を確保すべく，産業保健部門（産業医，産業保健看護職，心理職など）は，経営陣・人事労務部門・労働組合などと，日頃から協働関係を作っておくことが必要となる（阿久津ら，2007）。支援ツールとしては，現状ではメールを駆使したネットワークシステムが実際的である。窓口は産業保健部門が担当し，支援チームには人事労務部門も加わり密に連携する必要がある。メール以外の支援ツールとしては，個人のスマートフォンやPCを介したテレビ電話の活用報告もある（林，2014）。

2）メンタルヘルス支援の実際
①赴 任 前
勤務者本人／帯同家族／上司，いずれからでもアプローチできるように赴任前に支援体制について周知を図る。同時に，海外勤務者に産業医もしくは看護職・心理職者等が面談を実施し，「顔の見える」関係作りを行っておくことが推奨される。

そして赴任前研修がとりわけ重要である（小林，2014; 神戸，2014）。ここでは，海外生活・職場でのストレス，帯同家族のストレス，ストレス・マネジメント一般をはじめとするセルフケア・1次予防教育，現地医療情報の提供，前任者による講演会など生きた情報提供が工夫されるようにする。特に，ストレスへの気づきやストレス対処法・ポジティブメンタルヘルスについて情報提供し，セルフケア能力の向上を図ることがポイントとなる（鈴木，2012）。

②赴 任 中
赴任中は，「いつもと違う」という事例性を見逃さないよう，メールなどを活用し産業保健部門スタッフが海外勤務者と連絡をとりあう。

事例性が疑われる相談が入った場合は，まず「事実確認」と「情報収集」を

表 12-2　海外勤務者のメンタルヘルス・チェックリスト：たずねやすい言葉で確認する

1. 眠れていますか？（気分良く起床できますか？）
2. 美味しいものを最近食べましたか？
3. 体調不良は特にありませんか？
4. 気分転換に，どんなことをしていますか？
5. お酒やタバコが急に増えたりしていませんか？
6. 業務パフォーマンスの急激な低下はありませんか？
7. 言動が不安定・不適切になっていませんか？

迅速に行う。そのうえで，問題が「業務に起因する」ものか，「疾病に起因する」ものか，人事部門を含めた健康支援チーム内で話し合い検討する。業務起因性と考えられれば，本人の同意を得て人事労務部門等から連絡をとり業務調整を行う。他方，疾病起因性が疑われた際は，産業保健スタッフが中心となり対応する。

　疾病のターゲットとしては，うつ病，適応障害が主となる（太田，2014）。特に，一人駐在者（独身者，単身赴任者），20代〜30代の比較的若年の勤務者，赴任後3〜6か月の時期を中心とした1年目頃までの勤務者には注意し，3か月ごとを目安に積極的にメール等で連絡を取りあうことが推奨される。その際は，食欲，睡眠，体調不良，職場での状況，などメンタルヘルス不調と関連し，受け手側の心理的抵抗が少ない項目（表12-2）を自然な表現で確認する。現在実践されている具体的フォローメールの形式も報告されている（神戸，2014）。このシステム運用により，情報交換をしつつ海外勤務者との信頼関係を醸成し"孤立感"を抱かせない配慮が大きなポイントとなる。

　以下，海外でメンタルヘルス不調者が事例化した際の対応について触れる。

①待機的対応が可能な場合

　睡眠や食欲が著しく障害されていない場合は，まずは休暇をとらせることが有効である。可能ならば現地での治療も試みる。ただし不眠が続く時は疲労回復が困難となる場合が多いため慎重な対応が必要になる。

②緊急介入が必要な場合

　a.業務パフォーマンスが著しく低下している場合，b.体調不良が顕著な場合，c.逃避願望・希死念慮等が認められる場合，d.独居者で中程度以上の不調を認

める場合，e. 理解困難な言動を認める場合，f. 安全確保が危惧される場合などでは，一時帰国の検討が必要となる。

自殺念慮等により安全確保が危惧される場合は，自殺予防対策を視野に入れた迅速な対処が要請される。緊急一時帰国をめぐっては，事業継続性・移動費用・家族対応等の問題が派生してくるため，産業保健スタッフと人事労務部門，家族が綿密に連携したうえで解決を図ることが必要となってくる。

（7）おわりに

海外勤務から帰国後の対応も忘れてはならない。国内勤務の現状は厳しいことが多く，家庭内の諸問題（家族関係の変化，帯同家族の日本への再適応など）も加わるため，適応に苦慮する場合が少なくない。このため直属上司や産業保健スタッフによる支援が極めて重要な役割を演じることになる。

このように，赴任前から帰国後までを包括した健康支援を継続的に実施することにより，海外勤務者と心理職を含めた産業保健スタッフとの間に「顔の見える信頼感」が醸成されることが望まれるところである（森田・横山，2014）。

引用文献

阿久津昌久・鈴木智子・横尾亜子（2007）．海外派遣企業のメンタルヘルス対策の実際　産業精神保健, *15*（2），80–84.

外務省領事局海外邦人安全課（2015）．2014 年海外邦人掩護統計

外務省領事局政策課（2016）．海外在留邦人数調査統計　平成 28 年度要約版

林　剛司（2014）．産業医の現場から　産業精神保健, *22*, 160–163.

Hurrell, J. J. Jr., & McLaney, M. A. (1988). Exposure to job stress: A new psychometric instrument. *Scandinavian Journal of Work, Environment & Health, 14* (Suppl.1), 27–28.

池田正雄（1984）．発展途上国の場合—企業派遣社員を中心に　社会精神医学, *7*, 16–24.

稲村　博（1980）．日本人の海外不適応　日本放送協会出版

岩出　誠（2004）．過労自殺型の労災認定判例の相次ぐ出現　社員の健康管理と使用者責任—健康診断・私傷病・メンタルヘルス，過労死・過労自殺をめぐる法律問題とその対応（pp. 121–123.）　労働調査会

神戸　誠（2014）．キャノングループにおける海外赴任者のメンタルヘルス対応　産業精神保健, *22*, 188–194.

小林由美（2014）．企業内における海外勤務者メンタルヘルス支援の実践　産業精神保健,

22, 176-182.

倉林るみい（2016）．海外勤務者のメンタルヘルスとストレス　産業精神保健, 24（特別号）, 43-46.

森田哲也・横山えりな（2014）．国内産業医の視点と関わり　産業精神保健, 22, 164-168.

中井久夫（2006）．ストレスをこなすからだの不思議　広英社

大西　守（1984）．フランスにおける邦人不適応　慈恵医大誌, 99, 339-354.

大西　守（1994）．海外在留邦人の精神医学的問題　こころの臨床ア・ラ・カルト, 13, 42-46.

大西　守（1996）．海外在留邦人のメンタルヘルスケア　海外医療, 18, 2-4.

太田博昭（1991）．パリ症候群　トラベルジャーナル社

太田博昭（2007）．フランス・欧州地区における邦人勤務者のメンタルヘルス事情　産業精神保健, 15（2）, 89-93.

太田博昭（2014）．海外在留邦人主治医の現場から　産業精神保健, 22, 212-216.

島津明人（編）（2015）．職場のポジティブメンタルヘルス　誠信書房

宗万秀和・川合順子（2000）．海外出張中の新入社員の自殺　ストレス疾患労災研究会過労死弁護団全国連絡会議（編）　激増する過労自殺（pp. 40-62）　晶星社

鈴木桂子・北池　正・宮崎有紀子ほか（2003）．海外派遣労働者の精神健康度に関連する要因についての検討　産業衛生学雑誌, 45, 105-113.

鈴木　満（2012）．在外生活でのセルフケア　鈴木　満（編著）　異国でこころを病んだとき（pp. 183-196）　弘文堂

宝田和彦（2007）．海外展開時のリスクと対応　産業衛生学雑誌, 49（臨時）, 196-198.

津久井　要（2001）．海外勤務者のメンタルヘルス　現代のエスプリ, 412, 34-45.

津久井　要（2000）．メンタルヘルス対策　診断と治療, 88, 1301-1306.

2. 対人援助職の健康

成瀬　昂

（1）対人援助職の特徴

1）対人援助職とは

　対人援助職者とは，一般にどのような者を指すのだろうか。多くの研究で用いられる対人援助職の定義によると，「human service（対人援助職）という専門職は，社会福祉のサブシステム（健康・教育・精神衛生・福祉・家庭援助・矯正・児童養護・職業リハビリテーション・住宅共有・地域社会のサービス・法律等）を統合し，統一ある全体にするためのもの」とされている（Eriksen,

1982 豊原訳 1982）。これは人に関わる様々な，極めて広範囲の職業を含む抽象的な分類と考えられる。小堀（2005）は，この定義に最も近い日本の職業分類像として，総務省による日本職業産業分類の「サービス業」を挙げている。ここで小堀らも指摘するように，その中には，社会福祉・医療・教育等の「対人援助職」として一般に想像されやすいものから，広告・宗教・娯楽に至るまで，多様な性質の職業が包含されている。また，同じ職種の中にも，フロントラインで顧客と接する部門から，そのバックアップ部門まで，職務内容が多岐にわたる。そんな彼らを同じ「対人援助職」に携わる者として一括りにし，その健康問題を論ずることはなかなか難しい。そこで本章では，「対人援助職の健康」について理解を深め考察するために，職種ではなく，対人援助，つまり「顧客に対して直接援助行為を行う」という職務の特徴そのものに焦点を当てる。また，具体的な対人援助職者として，研究蓄積が多く一般にイメージしやすい看護師を主に例に挙げながら進めていく。次項からは，「対人援助」という職務の特徴と，それに従事する者の健康を考えるうえで重要と考えられるエッセンスを紹介する。

2）対人援助と感情労働

対人援助に類する言葉として，感情労働がある。これは，肉体労働の対概念としてホックシールド（Hockschild, 1983）によって提唱された概念である。特定の職務遂行に求められる感情を意識的に作り出し，管理することが要求されるものを感情労働と呼んでいる。感情労働には，①対面あるいは声による接触が不可欠であること，②他人の中に何らかの感情変化を起こさなければならないこと，③雇用者は，労働者の感情労働をある程度コントロールする，という3つの特徴がある。

対人援助のために感情労働につとめる労働者は，直接的に顧客に接触し，相手の感情に対し，働きかけを行う。労働者は，働きかけに対する顧客の反応を即座に観察することで，それが成功かどうかを知り，次の働きかけにつなげていく。つまり労働者にとって顧客との直接的接触とは，「自分の働きかけによる職務成果に関して，即時的フィードバックにつねに晒されている場面」とも見ることができる。フィードバックがどのようなものであっても，対人援助者はそれに対する感情をそのまま表に出すことはかなわない。対人援助をしてい

るその場で労働者は，その遂行に必要な感情を作り出し，その通りにふるまわなければならないのである。

　例えば，医療処置を施す看護師に対し，痛みに苦しむ患者は，乱暴な言葉で痛みを訴え，苦痛と怒りでいっぱいの表情を見せるかもしれない。その時，看護師は，自分の行為が相手のネガティブな反射を引き起こしてしまったことに対して落ち込んだり，怒りを向けられたことに悲しんだり，怒ったりしたとしても，その通りふるまうわけにはいかない。相手の苦痛を緩和することが職務目的であり，穏やかで緩やかに介入することが必要と判断したならば，看護師は自分の感情を抑え，穏やかな表情で患者に相対することが求められる。

(2) 感情労働が対人援助職の健康に及ぼす影響
1) 仕事の要求度 – 資源モデル

　即時的フィードバックと，それに対する自己の反応を抑圧しなければならない状況の積み重ねは，労働者の健康にどのように影響するのだろうか。そのメカニズムを解釈するガイドとして，仕事の要求度 – 資源モデルを参照 する。仕事の要求度 – 資源モデル（Bakker & Demerouti, 2007）は，対象集団の職種に関係なく，従業員のウェルビーイングを予測する変数として，仕事の資源と要求度という 2 つの労働状況を取り入れたモデルである。

　仕事の要求度とは，「従業員の適応できる範囲を超えた場合，彼らの精神的なストレスを喚起する可能性がある仕事の特性」を表している。より正確に定義するなら，仕事の要求度とは，「仕事の物理的，社会的，組織的側面であり，従業員に身体的，心理的努力の維持を求めるために，ある種の生理的代償や心理的代償と関連している側面」を意味する。仕事の要求度は，必ずしもネガティブではない。しかし，期待されたパフォーマンスを生み出し，その水準を維持するために多大な努力が必要な場合には，ストレッサーになる可能性がある。その結果，慢性的疲労やバーンアウトといったネガティブな反応を引き起こすこともある。他方，仕事の資源は，個々の従業員に資源を提供する仕事の側面を意味する。具体的には，「仕事の物理的，心理的，社会的，組織的側面で，仕事の要求度とそれに関連する生理的代償と心理的代償を低減し，仕事の目標を達成するうえで有効に機能し，個人の成長，学習，発達を刺激する側面」であ

る。

　一般に，仕事の要求度と仕事の資源は，負の相関を有している。なぜなら，仕事の要求度が高いと，仕事の資源の動員が妨げられる可能性があるからである。よって仕事の要求度 − 資源モデルでは，仕事の要求度の高さがバーンアウトを生起させ，資源の欠如がワーク・エンゲイジメントの低減を助長する可能性があると説明している。その一方で，仕事の資源が豊富にあると，仕事の要求度の高さにかかわらず，ワーク・エンゲイジメントが高まる可能性がある。

2）顧客からのフィードバック

　仕事の要求度 − 資源モデルの視座から，「顧客からのフィードバック」を見てみる。まず，ネガティブなフィードバックが「仕事の要求度」を高める要因となることは容易に想像できる。高い「仕事の要求度」は労働者に過度の負担をかけ，疲弊や不健康をひき起こす可能性がある。顧客からのネガティブなフィードバックが増すほどに，パフォーマンスのレベルを維持するための努力が必要であり，その代償として労働者のエネルギーが枯渇し，バーンアウトや不健康につながる可能性があるのである。一方，顧客からのポジティブなフィードバックには，賞賛，感謝，働きかけの成功，などがある。ポジティブなフィードバックは，労働者の成長を助け，ワーク・エンゲイジメントを高めることにつながる。

　対人援助職が顧客から受けるフィードバックの特徴として，「即時的」であることを前項で紹介した。これはつまり，「フィードバックされている時の就労者の体験が，他者と共有されにくい」ことにつながる。なぜなら，顧客からのフィードバックとは，その場で返される顧客の発言，態度，感情表現，心身の変化等，一過性のものを多分に含んでいるためである。

　ネガティブなフィードバックにより生じた負の感情は，その経験を他者に開示し・共有することで，その後のストレス反応を予防できる。関谷・湯川（2009）は，医療・福祉職などの対人援助職者を対象とした研究で，筆記による経験の他者への開示が，感情労働による不協和な経験（例：本心を制御して笑顔を作るような体験）を軽減することを明らかにしている。

　また個人が得たポジティブなフィードバックは，他者と共有することで，よりよい働きかけを行うための技術開発に貢献し，また労働者が就労環境にコミ

ットすることを促せるだろう。

　しかし，即時的フィードバックで得た体験のすべてを他者と共有することは難しい。対人援助職者にとって，彼らの体験や持っている情報をタイムリーに共有することは，彼ら自身の健康や組織の職務改善に重要な課題になる重要な鍵と考えられる。

（3）体験と情報の共有のために

1）労働者間の情報共有

　対人援助職は，ネガティブ・ポジティブにかかわらず，体験した即時的フィードバックを，必要に応じてタイムリーに他者と共有し，相互評価することで，組織内のスキルやシステム改善，および個人の健康維持につなげられると考える。それでは，どうすれば職場内で情報をうまく共有することができるのか。ここで，労働者間の情報共有に着目した，Relational coordination（関係性の調和）という概念を紹介する。

　関係性の調和とは，「特定の課題を達成するために特定の相手との間で行われる意思疎通と，およびその背景にある人間関係が，互いを高めあうプロセス」と定義される概念である（Gittell et al., 2000）。看護管理者が，ケア提供者間の意思疎通と人間関係を改善することで，より良いケアを行えるよう介入する際に，問題点や介入点を見つけやすいよう開発された。Relational coordination theory に基づいて開発され，自己と周囲の人間との間の情報共有の質を評価する尺度として日本語版尺度も開発されている。病棟看護師同士の関係性がよく調和された病棟では，ケアの費用が抑制され，ケアの質が向上されるという報告がある（Gittell et al., 2000; Kaissi et al., 2003）。また，周囲の関係者との間で関係性の調和がとれている看護師は，仕事に意欲的で，職務に対する創造性も高いという報告もある（Havens et al., 2010）。また，上司と関係性の調和がとれている看護管理者（Warshawsky et al., 2012），同僚と関係性の調和がとれている看護師（Naruse et al., 2016）ほど，ワーク・エンゲイジメントが高いことも知られている。

2）関係性の調和の 7 つの側面

　関係性の調和は，7 つの項目からなる一次元の尺度で測定することができる。

回答者は，調査票で指名された特定の対象との関係性について，それぞれ回答する（例：看護師を回答者とし，回答者自身が同僚看護師や病棟医師と自分自身との関係性について自己評価し，回答する）。7つの側面とは，①相手から提供される情報の量の適切さ，②正しさ，③タイムリーさ，④問題が起こった時にその相手が問題解決的な姿勢で会話できる程度，⑤相手との間で仕事の目標が共有されている程度，⑥相手が自分自身の仕事の役割を理解している程度，⑦相手が自身の仕事を尊重している程度，である。この①～⑦が十分満たされる相手とは，情報や体験を共有しやすいのである。

3）関係性の調和と即時的フィードバックの関係

これまで，対人援助職の特徴として，顧客からのフィードバックが即時的であること，それによって健康を損なわず，職務をよりよく遂行するためには周囲の関係者との情報交換の頻度や内容等を良い状態にすることが重要と考えられ，それを測定する概念として関係性の調和があること，を説明してきた。しかし執筆現在，「即時的フィードバック」という現象に焦点を当て，具体的に観察・測定した研究はない。これは，顧客と対人援助職がコンタクトするすべての場面で発生する事情であり，また一過性のものであるために，非常に測定・観察しにくいことが理由と考えられる。こうした現象を測定し，それが組織内の情報伝達力，つまり関係性の調和の良し悪しによって，就労者個人の健康や組織全体のパフォーマンスにどう影響するか，そのメカニズムを明らかにする新しい研究が求められるだろう。

4）対人援助職の職場・チームのとらえ方

次なる研究への示唆として，複雑適応系という言葉を最後に紹介したい。詳細な説明は専門書に任せるとして，各援助職者が顧客からの即時的フィードバックにその都度反応しているが，それが十分他に共有されにくい状況は，「各主体の制御の明確な痕跡が見られず，全体としての挙動が，個々の主体が絶えず行う膨大な数の判断の結果である」という複雑適応系の特徴に合致する。これは，組織トップが統制できない反応・学習を構成員達が繰り返した結果，組織全体や構成員そのものが変化していく，というような，実世界にある非線形で複雑な現象を，なんとか理論立てて説明しようとする取り組みから生まれたものである。これまでにも，複雑適応系理論は医療組織の安全管理に関する情報

共有や，医療組織のリーダーシップ論に関する研究で参照されてきている。対人援助職者が日々直面し，一喜一憂している「即時的フィードバック」が，周囲の関係者との相互に情報として共有されることが，就労者の健康をどう規定しているのか。複雑適応系の理論を参照することが，その解明に貢献する可能性があると筆者は考える。

（5）まとめ

　対人援助職の職務の特徴として，感情労働と顧客からの即時的フィードバック（ポジティブ・ネガティブの双方）に焦点を当て，健康への影響を考察してきた。即時的フィードバックは，一過性で他者と共有しにくい。そのため，関係性の調和で測定されるような，周囲との情報共有のしやすさを高めておくことで，組織の健康に貢献できると期待される。しかし，即時的フィードバックそのものは非常にとらえにくく，研究の蓄積が乏しい。組織内のあちらこちらで膨大に起こる顧客と就労者の間の即時的フィードバックに基づく反応現象をとらえ，個人・組織の健康に影響するメカニズムを解明する示唆として，複雑適応系の理論を応用していくことを提案した。

引用文献

Bakker, A. B., & Demerouti, E.（2007）. The job demands-resources model: State of the art. *Journal of Managerial Psychology, 22*, 309–328.

Eriksen, K.（1982）. *Human service today*（2nd ed.）. Reston, VA: Reston.（エリクセン，K. 豊原廉次郎（訳）（1982）. ヒューマン・サービス―新しい福祉サービスと専門職　誠信書房）

Gittell, J. H., Fairfield, K. M., Bierbaum, B., Head, W., Jackson, R., Kelly, M., Laskin, R., Lipson, S., Siliski, J., Thornhill, T., & Zuckerman, J.（2000）. Impact of relational coordination on quality of care, postoperative pain and functioning, and length of stay: A nine-hospital study of surgical patients. *Medical Care, 38*, 807–819.

Havens, D. S., Vasey, J., Gittell J. H., & Lin, W. T.（2010）. Relational coordination among nurses and other providers: Impact on the quality of patient care. *Journal of Nursing Management, 18*, 926–937.

Hockschild, A. R.（1983）. *The managed heart: Commercialization of human feeling.* Berkeley, CA: University of California Press.

Kaissi, A., Johnson, T., & Kirschbaum, M. S. (2003). Measuring teamwork and patient safety attitudes of high-risk areas. *Nursing Economics, 21* (5), 211–217.

小堀彩子 (2005). 対人援助職のバーンアウトと情緒的負担感 東京大学大学院教育学研究科紀要, *45*, 133–142.

Naruse, T., Sakai, M., & Nagata, S. (2016). Effects of relational coordination among colleagues and span of control on work engagement among home-visiting nurses. *Japan Journal of Nursing Science, 13*, 240–246.

関谷大輝・湯川進太郎 (2009). 対人援助職者の感情労働における感情的不協和経験の筆記開示 心理学研究, *80* (4), 295–303.

Warshawsky, N. E., Havens D. S., & Knafl, G. (2012). The influence of interpersonal relationships on nurse managers' work engagement and proactive work behavior. *Journal of Nursing Administration, 42*, 418–425.

第13章

職場のメンタルヘルスのアウトリーチ

1. 中小規模事業所におけるメンタルヘルス対策

森口次郎

(1) 中小規模事業所のメンタルヘルス活動の現状

　全国の民営事業所 554 万 1,634 事業所のうち，従業員 50 人未満規模の小規模事業所が全事業所数の 96.7％，従業員数の 59.7％を占め，従業員 300 人未満規模のいわゆる中小規模事業所は全事業所数の 99.4％，従業員数の 85.2％を占めることが報告されており（総務省，2014），我が国の雇用や経済における中小規模事業所の重要性が理解できる。

　産業保健活動の現状については，事業所規模が小さくなるにつれて産業医の選任率，安全衛生委員会の設置率が低下することが示されており（厚生労働省，2010），メンタルヘルスケアに取り組んでいる事業所の割合は 47.2％と上昇傾向であるものの，事業所規模が小さいほどその比率は低下し，従業員 10-29 人規模の事業所では 38.9％となる。取り組まない理由では「必要性を感じない（52.0％）」「取り組み方が分からない（31.3％）」などが上位である（厚生労働省，2012）。

　これまでの企業の産業保健活動の研究において，従業員 50 人未満の小規模企業のメンタルヘルス活動についての研究は少ないが（池田ら，2002; 津田ら，2011; 平田ら，1999），筆者らの研究（森口ら，2012, 2013）により，従業員 10 人未満の零細企業も含めて小規模企業のメンタルヘルス活動の実態がある程度明らかになっている。

　2012 年度の同研究では，1,041 社の企業経営者を対象にメンタルヘルスに関するアンケート調査を実施した。対象の内訳は，従業員 2-9 人規模（本章では零細企業とする）：367 社，従業員 10-49 人規模（同じく小規模企業とする）：

419 社を含み，800 社近くの小規模零細企業の情報を収集した。

　労働者健康状況調査と類似して"メンタルヘルスの取り組みを行っていない理由"について，零細企業では「必要性を感じる問題がない」が 37.3% と最多であり，「取り組みは十分である」（17.2%）も上位を占めた。また，経営者としてメンタルヘルスに関して「困ったことはない」との回答も企業規模が小さくなるにつれて増加し（零細企業：66.5%；Cochran–Armitage の傾向検定，$p<0.01$），"過去 5 年間のメンタルヘルス不調者の発生状況"では，不調者の「発生あり」とその転帰で「現在は休職している」の比率は企業規模が小さいほど低下する傾向であった。これらの結果から，小規模零細企業では，密な人間関係や意思疎通などによりメンタルヘルスの問題発生が抑えられている可能性が考えられるが，ひとたび問題が起これば社内で抱えることができず退職に至っている可能性が推察される。また，零細企業では経営者の知識や認識の不足がメンタルヘルス対応の不十分さに影響している可能性も示された。"メンタルヘルスの取り組み"は，「普段の声かけの心がけ」がいずれの規模においても上位であるが，零細企業ではその実施率が 52.3% と他の取り組みの倍以上と突出し，大企業で高率の「残業の制限・禁止」「従業員向けの研修」「カウンセリングの提供」などは比率が低かった。"メンタルヘルス対策に支出できる費用"については，無回答の企業が 629 社で多数を占め（全体の 60.4%），回答があったうち，零細企業では予算「0 円」の回答が 36.5% を占め，その回答比率は小規模企業ほど増大した（$p<0.01$）（表 13-1）。

　これらのデータから，中小規模事業所におけるメンタルヘルスには問題が多

表 13-1　企業規模別のメンタルヘルス対策に支出できる費用

従業員数		2–9 人	10–49 人	50–299 人	300 人以上
回答数		189	153	43	27
金額（円）	平均値	34,476	67,529	296,047	4,120,000
	最小値	0	0	0	0
	中央値	10,000	30,000	100,000	1,000,000
	最大値	1,000,000	500,000	3,000,000	26,000,000
「0 円」の回答数		69	34	5	1
（%）		36.5	22.2	11.6	3.7

く，ことに小規模零細企業の取り組みは乏しく，その対策は産業保健における重要な課題であることが推察される。

(2) 産業保健総合支援センターの地域窓口

産業医，産業看護職，衛生管理者等の産業保健関係者を支援するとともに，事業者等に対し職場の健康管理への啓発を行うことを目的として，全国47都道府県に産業保健総合支援センターが設置されている。その事業の一部として，労働安全衛生法で産業医を選任する義務のない従業員数50人未満の小規模事業所に対して労働衛生サービスを無料で提供しているのが，地域窓口（通称：地域産業保健センター）である。地域窓口の実施主体は労働者健康安全機構であり，各地区医師会の産業医などの協力を得て産業保健サービスを提供している。

提供する産業保健サービスには，相談対応（メンタルヘルスを含む労働者の健康管理の相談，健康診断の結果への医師からの意見聴取，長時間労働者に対する面接指導），個別訪問指導（医師などによる職場巡視など）があり，回数などに制限があるものの小規模事業所の経営者や従業員はこれらのサービスを無料で利用することができる。

しかし，小規模事業所において一般健康管理での利用は広がっているもののメンタルヘルスでの利用率は4-8%と低い（厚生労働省，2012）。京都府での2015年度の実績によれば，百件以上の実績がある他の相談対応と比較して，メンタルヘルス不調者への指導だけは十件前後と低調であった。経営者30名を対象としたヒアリング調査においても，「地域窓口の存在を知らなかった」「無料であることを周知してほしい」，などの意見が複数聴取されており（森口ら，2012），経営者の地域窓口の認知度が向上するように関係機関は一層の広報を行い，利用を促すことが期待される。

(3) 医師会の産業医体制

2012年の日本医師会の集計によれば，認定産業医（73,302名）の内訳は，43％は開業医，55％は病院勤務医であった。2014年9月末時点で認定産業医は88,953名に増加しているが，内訳に大きな変化はないものと推察される。大

224 第13章 職場のメンタルヘルスのアウトリーチ

企業に所属する専属産業医の人数が 1,700 名と推定されるため（一瀬ら，2010），多くの認定産業医は中小規模事業所を対象に嘱託産業医として勤務していると考えられる。

しかし京都府医師会で調査したところ，所属する認定産業医資格を有する医師のうち実際に産業医業務を行っている医師は半数弱と推察され，また嘱託産業医の勤務時間は平均 6 時間／月と短時間であり（Moriguchi et al., 2010），中小規模事業所のメンタルヘルスを担う産業医体制が十分でないことがうかがわれる。

またメンタルヘルス対策の動向に目を向けると，2015 年 12 月より，従業員50 人以上の事業所の事業者にストレスチェックの実施が義務付けられた。事業者は，高ストレスで面接指導が必要と認められた労働者の申し出に応じて医師による面接指導を実施して，就業制限の要否などの意見を聴かなければならず，産業医はこれまで以上にメンタルヘルス対策への関与が求められる可能性がある。しかしその一方で，2008 年の京都府下の嘱託産業医 86 名（開業医：64 名，病院勤務医：22 名）を対象とした調査研究において，「負担や不安に感じる業務内容」として，メンタルヘルスケア（42％）が第 1 位，復職診断（17％）や疾病休業者への指導（13％）など関連業務も上位を占め，嘱託産業医のメンタルヘルス活動への不安が明らかになっている（Moriguchi et al., 2010）。

嘱託産業医の不安を解消すべく，いくつかの都道府県では，産業医と精神科医の連携強化や相互理解の推進を目的とした研究会やメンタルヘルス事例を取り上げる産業医研修を行い，産業医のメンタルヘルス対策にかかる資質向上に取り組んでおり，さらなる展開が期待されている。

（4）労働衛生機関のメンタルヘルスサービス

労働衛生機関の中には，健康診断の実施のみならず，事業所に対して所属の産業医や産業看護職，臨床心理士などによるメンタルヘルスに関わるサービスを提供する機関も多い。2015 年の全国労働安全衛生団体連合会の統計情報（http://www.zeneiren.or.jp/statistics/index.html）によれば，労働衛生機関には 1,191 名の医師が在籍し，その 59％（701 名）が産業医資格を有している。筆者らの調査（Moriguchi et al., 2010）において，開業医・病院勤務医の産業医

活動時間は 1 か月平均 6 時間である一方，労働衛生機関医師では平均 26 時間であり，中小規模事業所のメンタルヘルスを含む産業保健において労働衛生機関医師が一定の役割を果たしていることが推察される。

また小規模事業所においては既述の地域窓口がメンタルヘルス対策の支援機関と考えられるが，小規模零細事業所の経営者は地域窓口よりも労働衛生機関や社会保険労務士を主な相談相手としていることも示されている（森口ら，2012）。このような小規模事業所の需要に対して，一部の労働衛生機関では産業保健分野で一定の経験を積んだ保健師による毎月 1 回，職場の巡回，社員の健康相談などを実施し，保健師単独で解決困難な課題があれば，労働衛生機関の産業医，臨床心理士などと連携して解決する体制を構築している。これは予算の乏しい小規模事業所経営者に利用しやすいサービスとして評価を得ており，今後，中小規模事業所のメンタルヘルス対策向上の有力な手法となることが期待される。また社会保険労務士と産業保健専門職との連携強化の取り組み（合同の勉強会や相互理解のためのツールの開発）なども行われており，さらなる発展が期待されている。

（5）小規模事業所のメンタルヘルス向上のための研究成果
1）経営者向けのメンタルヘルス啓発ツールの開発

筆者らの研究において（森口ら，2012），"社外の専門機関・専門家に希望するメンタルヘルスに関するサービス"への回答として，全企業では「従業員のカウンセリング」（28.9％），「従業員向けの研修」（16.8％）などが上位であった。企業規模別の分析では，「従業員のカウンセリング」「従業員向けの研修」はいずれの企業規模においても上位であり，「問題を抱える従業員の上司からの相談対応」「ストレス調査」（$p < 0.01$）など多くの項目は大企業ほど希望率が高まった。その一方で，「経営者向けの研修」への希望は小規模零細企業で要望が高まる傾向がうかがわれた（図 13-1）。

表 13-1 で紹介した小規模零細企業における対策予算の低さも考慮すると，「従業員のカウンセリング」を提供することは困難と判断し，経営者が利用できる自己学習用のツールを開発した（森口ら，2013）。ツールはほぼ同一の内容で構成される冊子と映像とし，（1）ストレス反応の原因と現れる症状，（2）会話

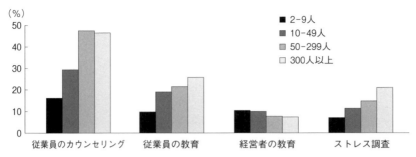

図13-1　企業規模別の社外専門家に希望するメンタルヘルスサービス

のコツ，（3）心の健康の不調への気付きや対処法，（4）会社の不利益を回避するポイント，について簡潔に説明した。研究班員によるスライドでの講演を録画して映像ツールとし（視聴時間はそれぞれ5-10分），冊子は全部で20ページである。

このツールについて，企業経営者29名（零細企業11名，小規模企業18名）から意見聴取をしたところ，多くの経営者から高評価を得たため，産業医学振興財団より公刊し，数千部の利用を得た。

また，産業医科大学精神保健学教室と一般財団法人あんしん財団の共同研究「中小企業経営者向けメンタルヘルス対策アクションプラン・支援ツールの開発」（廣ら，2015）においても，中小規模事業所におけるメンタルヘルス対策啓発を目的としたアニメーション形式の映像資料が開発されている。本研究で

図13-2　こころの"あんしん"プロジェクト　映像資料タイトル
（こころの"あんしん"プロジェクト　ホームページ抜粋）

は，中小規模事業所経営者を対象としたニーズ調査の結果に基づき，事例対応，職場改善，職場復帰支援をテーマとして，それぞれ15分前後のストーリーで説明している。このツールは，一般財団法人あんしん財団のホームページ「こころの"あんしん"プロジェクト」で自由に閲覧することができる（図13-2）(http://www.anshin-kokoro.com/tool1.html)。

2）小規模企業における職場環境改善の試み

筆者らは，厚生労働省労働安全衛生総合研究事業「事業場におけるメンタルヘルス対策を促進させるリスクアセスメント手法の研究」（川上ら，2015）に参加し，中小規模事業所6事業所において職場ドック（吉川，2014）に類する職場環境改善活動を試行した。職場ドックは職場単位に労働者参加型で職場のよい点に目を向けながら実施することを特徴とする活動である。

6事業所のうち最も規模が小さかったA事業所（従業員8名）では，改善目標に「道具置き場の整理」を掲げ，倉庫内の工具の整頓と工具掛けの作成を短期間で実施し（図13-3），社員たちから「全員参加により，達成感が得られた」との感想が提出された。A事業所で活動がスムーズに展開した理由として，外部の産業保健専門職の支援，社長と中心的社員の職場環境改善の意義の理解，参加型の取り組みによる従業員の当事者意識の向上などが考えられた。職場改善を成功させるポイントとして「スモールステップ方式により，実施可能な活動から積み上げていく対策」が推奨されており（島津，2014），現実的で簡単な目標設定もA事業所での成功の一因と考えられる。また，普段の社員の情報交換が朝礼などでの簡単なものに留まるためか，「グループ討議での自由な意

改善前　　　　　　　　　　　　　改善後

図13-3　A事業所での職場環境改善の前後写真（A事業所での職場環境改善結果報告から抜粋）

見交換自体が社員の相互理解に有意義だった」との声も寄せられた。

　この経験から，中小規模事業所の職場環境改善活動も産業保健専門職の的確な支援などにより成果をあげる可能性が示唆された。また類似の取り組みは複数の国で成果をあげていることから（Kogi, 2006），職場環境改善活動の今後の発展が期待される。

(6) おわりに

　中小規模事業所，ことに小規模零細企業ではメンタルヘルス対策をはじめとする産業保健活動が不十分である。その原因として，経営者の知識や予算などの不足，産業医の知識や経験の不足，既存の資源の周知不足などが考えられる。

　ストレスチェック制度や障害者の法定雇用率の引き上げなどにより，中小規模事業所のメンタルヘルスに新たな課題もあり得るため，地域窓口や労働衛生機関などの関係する専門家はこれまで以上の研鑽を積み，中小規模事業所のメンタルヘルスに貢献することが期待される。

引用文献

平田　衛・熊谷信二・田渕武夫・田井中秀嗣・安藤　剛・織田　肇（1999）.50人未満小規模事業所における労働衛生管理の実態（第1報）─労働衛生管理体制と健康管理およびニーズ　産業衛生学雑誌, *11*, 190-201.

廣　尚典・浦井範雄・真船浩介・井上彰臣・酒井良明・井上　温・織田　進・長見まき子・久野亜希子・古山善一・森　晃爾・堤　雄介・日野亜弥子・井上嶺子（2015）.一般財団法人 あんしん財団・産業医科大学共同研究事業　中小企業経営者向けメンタルヘルス対策アクションプラン・支援ツールの開発　平成26年度研究報告書　一般財団法人あんしん財団・産業医科大学

一瀬豊日・中村早人・戸倉新樹（2010）.本邦に必要とされる専属産業医数─事業所・企業統計調査（総務省統計局統計基本構造統計課）から推計　産業医科大学雑誌, *32*, 73-81.

池田智子・中田光紀・小堀俊一・北條　稔・杉下知子（2002）.小規模事業場事業主のメンタルヘルス対策への意識と取り組み　産業衛生学雑誌, *44*, 200-207.

川上憲人・錦戸典子・五十嵐千代・島津明人・小田切優子・堤　明純・原谷隆史・吉川徹・森口次郎（2015）.厚生労働省厚生労働科学研究費補助金労働安全衛生総合研究事業　事業場におけるメンタルヘルス対策を促進させるリスクアセスメント手法の研究　平成26年度総括・分担研究報告書

Kogi, K. (2006). Advances in participatory occupational health aimed at good practices in small enterprises and the informal sector. *Industrial Health*, *44*, 31–34.

厚生労働省（2010）. 労働安全衛生基本調査

厚生労働省（2012）. 労働者健康状況調査

森口次郎・池田正之・大橋史子・柿森里美・鍵本伸明・片桐陽子・櫻木園子・寺田勇人・中谷淳子・水島郁子（2012）. 小規模零細事業場におけるメンタルヘルスの現状把握とメンタルヘルス対策の普及・啓発方法の開発　平成24年度研究報告書　産業医学振興財団

森口次郎・池田正之・大橋史子・柿森里美・鍵本伸明・片桐陽子・櫻木園子・脊尾大雅・寺田勇人・中谷淳子・水島郁子（2013）. 小規模零細事業場におけるメンタルヘルスの現状把握とメンタルヘルス対策の普及・啓発方法の開発　平成25年度研究報告書　産業医学振興財団

Moriguchi, J., Ikeda, M., Sakuragi, S., Takeda, K., Muto, T., Higashi, T., Weel, A. N. H., & van Dijk, F. J. (2010). Activities of occupational physicians for occupational health services in small-scale enterprises in Japan and in the Netherlands. *International Archives of Occupational and Environmental Health*, *83*, 389–398.

Moriguchi, J., Sakuragi, S., Takeda, K., Mori, Y., Muto, T., Higashi, T., Ohashi, F., & Ikeda, M. (2013). Activities of private clinic- or hospital-based occupational physicians in Japan. *Industrial Health*, *51*, 326–335.

島津明人（2014）. 職場改善活動の進め方の留意点は？　産業精神保健, *22*, 55.

総務省（2014）. 経済センサス基礎調査

津田洋子・塚原照臣・内田満夫・鷲塚伸介・野見山哲生（2011）. 長野県の小規模事業場におけるメンタルヘルス対策の現状　信州医学雑誌, *59*, 163–168.

吉川　徹（2014）. 職場ストレス対策における「職場ドック」の意義と特徴　労働の科学, *69*, 580–585.

2. 経営とメンタルヘルス

黒田祥子・山本　勲

　経済学の実証研究では，どのような事象を研究対象とする場合でも，「個体差」や「企業間の違い」は残差や異質性といったノイズ要因と位置づけ，それらを統計的な手法により除いたうえで，「多くの人（あるいは企業）に共通する問題」を見出すことを目指してきた。メンタルヘルスの問題についても，同一個人や企業を追跡調査したデータを用いて，時間を通じて変わらない個人の異質性（ストレス耐性や考え方・性格，家庭環境など）や企業の異質性（業種や

230　第13章　職場のメンタルヘルスのアウトリーチ

規模，技術力や潜在成長力など）を統計的に除去することにより，メンタルヘルスに影響を与える共通要因の存在や大きさを把握することができる。本章では，こうした経済学の手法を用いた研究を踏まえて，①従業員のメンタルヘルスが企業経営に及ぼす影響と，②従業員のメンタルヘルス悪化を予防する施策や働き方について述べる。

（1）従業員のメンタルヘルスは企業経営にどのような影響を与えるか

　従業員のメンタルヘルスの状態が悪化すると，企業には，勤務中に本来の働きができなくなって生産効率が低下する「プレゼンティイズム」の他，遅刻・早退や欠勤の増加，休職などで勤務できる時間が減少する「アブセンティイズム」を通じた損失が生じるといわれている。いずれも経済学的に見ると，メンタルヘルスの不調は，本来であれば生産活動にフルに充てられる労働インプットを活用しきれていない，という意味で企業に多くの損失（機会費用）をもたらすと解釈できる。

　プレゼンティイズムとアブセンティイズムのいずれが大きいかは，雇用慣行によっても変わり得る。例えば，労働者のメンタルヘルスが悪化した場合，成果主義の度合いが大きい企業や解雇が生じやすい企業では，労働者は人事評価が悪くなることや雇用契約が打ち切られることをおそれて，表向きは通常通りに勤務する傾向が強くなる。この時，実際にはメンタルヘルスの悪化で労働者の生産性が低下していれば，プレゼンティイズムによる損失が大きくなる。反対に，雇用保障の強い企業では，労働者は欠勤や休職という選択肢を取りやすいため，メンタルヘルスの悪化はアブセンティイズムによる損失を大きくすると考えられる。

　欧米の研究では，企業の損失はアブセンティイズムよりもプレゼンティイズムによるものが大きいと指摘されているが，このことは日本と比べて相対的に労働市場の流動性が高いことに関係していると考えられる。一方，日本では研究例は少なく，研究の蓄積が望まれる。

　プレゼンティイズムによる損失は，個々の労働者に「フル稼働した場合を100%とした場合，健康上の問題がどれくらい現在の自分の生産性に影響を及ぼしているか」といった主観的な生産性を問い，その結果を足しあげるという

手法が一般的にとられている。しかし，こうした手法は，経済学の視点から見ると，少なくとも以下の4点において改善の余地があると指摘できる。第一は，メンタルヘルスに対しては社会的に強いスティグマが存在するため，本人の主観に依存した生産性への影響は過少に申告されるバイアスが包含される可能性である。第二は，個別の労働者ごとの主観的な生産性の低下を足しあげるという手法は，そうした生産性の低下を補うために余計に労働者を雇わなくてはならない企業の追加的な負担（直接的な費用）に加えて，職場の同僚の生産性低下を周りの労働者が余計に働くことでカバーしている可能性や，そのことが二次的に周りの労働者のメンタルヘルスを将来的に毀損させ，さらなる生産性の低下を招いてしまう可能性（間接的な費用）が含まれていない点である。第三は，チームで生産する必要がある場合，他の労働者のメンタルヘルスは良好に保たれていた場合であっても，ある労働者のメンタルヘルスが不調となることにより，チームとしての生産が滞ってしまう可能性である。そして第四は，メンタルヘルスの不調で生産性が低い労働者が職場に存在することで，周りの労働者の士気や雰囲気が悪化し，職場全体の生産性も低下させてしまう可能性である。なお，アブセンティイズムについては，休職期間満了により労働者が退職する場合，それまでに人的投資した訓練費用が回収できなくなることによる損失が含められていないといった課題もある。

　また，働き方や職場の労務管理に問題があり，そこから生じる悪影響が一部の労働者のメンタルヘルスの不調として表面化していると考えれば，メンタルヘルス不調者の出現は職場管理に何らかの問題がある可能性を示唆しているとみなすこともできる。この場合，メンタルヘルス不調者が多くいる企業では，当該労働者によってもたらされる経済損失だけでなく，職場管理の問題を通じて，不調が顕現化していない労働者の生産性も低下していることによっても，企業業績が悪化している可能性がある。

　こうした点を踏まえると，労働者のメンタルヘルスが企業経営に与える影響を検証する場合には，メンタルヘルス不調による休職者の比率といった指標を職場管理の良し悪しの代理指標とみなし，さらに，企業の利益率や生産性などの客観的な業績指標との関係性を定量的に検証することが望ましい。さらに，経済学的アプローチでは，もともと業績の良好な優良企業ほど良好な職場管理

がなされていて労働者のメンタルヘルスの状態が良いといった逆方向の因果関係を可能な限り取り除くことができる。

この点について，山本・黒田 (2014) では，日本の約400企業の財務データと各企業の従業員のメンタルヘルスに関する情報をリンクさせたデータを用いた分析を行っている。その結果，2004年から07年にかけてメンタルヘルスの不調により連続1か月以上の長期休職をしている正社員の比率が上昇した企業群とそれ以外の企業群で，売上高利益率の変化が図13-4に示したように異なることを明らかにした。具体的には，図13-4で2つの企業群を比較すると，2007年時点では，休職者比率が上昇した企業もそれ以外の企業も，利益率の変化にはほとんど差は見られない。しかし，2008年以降を見ると，リーマンショック等により，どの企業でも景気後退の影響を受けて業績を悪化させているものの，休職者が増加した企業ほど，利益率の落ち込みが大きくなっている。つまり，メンタルヘルスを毀損する従業員が増加した場合，その影響はすぐには顕現化しないものの，その後時間的ラグを伴って利益率が顕著に低下すると解釈できる。なお，この傾向は，業種や企業規模の違い，企業ごとに異なる技術力や潜在成長力など，企業固有の要因等を統計的に考慮した場合でも検出されることも確認されている。

これらの結果からは，労働者のメンタルヘルスの悪化は利益率という客観的な指標で測っても企業に損失をもたらしており，企業経営にとって無視し得な

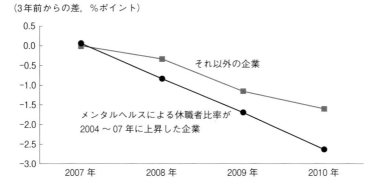

図13-4　メンタルヘルスの悪化と利益率の変化（山本・黒田，2014）

い問題と言える。一般的に，メンタルヘルス不調による休職者比率は1%程度と言われている。それにもかかわらず，休職者比率の上昇が企業業績を悪化させるのは，メンタルヘルスによる休職者比率の経年的な変化は，当該従業員だけでなく，その企業の従業員全体の平均的なメンタルヘルスの変化の代理指標となっていたり，職場管理のあり方に何らかの問題が生じていることの代理指標となっていたりする可能性が考えられる。

(2) 従業員のメンタルヘルス悪化はどのように予防すべきか
1) 企業の施策と従業員のメンタルヘルス

従業員のメンタルヘルス悪化を予防するためにどのような手段が有効となるだろうか。個別企業を対象に行った先行研究には，ある施策を導入した際の費用と労働者の主観的な生産性で測った導入後の効果を測定したものがいくつか存在する。しかし，上述の通り，企業には業種・企業規模の違いや，企業ごとに異なる技術力や潜在成長力をはじめ，従業員の性格や企業理念等を反映し企業風土にも違いがある。このように企業間に多くの異質性があると，ある企業で効果があった施策が必ずしも他の企業には当てはまらない可能性もある。普遍性のある効果測定を行うには，経済学的なアプローチを利用して企業間の異質性を取り除くことが重要となる。

企業を追跡調査したパネルデータをもとに異質性を考慮しながら個別のメンタルヘルス施策の効果測定を行った山本・黒田（2014）では，相談対応窓口の開設や職場復帰における支援，メンタルヘルスケア実務担当者の選任，医療機関や他の外部機関等の活用，産業保健スタッフの雇用や情報提供といった施策には，メンタルヘルス不調者を減らす効果があまり見られないことが示されている。一方で，衛生委員会等での対策審議やストレス状況などのアンケート調査，職場環境等の評価および改善といった施策については，一部ではあるがメンタルヘルス不調者を減らす効果が見られている。

これらの効果が見られた施策は，より直接的に働き方に影響を及ぼすものと言える。企業のメンタルヘルス対策には，メンタルヘルスの悪化防止を目的とする1次予防，早期発見を担う2次予防，不調者の職場復帰支援を行う3次予防といった段階があると言われるが，上述の検証結果を踏まえると，これらの

表13-2　効果的なメンタルヘルス施策のポイント
(European Agency for Safety and Health at Work, 2011)

1	全体的アプローチ
2	戦略的かつ系統的な取組み
3	従業員のコミットメント
4	管理職のコミットメント
5	取り組みや施策への権限委譲
6	施策の評価サイクル
7	継続的な取り組み
8	コミュニケーション
9	施策と企業戦略との統合

中でも，特に働き方に関わる職場レベルでの1次予防の重要性が高いと指摘できる。

　従業員のメンタルヘルスを産業保健部署だけでなく，職場あるいは企業全体の問題としてとらえていくべきという認識は海外でも広がりつつある。例えば，European Agency for Safety and Health at Work（欧州安全衛生機関）は2011年に，欧州企業のメンタルヘルス対策に関する事例研究をまとめた報告書をまとめ，メンタルヘルス施策のポイントとして表13-2に示した9点を挙げている。

　この中で注目すべきは，現場の労働者や管理職，経営層も含めた企業全体としてメンタルヘルス問題に対処していくことの重要性を指摘している点と言える。海外でも日本でも，これまでの企業のメンタルヘルス問題への対処は主として，産業保健部署や従業員支援プログラムへの外注といったかたちでなされており，経営層や人事，職場との距離は近くない。さらに，産業保健部署にはメンタルヘルスが悪化した労働者への事後的な対応が求められる一方で，人事部署は採用段階でストレス耐性の高い労働者をスクリーニングすることが求められるなど，部署の垣根を越えてメンタルヘルスの問題が顕現化していない従業員を含めた，全社的なメンタルヘルス対策に乗り出すインセンティブは構造として生じにくい傾向がある。また，各種の施策を導入しても，その効果を事後的に評価できていない企業が多いことも各国で共通した課題と言える。報告書では，施策を評価し，浮かび上がってきた改善点を継続的に修正し，メンタ

ルヘルスの問題を一部の部署に任せるのではなく，戦略的に企業経営との観点から対処していく必要性を説いている。つまり，エビデンスに基づく PDCA サイクルをメンタルヘルス問題にも適用することが重要と言える。

　我が国では，労働安全衛生法の改正により 2015 年 12 月から従業員 50 人以上を雇用する事業場において，労働者のストレスチェックが義務づけられるようになったが，多くの日本企業はそれ以前から，産業保健部署が中心となって社員向けに様々なアンケート調査を実施するなどして，健康関連データを社内で収集してきている。しかし，それらのデータを集計し，職場のパフォーマンスや企業業績といった他のデータと組み合わせて分析したり，他社データとの比較をしながら知見を蓄積したりすることは，必ずしも多く見られない。こうした背景には，スティグマが存在することにより，メンタルヘルス問題に悩む企業というイメージを持たれたくないため，メンタルヘルス問題の存在を隠す傾向や，対策を積極的に実施していても開示しない傾向などが関係している。このため，メンタルヘルスへの取り組みについての成功事例や改善策が，企業間で共有されにくいといった問題があると言える。部署の垣根を超え，また，多くの企業が協力しながら，時には産学が連携して知見を見出し蓄積していくことが，日本企業の競争力を高めるうえでも必要と言える。

2）働き方と従業員のメンタルヘルス

　企業レベルでの各種施策に加えて，従業員のメンタルヘルス悪化予防に有効と考えられるのが，職場レベルでの働き方の改善である。どのような働き方が従業員のメンタルヘルスに影響を与えるのだろうか。

　多くの他の病気と同様に，発症には遺伝など個人的な要因も関係していると考えられる。そこで，黒田・山本（Kuroda & Yamamoto, 2016）では，フルタイム正社員として就業を継続している同一個人を 4 年にわたって追跡調査したパネルデータを利用して，時間を通じて変わらない個々人の異質性（ストレス耐性や考え方・性格，家庭環境の違いなど）を統計的に除去したうえで，どのような職場要因や働き方が労働者のメンタルヘルスを悪化させるかを検証した。検証の結果，個々人に固有の要因（異質性）を取り除いたうえでも，労働時間が長くなるとメンタルヘルスが悪化しやすいこと，特に週当たりの労働時間が 50 時間を超えると顕著に悪化する度合いが高くなることが明らかになった。また，

山本・黒田（2014）では，特に，金銭対価のない，いわゆるサービス残業が長くなると労働者のメンタルヘルスが顕著に悪化することも認められた。この結果は，労働の努力に見合うだけの対価（賃金・昇進・雇用保障など）がないと労働者のストレスが高まるという，医療社会学者のヨハネス・シーグリストの「努力－報酬不均衡モデル」（Siegrist, 1996）とも整合的と言える。また，個人の要因だけでなく，サービス残業を中心とする労働時間の長さといった働き方の要因も，メンタルヘルスに影響を及ぼしている可能性があることの証左になると言える。

　長時間労働以外にもメンタルヘルスを悪化させる職場の要因として，働き方や仕事の特性が考えられる。そこで，黒田・山本（Kuroda & Yamamoto, 2016）では，同じデータを利用し，仕事の内容や，職場の評価体制，職場環境などの要因が労働者のメンタルヘルスの状態に及ぼす影響も検証したところ，労働時間の長さや個人に固有の要因を取り除いたうえでも，ロバート・カラセックが提唱した「仕事の要求度コントロールモデル」（Karesek, 1979）が当てはまることが分かった。具体的には，仕事の守備範囲が不明確で，仕事の進め方に裁量がない労働者ほど，メンタルヘルスの状態が悪くなる傾向が認められた。また，突発的な業務に頻繁に対応しなければならない仕事や，周りの人が残っていると退社しにくい雰囲気があったりする職場ほど，労働者のメンタルヘルスを悪くする傾向も検出された。なお，カラセックのモデルでは，仕事の要求度（仕事量，集中度や緊張など）とコントロール（自律性）の2つの評価軸から仕事の特性を4つに分類し，要求度が高いが自律性が低い「高緊張な仕事」に従事している労働者ほど，ストレスに晒されやすいことが指摘されているが，OECD（2012）の報告書でも，現代社会ではこの高緊張な仕事の割合がOECD諸国で増加傾向にあることが述べられている。

　メンタルヘルスが個人の問題であれば，企業としてはいかにそうした潜在的なリスクを持つ労働者を採用しないか，あるいはリスクが顕現化した労働者をいかに排除するかというインセンティブが生じる。しかし，個人の要因を取り除いたうえでも長時間労働や仕事の特性が労働者のメンタルヘルスに影響を与えるというエビデンスは，メンタルヘルス問題を組織の問題としてとらえる必要性を示唆していると言える。

日本人の労働時間は他の先進諸国と比べても依然として長く，そうした長時間労働の少なくとも一部は非効率に働いていることによって生じている（山本・黒田, 2014）。非効率な働き方を是正するために職場管理を工夫したり，職場風土を変えてサービス残業を少なくしたりすることは，効率性を高めると同時に，従業員全体のメンタルヘルスの悪化防止にもつながるため，相乗的に企業業績の改善にもつながり得る。今後のメンタルヘルス対策は企業レベルでの制度導入だけでなく，職場レベルの改善策としてどのような方法が効果的かを検討していくことが望まれる。

引用文献

European Agency for Safety and Health at Work (2011). Mental health promotion in the workplace – A good practice report, Working Paper.

Karasek, R. (1979). Job demands, job decision latitude, and mental strain: Implications for job redesign. *Administrative Science Quarterly, 24* (June), 285–308.

Kuroda, S., & Yamamoto, I. (2016). Workers' mental health, long work hours, and workplace management: Evidence from workers' longitudinal data in Japan. RIETI Discussion Paper, No.16-E-017, Research Institute of Economy, Trade & Industry.

OECD (2012). *Sick on the Job? Myths and realities about mental health and work.* OECD Publishing.

Siegrist, J. (1996). Adverse health effects of high-effort/low-reward conditions. *Journal of Occupational Health Psychology, 1* (1), 27–41.

山本　勲・黒田祥子 (2014). 労働時間の経済分析：超高齢社会の働き方を展望する　日本経済新聞出版社

第14章

ワーク・エンゲイジメント

島津明人

1. はじめに

　近年の産業構造の変化（サービス業の増加），働き方の変化（裁量労働制など）などを受け，職場のメンタルヘルス活動においても，精神的不調への対応やその予防にとどまらず，個人や組織の活性化を視野に入れた対策を行うことが，広い意味での労働者の「こころの健康」を支援するうえで重要になってきた。

　このような流れを受け2000年前後から，心理学および産業保健心理学の領域でも，人間の有する強みやパフォーマンスなどポジティブな要因にも注目する動きが出始めた。このような動きの中で新しく提唱された概念のひとつが，ワーク・エンゲイジメント（Work Engagement）（Schaufeli et al., 2002; 島津, 2014）である。本章は，ワーク・エンゲイジメントに関して，その概念，測定方法を紹介したうえで，従業員個人と組織の活性化の方法について紹介する。

2. ワーク・エンゲイジメントの概念

(1) ワーク・エンゲイジメントの定義

　シャウフェリら（Schaufeli et al., 2002; Schaufeli & Bakker, 2004）は，ワーク・エンゲイジメントを以下のように定義している。

　　「ワーク・エンゲイジメントは，仕事に関連するポジティブで充実した心
　　理状態であり，活力，熱意，没頭によって特徴づけられる。エンゲイジメ
　　ントは，特定の対象，出来事，個人，行動などに向けられた一時的な状態
　　ではなく，仕事に向けられた持続的かつ全般的な感情と認知である」

このように，ワーク・エンゲイジメントは，活力（Vigor），熱意（Dedication），没頭（Absorption）の 3 要素から構成された複合概念であることが分かる。このうち，活力は「就業中の高い水準のエネルギーや心理的な回復力」を，熱意は「仕事への強い関与，仕事の有意味感や誇り」を，没頭は「仕事への集中と没頭」をそれぞれ意味している。したがって，ワーク・エンゲイジメントの高い人は，仕事に誇り（やりがい）を感じ，熱心に取り組み，仕事から活力を得て活き活きとしている状態にあると言える。

(2) ワーク・エンゲイジメントと関連する概念

図 14-1 は，ワーク・エンゲイジメントと関連する概念（バーンアウト，ワーカホリズム）との関係を図示したものである。図 14-1 では，ワーカホリズムとバーンアウトとが，「活動水準」と「仕事への態度・認知」との 2 つの軸によって位置づけられている。図 14-1 を見ると，ワーク・エンゲイジメントは，活動水準が高く仕事への態度・認知が肯定的であるのに対して，バーンアウトは，活動水準が低く仕事への態度・認知が否定的であることが分かる。また，「過度に一生懸命に強迫的に働く傾向」を意味するワーカホリズム（Schaufeli et al., 2009）は，活動水準は高いものの仕事への態度が否定的である点で，ワーク・エンゲイジメントと異なることが分かる。両者の相違は，仕事に対する

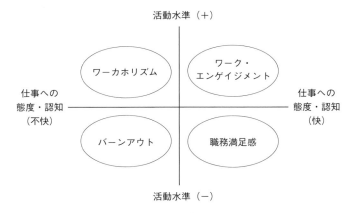

図 14-1　ワーク・エンゲイジメントと関連する概念

240　第14章　ワーク・エンゲイジメント

（内発的な）動機づけの相違によっても説明することができる（Schaufeli et al.,
2009）。すなわち，ワーク・エンゲイジメントは「仕事が楽しい」「I want to
work」という認知によって説明されるのに対して，ワーカホリズムは「仕事か
ら離れた時の罪悪感や不安を回避するために仕事をせざるを得ない」「I have
to work」という認知によって説明される。

3．ワーク・エンゲイジメントの規定要因

　ワーク・エンゲイジメントの規定要因としては，仕事の資源（Job resources）
と個人資源（Personal resources）が，これまでの実証研究で明らかにされてい
る。

（1）仕事の資源

　仕事の資源とは，仕事において，（1）ストレッサーやそれに起因する身体
的・心理的コストを低減し，（2）目標の達成を促進し，（3）個人の成長や発達
を促進する機能を有する物理的・社会的・組織的要因である。これらの資源は，
課題レベル，対人レベル，組織レベルの3つの水準に分けて分類することがで
きる（Schaufeli & Bakker, 2004; Bakker & Demerouti, 2007）。

　仕事の資源とワーク・エンゲイジメントとの関連については，上司からのパ
フォーマンス・フィードバック，社会的支援，上司によるコーチング，仕事の
コントロール，革新的な風土，報酬，承認，組織と個人との価値の一致，など
がエンゲイジメントと正の関連を有することが，これまでの実証研究で報告さ
れている（Koyuncu et al., 2006; Hakanen et al., 2008）。仕事の資源とワーク・
エンゲイジメントとの関連についてのメタ分析でもこれらの結果が支持されて
おり（Halbesleben, 2010），社会的支援とは $r=0.32$，自律性／コントロールと
は $r=0.23$ の相関を有していることが報告されている（表14-1）。

（2）個人資源

　個人資源についても，ワーク・エンゲイジメントと正の関連を有している
ことが明らかにされている。個人資源とは「自分を取り巻く環境を上手にコ

4. ワーク・エンゲイジメントとアウトカムとの関連　　241

表 14-1　仕事の資源および個人資源とワーク・エンゲイジメントとの関連（メタ分析の結果）

		k	N	r
仕事の資源	社会的支援	32	35,243	.32
	自律性 / コントロール	26	14,985	.23
個人資源	自己効力感	17	5,163	.50
	楽観性	5	1,799	.37

ントロールできる能力やレジリエンスと関連した肯定的な自己評価」（Hobfoll, 2003）と定義される。個人資源とワーク・エンゲイジメントとの関連を検討したメタ分析（Halbesleben, 2010）では、ワーク・エンゲイジメントが自己効力感とは r=.50、楽観性とは r=.37 の相関を有していることが報告されている（表14-1）。

4.　ワーク・エンゲイジメントとアウトカムとの関連

　ワーク・エンゲイジメントのアウトカム（結果要因）としては、心身の健康、仕事や組織に対するポジティブな態度、仕事のパフォーマンスとの関連が検討されている。ワーク・エンゲイジメントとアウトカムとの関連を検討したメタ分析（Halbesleben, 2010）では、心身の健康とは r=.17、コミットメントとは r=.32、離職の意思とは r=-.22、パフォーマンスとは r=.30 の相関を有していることが報告されている（表 14-2）。

　心身の健康に関しては、ワーク・エンゲイジメントの高い従業員は、心理的苦痛や身体愁訴が少ないこと（Schaufeli & Bakker, 2010; Shimazu & Schaufeli, 2009; Shimazu et al., 2012, 2015）、睡眠の質が良好であることが示されている（Kubota et al., 2012）。仕事や組織に対するポジティブな態度に関しては、ワーク・エンゲイジメントの高い従業員は、職務満足感や組織へのコミットメントが高く、離転職の意思が低いことが知られている（Schaufeli & Bakker, 2010）。パフォーマンスに関しては、ワーク・エンゲイジメントが高いほど、自己啓発学習への動機づけや創造性が高く、役割行動や役割以外の行動を積極的に行うことが明らかにされている（Shimazu et al., 2012, 2015）。以上の実証研究より、

表14-2 アウトカムとワーク・エンゲイジメントとの関連（メタ分析の結果）

	k	N	r
健康	17	11,593	.17
コミットメント	14	8,623	.32
離職の意思	4	1,893	-.22
パフォーマンス	7	4,439	.30

ワーク・エンゲイジメントの高い従業員は，心身ともに健康である他，仕事に満足し，組織への愛着が高く，仕事を辞めにくいと言える。

5. 仕事の要求度 - 資源モデルとワーク・エンゲイジメント

ここまで，ワーク・エンゲイジメントの規定要因とアウトカムについて言及してきたが，従来の実証的研究を総合すると，ワーク・エンゲイジメントは，仕事の資源および個人資源とアウトカムとの関係を媒介していることが示唆される。これらの関連を1つのモデルとして統合したのが，仕事の要求度 - 資源モデル（Job demands-Resource Model: JD-R モデル）（Schaufeli & Bakker,

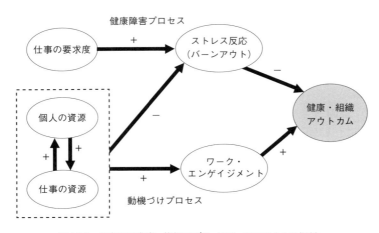

図14-2 仕事の要求度 - 資源モデル（島津，2014 をもとに作成）

2002; Bakker & Demerouti, 2007) である。このモデルは，仕事の要求度（仕事のストレッサー）→ バーンアウト（ストレス反応）→ 健康問題の関連を説明する「健康障害プロセス（Health impairment process)」と，仕事の資源 → ワーク・エンゲイジメント → ポジティブな態度を説明する「動機づけプロセス（Motivational process)」の2つのプロセスから構成される（図 14-2）。JD-R モデルの妥当性については，横断ならびに縦断データを用いた共分散構造分析によって検討され，データへの適合度が良好であることが明らかにされている（Hakanen et al., 2008)。

6. ワーク・エンゲイジメントの測定

　ワーク・エンゲイジメントの測定に関して，これまでに信頼性・妥当性の確認されている尺度は3種類ある。その中で，最も広く使用されているのが，ユトレヒト・ワーク・エンゲイジメント尺度（Utrecht Work Engagement Scale：UWES)（Schaufeli et al., 2002; Schaufeli & Bakker, 2003, 2010) である。UWES は，オランダ・ユトレヒト大学のシャウフェリらによって開発された尺度であり，彼らが想定している3つの下位因子（活力，熱意，没頭）を17項目で測定することができる。これまでに，オランダ（Schaufeli et al., 2002; Schaufeli & Bakker, 2003)，スペイン（Schaufeli et al., 2002)，日本（Shimazu et al., 2008) をはじめとして23か国で標準化または使用されている。いずれの言語においても，良好な信頼性・妥当性が確認されている。ただし，各因子間の相関が高いことも指摘されており，UWES の各尺度を説明変数とした重回帰分析などでは多重共線性に注意する必要がある。また，日本とドイツでは，想定した3因子が抽出されなかったことが指摘されている（Bakker et al., 2008)。UWES には，各因子を3項目ずつ，合計9項目によって測定できる短縮版も開発されている（Schaufeli et al., 2006)。

　UWES 短縮版の得点を日本を含む16か国で国際比較した研究では，日本人労働者の得点が他の15か国の労働者の得点に比べて，特異的に低いことが明らかにされている（Shimazu et al., 2010)。島津ら（Shimazu et al., 2010) はこれらの結果について，日本人ではポジティブな感情や態度の表出を抑制するこ

とが社会的に望ましいとされているのに対して，欧米では積極的に表出することが望ましいとされていることが，その理由にあると述べている。つまり，集団の調和を重視する日本では，ポジティブな感情や態度を表出することが集団の調和を乱すと考えられるため，所属する集団に適応する手段として，ポジティブな感情や態度の表出を抑制するのではないかと考えられている（Iwata et al., 1995）。

7. ワーク・エンゲイジメントに注目した個人と組織の活性化

上述したように，ワーク・エンゲイジメントは，仕事の資源（上司や同僚からの支援，仕事の裁量権，成長の機会など）や個人資源（自己効力感，自尊心など）が豊富なほど上昇することが，メタ分析の結果から明らかにされている（表14-1）（Halbesleben, 2010）。このことは，仕事の資源および個人資源を充実させるための産業保健活動（管理監督者研修，職場環境等の改善，セルフケア研修）を，経営や人事労務部門とも協調しながら行うことの重要性を意味している。

例えば，管理監督者研修では，研修で取り上げられる知識とスキルが，メンタルヘルス不全となった部下への対応だけでなく，それ以外の従業員の活性化や健康職場の実現にも効果的であることを研修内で強調することが必要である。また，人事部門が行っているマネジメント研修（例：コーチング研修など）では，部下の活性化を通じて，メンタルヘルスの向上にも役立つことが知られていることから，マネジメント研修の企画と実施に際しては，産業保健とも連携しながら，メンタルヘルスの視点を盛り込むことが望まれる。

また，職場環境等の改善活動においては，メンタルヘルスを阻害するストレス要因を評価し，改善に結びつける活動が行われている。2015年12月からは，労働安全衛生法の改正により，精神的不調の第1次予防を主な目的としたストレスチェック制度が法制化され（厚生労働省, 2015），ストレスチェックの結果を集団分析し，職場環境の改善につなげることが努力義務とされている。今後は，従来の職場環境改善の考え方を発展させ，従業員のワーク・エンゲイジメントを促す仕事の資源もストレスチェックの検討項目に加え，仕事の資源の増

強を図る活動も同時に行うなど，ストレスチェック制度を戦略的に活用しながら組織の活性化を図ることが望まれる。

近年，ライターらは，職場の人間関係を向上させるためのクルー（CREW: Civility Respect and Engagement at Work）プログラムを新たに開発し（Osatuke et al., 2009; Leiter et al., 2012），職場内のメンバーの丁寧さ（Civility）や相互尊重を向上させることでワーク・エンゲイジメントが向上したことを報告している。人間関係を重視する我が国でも，本プログラムの適用と有効性の検証が期待されている。

さらに，セルフケア研修では，ストレスや精神的不調について知り，これに対応する技術の他，職務効力感（＝仕事に関する自己効力感）の向上につながる内容（例えば，コミュニケーションスキル，タイムマネジメント，問題解決スキルなど）も研修に加えることが望ましい。職務効力感の向上は，仕事のスキル不足に起因するストレスを軽減するだけでなく，従業員のワーク・エンゲイジメントを促進させるうえで効果的となる。また，キャリア開発に関する研修も，長期的視野を持ちながら自発的・自律的に働く従業員を育成するうえで有効であると考えられる。近年では，キャリアや将来に関して不安を自覚している従業員が増加していることから，キャリアや将来に関するストレスの軽減を図ることは，メンタルヘルス対策の観点からも重要であると思われる。その他，やらされ感のある仕事をやりがいのある仕事に変えるための手法としてジョブ・クラフティング（Bakker et al., 2013）も注目されている。これは，周囲に積極的に働きかけながら仕事の資源を増強したり，仕事の内容を再評価することで仕事の意味をやりがいのあるものとしてとらえ直すなどの方法である。いわば，「攻めの」セルフケアとして今後，職場での適用が期待される。

8. おわりに

本章では，ワーク・エンゲイジメントの概念を紹介したうえで，ワーク・エンゲイジメントに注目した個人と組織の活性化について言及した。これからの職場のメンタルヘルスでは，産業保健と経営とが協調しながら労働者の活力を高め，一人ひとりの健康度・生産性と組織全体の生産性の向上につなげる多面

的な視点が重要となる。そのためにも，個人や組織にとって「健康とは何か」
を，改めて問い直す必要があるだろう。

引用文献

Bakker, A. B., & Demerouti, E. (2007). The Job Demands-Resources model: State of the art. *Journal of Managerial Psychology, 22,* 309–328.

Bakker, A. B.・江口　尚・原　雄二郎・島津明人 (2013). ワーク・エンゲイジメントとジョブ・クラフティング：いきいきとした労働者は働きやすい職場を自ら作り出す　産業医学ジャーナル, *36,* 52–63.

Bakker, A. B., Schaufeli, W. B., Leiter, M. P., & Taris, T. W. (2008). Work engagement: An emerging concept in occupational health psychology. *Work & Stress, 22,* 187–200.

Hakanen, J. J., Schaufeli, W. B., & Ahola, K. (2008). The Job Demands-Resources model: A three-year cross-lagged study of burnout, depression, commitment, and work engagement. *Work & Stress, 22,* 224–241.

Halbesleben, J. R. B. (2010). A meta-analysis of work engagement: Relationships with burnout, demands, resources and consequences. In A. B. Bakker, M. P. Leiter (Eds.), *Work engagement: Recent developments in theory and research* (pp. 102–117). New York: Psychology Press.

Hobfoll, S. E., Johnson, R. J., Ennis, N., & Jackson, A. P. (2003). Resource loss, resource gain, and emotional outcomes among inner city women. *Journal of Personality and Social Psychology, 84,* 632–643.

Iwata, N., Roberts, C. R., & Kawakami, N. (1995). Japan-U.S. comparison of responses to depression scale items among adult workers. *Psychiatry Research, 58,* 237–245.

厚生労働省 (2015). ストレスチェック等の職場におけるメンタルヘルス対策・過重労働対策等 Retrieved from http://www.mhlw.go.jp/bunya/roudoukijun/anzeneisei12/ (2016 年 4 月 28 日)

Koyuncu, M., Burke, R. J., & Fiksenbaum, L. (2006). Work engagement among women managers and professionals in a Turkish bank: Potential antecedents and consequences. *Equal Opportunities International, 2,* 299–310.

Kubota, K., Shimazu, A., Kawakami, N., Takahashi, M., Nakata, A., & Schaufeli, W. B. (2012). The empirical distinctiveness of workaholism and work engagement among hospital nurses in Japan: The effect on sleep quality and job performance. *Ciencia & Trabajo, 14,* 31–36.

Leiter, M. P., Arla, D., Debra, G. O., & Heather, K. S. L. (2012). Getting better and staying better: Assessing civility, incivility, distress, and job attitudes one year after a civility intervention. *Journal of Occupational Health Psychology, 17,* 425–434.

Osatuke, K., Moore, S. C., Ward, C., Dyrenforth, S. R., & Belton, L. (2009). Civility, respect, engagement in the workforce (CREW): Nationwide organization development intervention at veterans health administration. *Journal of Applied Behavioral Science, 45,* 384–410.

Schaufeli, W. B., & Bakker, A. B. (2003). UWES‐Utrecht Work Engagement Scale: Test Manual. Utrecht University, Department of Psychology (http://www.wilmarschaufeli.nl/).

Schaufeli, W. B., & Bakker, A. B. (2004). Job demands, job resources and their relationship with burnout and engagement: A multi-sample study. *Journal of Organizational Behavior, 25,* 293–315.

Schaufeli, W. B., & Bakker, A. B. (2010). Defining and measuring work engagement: Bringing clarity to the concept. In A. B. Bakker, & M. P. Leiter (Eds.), *Work engagement: Recent developments in theory and research* (pp. 10–24). New York: Psychology Press.

Schaufeli, W. B., Bakker, A. B., & Salanova, M. (2006). The measurement of work engagement with a short questionnaire: A cross-national study. *Educational and Psychological Measurement, 66,* 701–716.

Schaufeli, W. B., Salanova, M., Gonzalez-Romá, V., & Bakker, A. B. (2002). The measurement of engagement and burnout: A two sample confirmative analytic approach. *Journal of Happiness Studies, 3,* 71–92.

Schaufeli, W. B., Shimazu, A., & Taris, T. W. (2009). Being driven to work excessively hard: The evaluation of a two-factor measure of workaholism in The Netherlands and Japan. *Cross-Cultural Research, 43,* 320–348.

島津明人 (2014). ワーク・エンゲイジメント：ポジティブ・メンタルヘルスで活力ある毎日を　労働調査会

Shimazu, A., & Schaufeli, W. B. (2009). Is workaholism good or bad for employee well-being? The distinctiveness of workaholism and work engagement among Japanese employees. *Industrial Health, 47,* 495–502.

Shimazu, A., Schaufeli, W. B., Kubota, K., & Kawakami, N. (2012). Do workaholism and work engagement predict employee well-being and performance in opposite directions? *Industrial Health, 50,* 316–321.

Shimazu, A., Schaufeli, W. B., Kamiyama, K., & Kawakami, N. (2015). Workaholism vs. work engagement: The two different predictors of future well-being and performance. *International Journal of Behavioral Medicine, 22,* 18–23.

Shimazu, A., Schaufeli, W. B., Kosugi, S., Suzuki, A., Nashiwa, H., Kato, A., Sakamoto, M., Irimajiri, H., Amano, S., Hirohata, K., Goto, R., & Kitaoka-Higashiguchi, K. (2008). Work engagement in Japan: Validation of the Japanese version of Utrecht Work

Engagement Scale. *Applied Psychology: An International Review, 57*, 510–523.

Shimazu, A., Schaufeli, W. B., Miyanaka, M., & Iwata, N. (2010). Why Japanese workers show low work engagement? An Item Response Theory analysis of the Utrecht Work Engagement Scale. *BioPsychoSocial Medicine, 4*, 17.

人名索引

A

秋山　剛　83
阿久津昌久　210
Almadi, T.　27
Andersson, L. M.　135
有馬秀晃　83
Asakura, T.　188

B

Bakker, A. B.　3, 40, 41, 176, 177, 179, 215, 238, 240-243, 245
板東　昭　125, 131
Barling, J.　134
Barsade, S. G.　125
Barton, J.　169
Beck, A. T.　76
Beckers, D. G. J.　126
Bennett, R. J.　131
Berry, C. M.　128, 133
Blau, P.　129, 132
Bonde, J. P.　24
Bosch, J. A.　27
Bosma, H.　40
Boubekri, M.　167
Bowling, N. A.　129
Brent, J. L.　136
Brown, G. D. A.　126

C

Chang, A. M.　168
Chang, C. H.　136
Chen, J. C.　165
Clarkin, N.　67
Clay, R. A.　135
Cleveland, J. N.　136
Cohen-Charash, Y.　128
Colquitt, J. A.　128, 130

Cooper, C. L.　35, 36, 122
Cropanzano, R.　128, 129
Csikszentmihalyi, M.　3

D

Davidson, B. I.　130
Davidson, M.　36
Dembe, A. E.　124
Demerouti, E.　40, 41, 177, 215, 240, 243
Djurkovic, N.　132
Dollard, M. F.　5

E

Ebert, D. D.　168
Ebrahim, I. O.　168
Eden, D.　179, 180
Eguchi, H.　179
Einarsen, S.　132, 187, 190
Eischeid, A.　132
El-Sheikh, M.　169
Eriksen, K.　213

F

Feldman, D. C.　125
Ferrie, J. E.　165
Flo, E.　169
Folkard, S.　169
Folkman, S.　13, 71, 76
Fox, S.　132
French, J. R. P. Jr.　33
Fritz, C.　125, 180, 181
Fujiwara, T.　179
福間　詳　202
古川壽亮　76

G

Geurts, S. A. E.　181

Gittell, J. H.　217
Godin, I. M.　192
Goffman, E.　189
Golombek, D. A.　168
Gooley, J. J.　168
Greenberg, J.　128, 129, 131
Greenberg, L.　134
Gringras, P.　168

H

Hahn, E. A.　165
Hahn, V. C.　168
Hakanen, J. J.　240, 243
Hakola, T.　169
Halbesleben, J. R. B.　240, 241, 244
Hall, D. T.　144
Hall, E. M.　19, 37
原谷隆史　44
Harris, K. J.　132
Harvey, P.　132
畑中純子　76
Hatfield, E.　125
Havens, D. S.　217
林　剛司 (Hayashi, T.)　166, 210
Henningsen, G. M.　20, 27
平田　衛　221
廣　尚典　226
Hobfoll, S. E.　241
Hockschild, A. R.　214
Hoel, H.　192
Holland, J. L.　146, 147, 153
Hoopes, L. L.　179
Hurrell, J. J. Jr.　20, 38, 66, 67, 204

I

池田正雄　205
池田智子　221
今村仁司　188
稲田俊也　76
稲村　博　205, 208
Inoue, A.　46
Irie, M.　27, 28
一瀬豊日　224
岩出　誠　207
岩田　昇 (Iwata, N.)　31, 32, 244

J

Jackowska, M.　165
Jansson, C.　169
Järnefelt, H.　169
Jex, S. M.　132
Johnson, J. V.　19, 37

K

Kahn, R. L.　33
Kaissi, A.　217
金久卓也　76
神戸　誠　210, 211
Karasek, R.　18, 36, 37, 44, 236
川合順子　207
川上憲人 (Kawakami, N.)　40, 44, 67, 68, 72, 75, 89, 91, 227
川喜多　喬　143
Kelloway, E. K.　132, 134-136
Kerst, M. E.　136
城戸尚治　95
Kim, J.-Y.　165
Kish-Gephart, J. J.　130
Kivimäki, M.　166, 191
小林由佳　68, 94, 210
小堀彩子　214
Kodaka, M.　165
Kogi, K.　228
小嶋雅代　76

小森　茂　130
小杉正太郎　76
小山文彦　98, 99
Koyuncu, M.　240
久保田潤一郎　130
Kubota, K.　241
倉林るみい　205
Kurioka, S.　45
黒田祥子 (Kuroda, S.)　232, 233, 235-237

L

Lahelma, E.　191
Lallukka, T.　169, 191
Laschinger, H. K. S.　192
Lazarus, R. S.　13, 71, 76
LeBlanc, M. M.　132
Lecrubier, Y.　76
Lee, K. M.　27
Léger, D.　167
Leiter, M. P.　245
Leymann, H.　187, 192
Lounsbury, J. W.　179
Low, K. S. D.　132

M

Marshall, J.　35
松永美希　83
McLaney, M. A.　20, 38, 66, 67, 204
McNall, L. A.　176
Meijman, T. F.　166, 181
Mikkelsen, E. G.　132, 190
Miner, K. N.　132
三柴丈典　103
Mitchell, M. S.　129
水谷英夫　189, 190
森口次郎 (Moriguchi, J.)　221, 223-225
森田美保子　157
森田哲也　212
向井　蘭　85
Mulder, G.　166, 181

N

内藤　忍　134
中井久夫　208, 209
中田光紀 (Nakata, A.)　21, 22, 24, 26-28, 124
難波克行　82, 85
Naruse, T.　217
夏目　誠　79
Netterstrøm, B.　23
Nevill, D. D.　148
Ng, T. W. H.　125
Niedhalmmer, I.　191
Nielsen, M. B.　188, 190
Niessen, C.　125
昇　淳一郎　82
野地祐二　125, 131

O

Oates, W. E.　126
大庭さよ　154-156, 158
尾畠未輝　127
小田切優子　72
Oksanen, T.　167
大西　守　205
O'Reilly, J.　133
Osatuke, K.　245
Ota, A.　22, 23
太田博昭　205, 206, 211
大竹文雄　125, 126
大坪天平　76
大塚泰正　71

P

Palanski, M.　133
Pan, A.　165
Parkes, K. R.　166
Pearson, C. M.　132, 133, 135
Penney, L. M.　133
Porath, C.　132, 133, 135

Q

Quinlan, M.　188

R

Rau, R.   125
Ray, T.   28
Robinson, S. L.   131
Roden, J.   122
Rogers, K.   134, 136
Ropponen, A.   170
Rousseau, D. M.   129

S

櫻井研司（Sakurai, K.）
    132-136
Samnani, A.   133
佐野晋平   125, 126
Sasaki, T.   122
Savickas, M. L.   152, 153
Schat, A. C. H.   135
Schaufeli, W. B.   3, 238-243
Schein, E. H.   149, 151
Schlossberg, N. K.   151,
    152
Schnorpfeil, P.   26
関谷大輝   216
Seligman, M. E. P.   3
Sheehan, D. V.   76
島 悟   76
島田恭子   176
島津明人（Shimazu, A.）   3,
    5, 41, 68, 84, 94, 168, 176,
    178, 181, 209, 227, 238,
    241-243
島津美由紀   93-96
下光輝一   71, 72
Shirom, A.   26
Siegrist, J.   19, 20, 39, 40,
    236
Simons, S.   192
Singh, P.   133
Sliter, M. T.   133
Slopen, N.   166

Sonnentag, S.   125, 180,
    181
宗万秀和   207
Spector, P. E.   125, 128,
    132, 133
Steptoe, A.   165
Stevens, D. E.   130
Strand, L. B.   164
Super, D. E.   148
鈴木桂子   206
鈴木 満   210
Swanson, N. G.   27, 28
Sy, T.   125

T

Tachibana, H.   22
高原龍二   125
高橋正也（Takahashi, M.）
    27, 28, 162, 166, 167, 169
高橋祥友   196, 199, 202
Takaki, J.   188
宝田和彦   208
田中仁志   131
Tepper, B. J.   136
Theorell, T.   18, 23
Thiart, H.   169
豊原廉次郎   214
Trauer, J. M.   169
Triemer, A.   125
津田洋子   221
津久井 要   205
津野香奈美（Tsuno, K.）
    188-191
堤 明純（Tsutsumi, A.）
    40, 45, 67, 94

U

Uehata, T.   122
Umphress, E. E.   129, 130

V

Van Wijhe, C. I.   125
Vedaa, Ø.   169
Vingård, E.   192

W

Warshawsky, N. E.   217
渡井いずみ   175
渡辺三枝子   143, 144, 156
Westman, M.   177, 179, 180
Wickwire, E. M.   169
Wilkerson, J. M.   132
Williams, D. R.   167
Wood, J.   3
Woosley, J. A.   165
Wright, B. J.   27
Wynne, R.   67

X

Xiao, Q.   165

Y

Yallop, A. C.   130
山本晴義   77
山本 勲（Yamamoto, I.）
    232, 233, 235-237
山下祐介   130
横山えりな   212
吉川 徹   69, 227
Yoshioka, E.   166
吉谷真治   131
湯川進太郎   216

Z

Zipay, K. P.   128

事項索引

あ

ILO（国際労働機関）　192
IgA　27
IgG　26
アセスメント　53
アブセンティイズム　230
アルコール依存症　197
安全配慮義務　70, 108, 109
ERI 調査票　45
EAP　7, 49
　　──コア・テクノロジー
　　　52
　　──のマルチシステム・レ
　　　ジリエンスアプローチ
　　　61
　　外部──　50
　　内部──　50
Emic　33
e ラーニング　63
意思決定の権限　18
異質性　229
慰謝料　107, 109, 113
1 次予防　8, 66, 157, 233
因果関係モデル　17
陰性的中率　76
インテーク　54
ウェルネス・コーチング
　　62
うつ病　21, 196
液性免疫系　26
Etic　33
炎症関連物質　26

か

海外勤務者　203
海外赴任　207
解雇権の濫用　106
解雇権濫用規制　118

外在的努力　19
過労死等　164
がん　21
関西電力事件　111
感情中心モデル　132
緩衝要因　20
感情労働　214
感度　75
機会費用　230
企業業績　231
企業の利益率　231
帰国後　212
キャリア　143
　　──アダプタビリティ
　　　152
　　──アンカー　151
　　──カウンセリング
　　　156
　　──構築理論　152
業務起因性　207, 211
虚血性心疾患　21
勤務間インターバル　169
勤務時間に対する裁量権
　　166
クロスオーバー　177
群発自殺　199
経営者向けの研修　225
経済協力開発機構　21
けが　21
欠勤　21
健康影響　13
健康情報　100
健康保険　16
建設的直面化　53
高血圧　21
高ストレス者　74
交替勤務者　22
高努力／低報酬　27

こころの"あんしん"プロジ
　　ェクト　227
心の健康づくり計画　91
心の健康問題により休業した
　　労働者の職場復帰支援の
　　手引き　77
個人　13
　　──‐環境適合アプローチ
　　　145
　　──資源　240
　　──情報保護法　112,
　　　116
　　──‐組織適合モデル
　　　17
　　──要因　20
雇用契約上の地位確認請求
　　106
雇用保険　113
コンサルテーション　52

さ

サービス残業　236
サイトカイン　27
サポートの不足　197
産業精神保健法学　103,
　　114
産業保健心理学　2
産業保健スタッフ等によるケ
　　ア　91
産業保健法学研究会　120
惨事のストレスケア　60
3 次予防　8, 77, 157, 233
CD8+CD27-CD28-T 細胞
　　27
C 反応タンパク（CRP）　26
事業場外資源によるケア
　　91
事故傾性　199

仕事外要因　20
仕事の資源　240
仕事の要求度–コントロール
　ル–社会的支援モデル
　22
仕事の要求度–コントロール
　（DC）モデル　17, 36,
　236
仕事の要求度–資源（JD-R）
　モデル　40, 215, 242
自己保健義務　71
自殺　195
　——者の男女比　198
　——対策基本法　195
　——の危険因子　196
　——未遂　195, 196
　——予防体制　200
疾病起因性　211
疾病休業　191
社会構成主義　152
社会的交換理論　129
社会保険労務士　225
社会保障・福祉関係法
　116
集団的労使関係法　116
自由な人間関係を形成する自
　由　111
就労移行支援　114
就労継続支援　114
主観的な生産性　231
守秘義務　110, 113
趣味　208
腫瘍壊死因子　27
障害者総合支援法　113,
　114
障害年金　113
使用者責任　109
情緒的，道具的支援　19
情報公平性　129
職業準備支援　114
職業性ストレス　13
　——簡易調査票　45
　　新——　46
　——調査票の測定次元

42-43
　——モデル　17, 33
職業パーソナリティ　152
職場
　——環境改善活動　227
　——環境整備義務　111
　——ドック　227
　——のいじめ　186
　——の一体感　167
　——のエンゲイジメント
　　63
　——の事故　21
　——の人間関係　22
　——の暴力　134
　——復帰支援　95
　——不作法　135
ジョブ・クラフティング
　245
ジョブコーチ支援　114
Job Content Questionnaire
　（JCQ）　44
自立支援医療　113
人格否定的　110
心疾患　21
信頼性　32
睡眠問題　21
スキルの自律性　18
スティグマ　231
ストレスチェック　64, 72,
　235
ストレス認知モデル　13
ストレス負荷モデル　204
ストレスモデル　33
スピルオーバー　176
　　——–クロスオーバーモデ
　　ル　177
生活習慣病　28
精神障害　196
　——者保健福祉手帳
　　113
　——の労災認定基準
　　107
セルフケア　71, 91, 208
セルフ・リファー　54

全国労働安全衛生団体連合会
　224
全制的施設　189
喪失体験　198
早朝覚醒　22
組織　13
　——逸脱行動　128
　——公平性　128
　——的公正性　17
　——的ストレス要因
　　121
　——内キャリア発達アプロ
　　ーチ　149

た
対応上の適正手続　116
対応の原則（TALKの原則）
　200
体系的論文レビュー　23
対人逸脱行動　131
対人援助職　213
対人公平性　129
体調不良　16
唾液免疫グロブリンA　27
多職種連携　89
妥当性　32
試し出勤　81
短期カウンセリング　55
地域窓口　223
遅刻　21
中小規模事業所　221
中途覚醒　22
長時間労働　122
適切な援助希求　195, 200
手続き公平性　128
手続的理性　120
デマンド–コントロール–サ
　ポート（DCS）モデル
　37
電通事件　109
動機づけ　53
統合失調症　197
糖尿病　21
特異度　76

254 事項索引

トランジションアプローチ
151
努力 19
――-報酬不均衡（ERI）
モデル 17, 19, 39,
236

な
NIOSH 職業性ストレス調査
票 44
NIOSH 職業性ストレスモデ
ル 17, 20, 38
内在的努力 19
内分泌系 24
ナチュラル・キラー（NK）細
胞 26
2 次予防 8, 75, 157, 233
入眠困難 22
人間‐環境適合（P-E Fit）モ
デル 33
認知行動療法 169
認定産業医 223
脳・神経系 24

は
パーソナリティの偏り
119
バーンアウト 239
白血球数 26
パネルデータ 233, 235
パワーハラスメント 186
PFA（サイコロジカル・ファ
ースト・エイド） 61
PDCA サイクル 235
人‐環境適合モデル 17
フィードバック 216
フォローアップ 53
複雑適応系 218
復職支援 59
復職準備性 83
侮辱的管理 136
赴任前研修 209, 210

赴任中 210
赴任前 210
不法行為 109, 111
不眠 22
プライバシー 110
――権 113
フリースペース 114
PRIMA-EF 72
プレゼンティイズム 230
分配公平性 128
ヘルパー（CD4+）T 細胞
26
報酬 19
保健師 225
保護雇用 118

ま
マネジメント・コンサルテー
ション 58
マネジメント・リファー
54, 56
三菱樹脂事件 110
民法第 415 条 107
民法第 536 条第 2 項 106
民法第 709 条 107
民法第 715 条 107
メタ分析 23
免疫系 24
――の老化 27
免疫指標 26
メンタルレスキュー 61
燃え尽き 192
問題の早期認識 195
問題の早期発見 200

や
優位性 189
ユトレヒト・ワーク・エンゲ
イジメント尺度 243
陽性的中率 76
4 つのケア 91
4S モデル 152

ら
ライフスパン・ライフスペー
スアプローチ 148
ライフテーマ 152
ラインによるケア 70, 91
ラポールの形成 98
リカバリー経験 181
リファー 58
Relational coordination（関係
性の調和） 217
零細企業 221
レジリエンス 63
労働安全衛生法 115
――第 62 条 118
――第 66 条 118
――の改正 235
労働衛生機関 224
労働基準法第 19 条 106,
108
労働契約法 115, 116
――第 16 条 118
労働災害 185
労働市場法 116
労働者健康状況調査 15
労働者参加型 227
労働損失日数 16
労務管理 231
6 角形モデル 146

わ
ワーカホリズム 239
ワーク・エンゲイジメント
21, 238
ワーク・ファミリー・バラン
ス 175
ワーク・ライフ・バランス
174
ワークライフ・サービス
61

【著者一覧】（五十音順，*は編著者，**は監修者）

市川佳居（いちかわ　かおる）
（一社）EAP コンサルティング普及協会理
　事長
担当：第 4 章

岩田　昇（いわた　のぼる）
広島国際大学心理学部教授
担当：第 3 章

大塚泰正（おおつか　やすまさ）
筑波大学人間系准教授
担当：第 5 章

大庭さよ（おおば　さよ）
医療法人社団弘富会神田東クリニック／
　MPS センター・センター長
担当：第 9 章

黒田祥子（くろだ　さちこ）
早稲田大学教育・総合科学学術院教授
担当：第 13 章第 2 節（共著）

櫻井研司（さくらい　けんじ）
日本大学経済学部准教授
担当：第 8 章

島井哲志（しまい　さとし）**
関西福祉科学大学心理科学部教授

島津明人（しまず　あきひと）*
北里大学一般教育部人間科学研究セン
　ター教授
担当：第 1 章，第 10 章第 2 節，第 14 章

島津美由紀（しまず　みゆき）
ソニーコーポレートサービス（株）産業保
　健部
担当：第 6 章

高橋正也（たかはし　まさや）
労働安全衛生総合研究所産業疫学研究グ
　ループ部長
担当：第 10 章第 1 節

高橋祥友（たかはし　よしとも）
筑波大学医学医療系教授
担当：第 11 章第 2 節

津久井　要（つくい　かなめ）
横浜労災病院心療内科部長
担当：第 12 章第 1 節

津野香奈美（つの　かなみ）
和歌山県立医科大学医学部講師
担当：第 11 章第 1 節

中田光紀（なかた　あきのり）
産業医科大学産業保健学部教授
担当：第 2 章

成瀬　昂（なるせ　たかし）
東京大学大学院医学系研究科講師
担当：第 12 章第 2 節

三柴丈典（みしば　たけのり）
近畿大学法学部教授
担当：第 7 章

森口次郎（もりぐち　じろう）
京都工場保健会理事
担当：第 13 章第 1 節

山本　勲（やまもと　いさむ）
慶應義塾大学商学部教授
担当：第 13 章第 2 節（共著）

保健と健康の心理学 標準テキスト　第 5 巻

産業保健心理学

2017 年 10 月 1 日　初版第 1 刷発行　$\left(\begin{array}{l}\text{定価はカヴァーに}\\\text{表示してあります}\end{array}\right)$

企　画　一般社団法人日本健康心理学会
監修者　島井哲志
編著者　島津明人
発行者　中西　良
発行所　株式会社ナカニシヤ出版
〒606-8161　京都市左京区一乗寺木ノ本町 15 番地
　　　　　　　　Telephone　　075-723-0111
　　　　　　　　Facsimile　　075-723-0095
　　　Website　http://www.nakanishiya.co.jp/
　　　E-mail　iihon-ippai@nakanishiya.co.jp
　　　　　　　郵便振替　01030-0-13128

装幀＝白沢　正／印刷・製本＝亜細亜印刷
Printed in Japan.
Copyright © 2017 by A. Shimazu
ISBN978-4-7795-1206-3

本書のコピー，スキャン，デジタル化等の無断複製は著作権法上での例外を除き禁じられています。本
書を代行業者等の第三者に依頼してスキャンやデジタル化することはたとえ個人や家庭内の利用であ
っても著作権法上認められておりません。